职业教育汽车类专业新形态教材

汽车车身 ▶▶▶▶▶▶
电气设备检修

主　编　杨萌萌　赖晓龙　马妙玲

副主编　徐　振　颜其慧　王亚男

参　编　吴育兵　覃香和　潘克杨　周志伟　蔡乙贤

　　　　王慧丽　陈建军　谢晓文　张　隽　李博成

　　　　李金生　朱　杰　韦华猛

QICHE
CHESHEN DIANQI
SHEBEI JIANXIU

重庆大学出版社

图书在版编目(CIP)数据

汽车车身电气设备检修 / 杨萌萌，赖晓龙，马妙玲
主编. -- 重庆：重庆大学出版社，2024. 11. --（职业
教育汽车类专业新形态教材）. -- ISBN 978-7-5689
-4811-1

Ⅰ. U472.41

中国国家版本馆 CIP 数据核字第 2024MD0356 号

汽车车身电气设备检修

主　编 杨萌萌　赖晓龙　马妙玲
责任编辑：王晓蓉　唐　丽　　版式设计：王晓蓉
责任校对：关德强　　　　　　责任印制：赵　晟

*

重庆大学出版社出版发行
出版人：陈晓阳
社址：重庆市沙坪坝区大学城西路 21 号
邮编：401331
电话：(023)88617190　88617185(中小学)
传真：(023)88617186　88617166
网址：http://www.cqup.com.cn
邮箱：fxk@ cqup. com. cn（营销中心）
全国新华书店经销
重庆正文印务有限公司印刷

*

开本：787mm×1092mm　1/16　印张：19.25　字数：457 千　插页：8 开 1 页
2024 年 11 月第 1 版　　2024 年 11 月第 1 次印刷
印数：1—1 000
ISBN 978-7-5689-4811-1　定价：88.00 元

在汽车工业向新能源与智能联网技术迅速挺进的时代,车载电气系统在燃油汽车与新能源汽车领域均实现了技术的飞跃。本教材积极响应国家职业教育改革的号召,遵循相关政策文件,聚焦汽车行业的技术趋势与人才培养的新兴需求,精心打造了融合先进教育理念与实战经验的"双元制"金教材。

教材编写根据职业教育的特性与国家导向,全面提升学生能力,平衡就业准备与升学需求,使职业技能与个人素养并重。通过模拟企业真实生产情境的任务设计,突出实践操作的重要性,确保学生在扎实的理论基础上,切实增强实际操作能力,满足职校学生参加职教高考的实践技能要求。本教材特别融入新能源汽车低压电气系统内容,确保学生掌握最新技术信息和操作技能,以应对行业对高素质技能创新人才的迫切需求。本教材融合了创新教育理念、实操导向内容、灵活教学方法及前瞻教育目标,旨在打造符合国家和产业需求的高质量职业教育教材,培育既有道德品质又有专业技术、能适应产业升级要求的汽车专业技术人才。

本教材编写遵循工作过程系统化,精选十五个典型工作任务,让学生在学习中深入实践和体验完整的作业程序。

本教材特色如下:

1. 赋能成长,以学生为中心:注重激活学生自学潜能与技能发展,以实际工作项目为蓝本,精心设计学习路径,嵌入常见问题解答,确保理论与实践的深度融合,构建高度实用、综合的内容体系。

2. 实操优先,促进全面发展:坚持实践教学的核心定位,确保职业技能与个人成长并重,所有教学内容均源于真实工作场景,打破纯理论教学的传统,结合升学需求,使理论教学与实践操作相互支撑。

3. 资源丰富,立体化学习:依托多元化资源库,集理论、结构认知、实操演示及虚拟实训于一体,辅以多媒体素材,构建内容全面、条理清晰的学习体系,全方位支持学生学习。

4. 紧贴实际,应用导向:依据工作流程设计内容,确保理论及实践知识体系与行业标准及职业资格无缝对接,紧密契合实际工作,凸显实用价值。

5. 规范直观,易于理解:参考原厂维修手册中的技术规范,确保技能培训标准化。通过技术专家的参与,确保教学的规范性,结合图文并茂的呈现方式,使学习直观易懂,提升学习效率。

6. 书证融通,实战强化:无缝融入"1+X"汽车职业技能等级证书体系,将证书要求融入各任务,确保教学与考核标准同步。

7. 课赛对接,素质提升:紧密联系汽车维修技能竞赛评价体系,将竞赛标准融入教学设计,通过解析历届大赛的案例与评分规则,帮助学生掌握高效维修技能。

8. 融入思政,德技并重:在传授知识和技能的同时,注重培养学生良好的职业道德、社会责任感和工匠精神,实现技术与品德并重的高素质人才培养目标。

在本书的编写过程中,参考并引用了一些相关资料,在此向原作者表示感谢。深圳市标域汽车销售服务有限公司技术总监吴育兵给予了全程技术指导和支持,上海景格科技股份有限公司为本书的编写提供了大量的素材,深圳市中职教育交通运输大类专业指导委员会、深圳市宝安区汽车维修行业协会对本书的内容提出了宝贵的意见,在此由衷表示感谢。

由于编者水平有限,书中不妥、疏漏之处在所难免,敬请广大师生和使用者不吝指正。

编　者
2024 年 5 月

目录

项目一 识读汽车电路图

汽车产业科技日新月异,电气化特征日趋明显,无论是传统燃油汽车还是新能源汽车,车身电气设备在组成、性能及功能差异化方面均有重大突破。随着智能化与车联网技术的广泛应用,汽车电气系统正向更高程度的集成化、标准化迈进,以求简化生产过程、提升维修便捷性,并在成本控制、节能减排等方面展现显著效益。

学习目标

知识目标:

1. 能识别并掌握汽车电气系统的组成和特点。
2. 能阐述传统燃油汽车与新能源汽车电气系统的不同之处。

技能目标:

1. 能熟练查阅车辆用户手册和汽车维修手册,查找汽车电气系统设备的位置。
2. 能根据汽车维修手册中的电路图,分析汽车电气设备各部件的连接关系,并绘制独立的电路图。

素养目标:

1. 养成细心严谨的习惯,坚持精益求精的态度,不断提升专业技能和职业素养。
2. 养成良好的工作习惯,按照"6S"现场管理原则整理工具设备,保持工作场所整洁。
3. 培养正确的操作习惯,建立安全意识,确保文明施工。

识读汽车电路图

认识汽车电气系统
- 电源系统
- 用电系统
- 检查系统
- 配电系统
- 其他装置

绘制汽车电路图
- 电源
- 电路保护装置
- 控制元件
- 用电设备
- 导线

任务一　认识汽车电气系统

一、任务案例

张先生和李先生在汽车4S店分别购买了一辆传统燃油汽车和一辆新能源汽车。根据汽车的交付标准,所有新车在交付给客户之前必须完成一次全面的预交付检查(PDI)。由于传统燃油汽车和新能源汽车在电气系统方面存在差异,预交付检查的项目和重点也会有所不同。

作为汽车销售人员,请你根据车辆使用手册和预交付检查标准,完成对车辆电气系统部分的检查,确保车辆交付质量。

二、任务要求

通过本任务的学习,应能:

1. 阐述汽车电气系统的组成、工作原理和特点。
2. 按照工艺流程标准,在规定时间内完成汽车电气系统设备的查找和工单填写。
3. 培养严谨细致的工作习惯和安全意识,遵守操作规程和"6S"管理制度,提升自主学习、团队合作的职业素养。
4. 洞察汽车电气系统的发展动态,理解这些趋势对汽车性能和未来汽车设计的影响。

学习重点:

1. 汽车电气系统的组成。
2. 汽车电气系统功能操作的方法和安全操作规程。

三、知识准备

(一)汽车电气系统的作用

汽车电气系统的作用是保证汽车驾驶辅助系统工作的可靠性和汽车基本功能的使用,同时也为汽车娱乐和通信设施供电。汽车电气系统是汽车的重要组成部分,其性能好坏直接影响汽车的动力性、经济性、可靠性、安全性、舒适性以及排放等性能。

(二)汽车电气系统的组成

现代汽车所装备的电气设备,按其用途可大致归纳并划分为5个部分。

汽车电气系统的组成

1.电源系统

①传统燃油汽车电源系统包括蓄电池、发电机及其调节器等,如图 1-1-1 所示。前两者是并联工作,发电机是主电源,蓄电池是辅助电源。发电机配有调节器,其作用是在发电机转速升高时,自动调节发电机的输出电压,使之保持稳定。

②新能源汽车电源系统主要包括电池组、电机、电控系统、充电系统等,如图 1-1-2 所示。新能源汽车通常采用高电压系统(如超过 200 V)来驱动电动机,同时保留 12 V 低电压系统用于辅助电气设备。这样,汽车上就出现了 12 V 低压蓄电池和超过 200 V 的动力电池组两个电源,通过 DC/DC 转换器将高压直流电转换成低压直流电的形式,使辅助电气设备包括灯光系统、制动系统、冷暖气系统、娱乐系统等正常工作。

检查系统

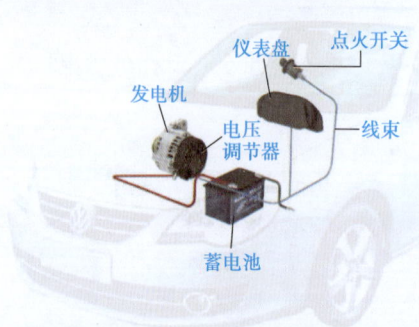

图 1-1-1　传统燃油汽车电源系统

图 1-1-2　新能源汽车电源系统

2.用电系统

汽车上的用电系统大致可分为以下 5 类。

①起动系统:传统燃油汽车起动系统的主要部件是起动机,其任务是起动发动机,如图 1-1-3 所示。混合动力汽车通常配备电机,这种电机可以实现起动机的功能,因此混合动力汽车通常不需要专门的起动机,如图 1-1-4 所示。

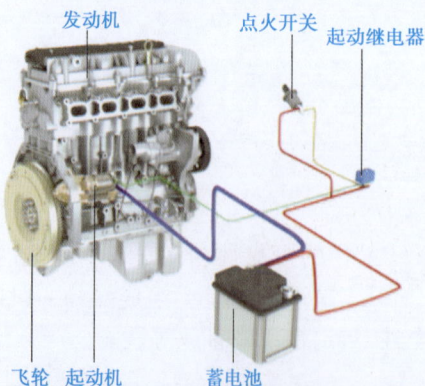

图 1-1-3　传统燃油汽车起动系统

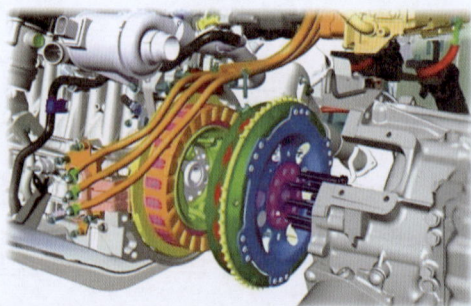

图 1-1-4　混合动力汽车起动系统

②点火系统:汽油发动机的组成部分,包括电子点火系统或传统点火系统的全部组件。其任务是产生高压电火花,按发动机的工作顺序点燃气缸内的可燃混合气,如图 1-1-5

所示。

③照明系统:包括车内外各种照明灯以及保证夜间安全行车所必需的灯光,其中以前照明灯和后尾灯最为重要,如图1-1-6所示。

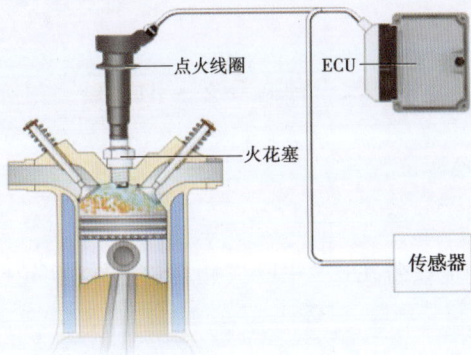

图 1-1-5　点火系统

图 1-1-6　照明系统

④信号系统:包括电喇叭(图1-1-7)、蜂鸣器、闪光器及各种信号灯等,主要用来保证车辆安全行驶。

⑤辅助系统:包括电动雨刮器(图1-1-8)、点烟器、防盗装置、玻璃升降器、座椅调节器等。辅助系统的电器有日益增多的趋势,主要向舒适、娱乐、保障安全方面发展。

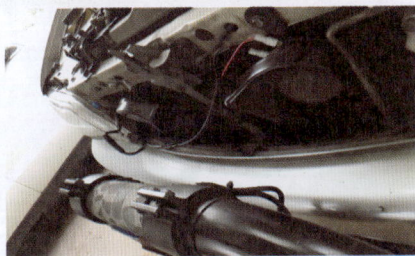

图 1-1-7　汽车电喇叭

图 1-1-8　电动雨刮器

3. 检查系统

检查系统用来监测发动机和其他装置的工作情况,其中的汽车仪表系统包括水温表、燃油表、车速里程表、发动机转速表和各种报警灯等,如图1-1-9所示。

图 1-1-9　仪表系统

图 1-1-10　中央接线盒

4.配电系统

配电系统包括中央接线盒(图1-1-10)、电路开关、保险装置、插接件和导线等,以保证线路工作的可靠性和安全性。

5.其他装置

其他装置由发动机电子控制系统、汽车空调系统和汽车音响系统等组成。

(三)汽车电气系统的特点

1.低电压

汽车车身电气设备一般采用12 V电压,用电设备在0.9~1.25倍额定电压范围内变动时应能正常工作。

2.直流

采用直流电主要是从蓄电池的充电角度考虑。因为蓄电池充电时必须用直流电,所以汽车电气设备使用的是直流电。

3.单线制、负极搭铁

单线制连接体现了汽车线路的特殊性。现代汽车上所有电气设备的正极均用导线连接(该导线称为"火线"),而负极与车身金属相连,称为"搭铁"。部分要求比较高的线路也采用双线连接方式。

汽车低压电源和所有用电设备的负极均搭铁,车架、车身、发动机便成为一条公用的地线。

4.并联制

所有低压用电设备均采用并联方式连接,受有关装置控制,电压相同。电气设备间均为并联关系,熔断器均串联在电源和相应的用电设备之间。

四、任务实施

(一)实施方案

1.质量要求

参照厂家的质量标准和维修手册要求。

2.组织方式

每6位同学1组,按照企业岗位的操作标准,参照厂家维修手册,依据"1+X"证书考核标准,规范地完成汽车车身电气系统组成部件的查找作业,观察组成部件的外观,每组作业时间为40 min。

3.技术要求与标准

①车辆安全:确保车辆处于驻车状态,挡位处于P挡(自动挡)或空挡(手动挡),拉

起手刹,防止车辆移动。

②环境安全:保证工作场所通风良好,提供充足的照明,确保能清晰观察电气系统部件及线路。

③操作安全:检查时,应遵循设备操作规范,避免误操作损坏设备。

④操作过程中,坚持工具、零部件、油液"三不落地"的职业原则,严格执行"6S"(整理、整顿、清扫、清洁、素养、安全)管理制度。

4. 设备器材

①场地:理实一体化教室。

②设备:实训车辆、工具车、万用表、垃圾桶等。

③安全防护:车轮挡块、室内三件套、车外保护垫、灭火器等。

④耗材:干净抹布。

（二）操作步骤

①检查工作环境安全,安装车轮挡块,做好个人安全防护。

②打开车门,做好车内防护,罩好"三件套"。打开机舱盖,铺设翼子板防护垫。拉紧驻车制动手柄,换挡杆置于 P 挡。

③查找电源系统组成部件。

④查找起动系统组成部件。

⑤查找照明系统组成部件。

⑥查找信号系统组成部件。

⑦查找辅助系统组成部件。

⑧收起机舱翼子板防护垫,盖好机舱罩盖,收起车内防护套。

⑨整理工位和工具,清扫场地,实施"6S"管理。

（三）作业工单

专　业		班　级	
姓　名		学　号	
小组成员		组长姓名	

一、任务阐述

　　汽车电气系统的性能对汽车的整体表现至关重要，它直接关系到车辆的动力性、经济性、可靠性、安全性、舒适性以及环保性能。随着科技的发展，尤其是新能源汽车的兴起，汽车电气系统的作用愈发凸显。因此，对于汽车从业人员而言，需掌握汽车电气设备的基本组成和检修方法，在车辆交付前，需对汽车的电气系统进行全面的检修，以确保其性能和安全性。

　　请结合"1+X"职业技能等级证书考核标准，完成对汽车电气系统组成部件的识别与查找工作。

二、获取信息

图示	信息获取
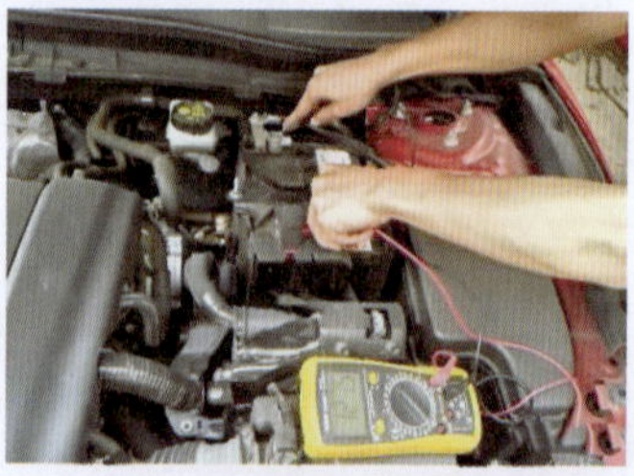	①传统燃油汽车蓄电池通常位于发动机舱内靠近发动机的一侧，便于连接起动机和其他关键电气元件。 ②蓄电池正常开路电压值的范围是 11.8 ~ 12.8 V。
	①发电机一般安装在发动机的前端，通过皮带传动与发动机曲轴相连，以便利用发动机的动力来发电。 ②发电机正常发电电压应在 13.5 ~ 14.5 V。 ③发动机起动后，仪表盘蓄电池指示灯熄灭。
	检查起动电机是否正常工作，能否顺利起动发动机。

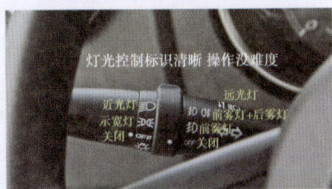

	①检查前大灯远近光、变光、仪表盘指示灯是否正常，亮度是否足够。 ②检查雾灯、仪表盘指示灯是否正常工作，亮度是否足够。 ③检查车内阅读灯、门灯等是否正常工作。
	①检查示宽灯、仪表盘指示灯是否正常工作，亮度是否一致。 ②检查制动灯和转向灯、仪表盘指示灯是否正常闪烁，反应是否灵敏。 ③检查倒车灯是否正常工作，亮度是否一致。 ④检查危险警告灯、仪表盘指示灯是否正常，闪烁频率是否符合要求。 ⑤检查喇叭是否发出清晰的声音，音量是否适中。
	①检查雨刮器的挡位是否正常，是否能够准确切换不同的工作模式。 ②检查雨刮器喷水系统是否正常工作，喷水是否均匀，是否有堵塞或泄漏现象。 ③检查雨刮器片是否磨损严重，是否需要更换。
	①检查车窗的升降功能是否正常，是否能够准确地开启和关闭。 ②检查车窗在上升和下降过程中的速度是否正常，是否能够平稳运行。 ③检查车窗的锁止功能是否正常，是否能够在需要时锁定车窗。
	①检查鼓风机是否正常工作，各个挡位是否都能产生相应的风速。 ②检查 A/C 开关是否正常工作，按下后是否能起动压缩机。 ③检查空调温度调节功能是否正常，能否在不同温度下稳定运行。 ④检查内外循环切换功能是否正常，能否根据需求自由切换。

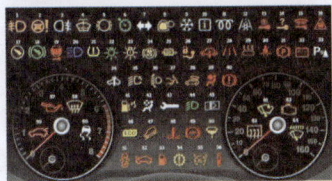

三、任务实施

查找汽车电气系统组成部件的位置

序号	作业项目	是否完成
1	工位安全检查、车辆安全处置	是□　否□
2	个人防护、车辆内外防护	是□　否□
3	查找组合仪表	是□　否□

序号	作业项目	是否完成
4	查找低压蓄电池	是□　　否□
5	查找发电机	是□　　否□
6	查找起动机	是□　　否□
7	查找近光灯	是□　　否□
8	查找远光灯	是□　　否□
9	查找雾灯	是□　　否□
10	查找阅读灯	是□　　否□
11	查找倒车灯	是□　　否□
12	查找牌照灯	是□　　否□
13	查找制动灯	是□　　否□
14	查找示宽灯	是□　　否□
15	查找转向灯	是□　　否□
16	查找喇叭	是□　　否□
17	查找雨刮器	是□　　否□
18	查找雨刮器喷水	是□　　否□
19	查找车窗控制按键	是□　　否□
20	查找空调散热风扇	是□　　否□
21	查找 A/C 开关	是□　　否□
22	查找空调温度调节旋钮	是□　　否□
23	规范操作、工位整理、落实"6S"制度	是□　　否□

五、任务评价

（一）技能评价表

序号	作业项目	考核内容	分值	得分
1	准备工作	检查施工环境安全	2.5	
		车辆防护	2.5	
2	查找仪表盘	找到组合仪表	5	
3	查找电源系统	找到低压蓄电池	5	
		找到发电机	5	
4	查找起动系统	找到起动机	5	
5	查找照明系统	找到近光灯	5	
		找到远光灯	5	
		找到雾灯	5	
		找到倒车灯	5	
		找到阅读灯	5	
		找到牌照灯	5	
6	查找信号系统	找到示宽灯	5	
		找到制动灯	5	
		找到转向灯	5	
		找到喇叭	5	
7	查找辅助系统	找到空调	5	
		找到车窗	5	
		找到雨刮	5	
8	作业记录	正确填写工单	2.5	
9	工位整理	"6S"检查	2.5	
10	安全生产	遵守安全操作规程	2.5	
		安全用电、无人身、设备事故	2.5	
总分			100	

注：操作规范即得分，操作错误或未进行操作得0分。

（二）知识测评

1. 判断题

(1) 汽车电气系统对于汽车驾驶辅助系统和基础功能的正常使用至关重要。

（　　）

(2) 新能源汽车采用 12 V 低压电和超 200 V 高压电并行工作模式。　（　　）

(3) 燃油汽车起动系统主要依靠起动机起动发动机。　　　　　　　　（　　）

(4) 现代汽车的电气设备负极通常与车体金属连接，形成负极搭铁。　（　　）

(5) 汽车所有低压电气设备之间采用并联方式连接。　　　　　　　　（　　）

(6) 汽车电气设备作业完成后，应进行工位整理和"6S"管理。　　　（　　）

(7) 汽车照明系统包括前后照明灯、雾灯及阅读灯等多种灯具。　　　（　　）

(8) 汽车信号系统涉及电喇叭、转向灯等功能部件。　　　　　　　　（　　）

(9) 汽车电气设备采用直流电是因为蓄电池只能接受直流电充电。　　（　　）

(10) 汽车电气系统内的熔断器是为了防止过载电流损坏电气设备。　（　　）

2. 选择题

(1) 传统燃油汽车电气系统的工作电压一般是（　　）。

A. 72 V　　　　　　　B. 12 V　　　　　　　C. 36 V　　　　　　　D. 48 V

(2) 汽车电气设备采用（　　）连接方式。

A. 串联　　　　　　　B. 并联　　　　　　　C. 混联　　　　　　　D. 星型

(3) 采用单线制连接的汽车电气系统中，正极导线的别称是（　　）。

A. 地线　　　　　　　B. 火线　　　　　　　C. 搭铁线　　　　　　D. 屏蔽线

(4) 在汽车电气系统性能检查结束后，应执行的操作是（　　）。

A. 立即离开现场　　　　　　　　　　　B. 收拾工具但无须整理工位

C. 清扫工位并实施"6S"管理　　　　　D. 直接关闭电源走人

(5) 对于新能源汽车而言，动力电池组的电压通常为（　　）。

A. 12 V　　　　　　　B. 24 V　　　　　　　C. 72 V　　　　　　　D. 高于 200 V

(6) 现代汽车采用直流电的原因是（　　）。

A. 直流电易于传输　　　　　　　　　　B. 蓄电池只能储存直流电

C. 直流电成本较低　　　　　　　　　　D. 直流电更为安全

(7) 汽车电气设备采用单线制连接时，负极是（　　）接地的。

A. 通过单独接地线　　　　　　　　　　B. 通过专用的负极导线

C. 直接与车体金属接触搭铁　　　　　　D. 通过空气

六、任务总结

①汽车电气系统的作用：保证汽车驾驶辅助系统工作的可靠性和汽车基本功能的使用，同时也为汽车娱乐和通信设施供电。汽车电气系统是汽车的重要组成部分之一。

②汽车电气系统的组成：电源系统、用电系统、检查系统、配电系统、其他装置。

③汽车电气系统的特点：低电压，直流，单线制、负极搭铁，并联制。

七、知识拓展

汽车电气系统是现代汽车中的重要组成部分，它涉及整个汽车的电子控制系统、电池、发电机、电动机、传感器等多个方面。随着科技的发展和市场需求的变化，汽车电气系统也在不断地发展和改进。

（一）历史背景

汽车电气系统最早出现在 20 世纪初期，当时主要是为了满足照明和点火等基本功能而设计。随着汽车技术的不断进步和市场需求的增加，汽车电气系统也逐渐从简单的点火装置演变为复杂的控制系统。20 世纪 50 年代，随着晶体管技术的应用，汽车电气系统开始实现自动化控制。20 世纪 70 年代以后，计算机技术得到广泛应用，这使得汽车电气系统能够实现更加精确的控制和监测。

（二）技术趋势

1. 智能化

智能化是当前汽车电气系统发展的主要趋势之一，如图 1-1-11 所示。随着计算机技术和人工智能的不断发展，汽车电气系统将实现更加智能化的控制和监测。例如，智能驾驶辅助系统、自动泊车系统等都需要汽车电气系统提供支持。

2. 电动化

电动化也是当前汽车电气系统发展的重要趋势之一，如图 1-1-12 所示。随着环保意识的增强和油价的上涨，越来越多的汽车制造商开始研发电动汽车。电动汽车需要更加先进和高效的电气系统来支持其运行。

图 1-1-11　汽车智能化

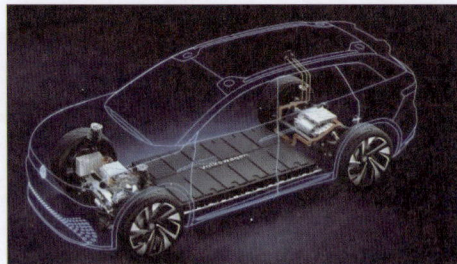

图 1-1-12　汽车电动化

3. 网联化

网联化是当前汽车电气系统发展的另一个重要趋势，如图 1-1-13 所示。随着互联网技术和物联网技术的不断发展，汽车将逐渐实现与外部环境、其他车辆以及用户之间的无缝连接。这需要更加高效和安全的网络通信技术来支持。

4. 集成化

集成化也是当前汽车电气系统发展的重要方向之一，如图 1-1-14 所示。随着汽车功能越来越复杂,各个子系统之间的相互作用也变得更加复杂。因此,将各个子系统进行集成并实现统一控制已经成为了必然选择。

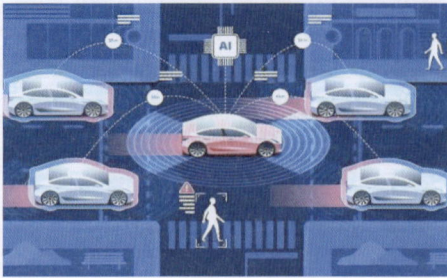

图 1-1-13　汽车网联化

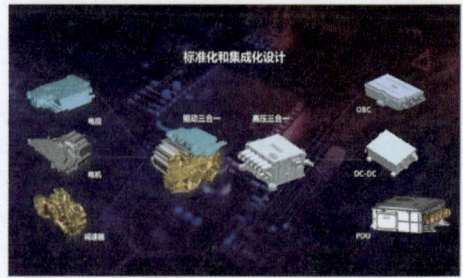

图 1-1-14　汽车集成化

（三）未来展望

　　未来,汽车电气系统将继续向智能化、电动化、网联化和集成化方向发展。同时,随着新能源汽车的不断普及和自动驾驶技术的逐步成熟,汽车电气系统将扮演越来越重要的角色。例如,新能源汽车需要更加高效和安全的电气系统来支持其运行。自动驾驶技术需要更加智能和精准的电气系统来实现精确控制。

　　总之,随着科技的不断进步和市场需求的变化,汽车电气系统将不断发展和改进。未来,我们可以期待更加智能、高效、安全和环保的汽车电气系统出现。

任务二　绘制汽车电路图

一、任务案例

李先生是一位汽车改装发烧友,他驾驶车辆来到汽车4S店,反映车上有塑料的烧焦味,怀疑是改装的汽车元器件或导线接触不良或局部短路引发的。

作为汽车维修技术人员,请你根据车辆维修手册的指导和汽车电路绘制的基本原则,结合李先生对汽车改装线路的描述,绘制改装后的汽车电气系统电路图,对车辆电路进行详细的检查,找到并解决故障点。

二、任务要求

通过本任务的学习,应能:

1. 阐述汽车电路的基本组成和工作原理,准确识别电路图中的图形符号。

2. 在规定时间内,识读汽车电路图。

3. 在复杂的整车电路图中精确识别特定用电器的工作回路,并能将其单独绘制成详尽的工作电路图。

4. 树立并践行科学严谨的工匠精神,在汽车电路识读与维修实践中体现精益求精、注重细节的专业态度。

5. 了解汽车电气化和新型电子电气架构的最新发展,以及它们在现代汽车中的应用。

学习重点:

1. 汽车电路图中常用图形符号的含义。

2. 汽车各类电路图的读图方法。

三、知识准备

(一)汽车电路的组成

汽车电路是按照各自的工作特性和彼此间的内在联系,通过中央接线盒、继电器、保险装置、电线束、插接器、保护装置以及其他开关装置等连接起来的综合网络。

汽车电路主要由电源、电路保护装置、控制元件、用电设备及导线等组成。汽车电路的基础元件主要有熔断器、插接器、各种开关、继电器、导线等,它们是汽车电路的基本组成部分,如图1-2-1所示。

白/红 5 IO2 6 黑/红
AM2 ST2
点火开关

1 10
7 1A
白红

15 A AM2

60 A MAIN F10 熔断器盒

蓄电池

5 10
3 1A
黑红
11 EA1
黑红

黑红

点火线圈和分火头

黑红

3 电子点火器
+B
G− IGF IGT
5 1 2
黑红 蓝黄 黄绿

发动机ECU
<3-7>

A—蓄电池
B—起动机
C—交流发电机
C1—电子电压调节器

204 R1

蓝 0.35
T10t/3
蓝 0.5
T2/1
蓝 0.5

蓝 10.0

D+ B+
G
C
C1

D/50 J226 T9/8
红/黑 2.5 * 红/黑 2.5 **
T6f/3 T6e/3
红/黑 4.0 * 红/黑 2.5 **
T2/2
黑 10.0 红 4.0

黑 16.0

黑 10.0

30 50
M B

+
A
−

黑 16.0

9 2 3 9 5 9 6 9 7 8 9 10 2 11

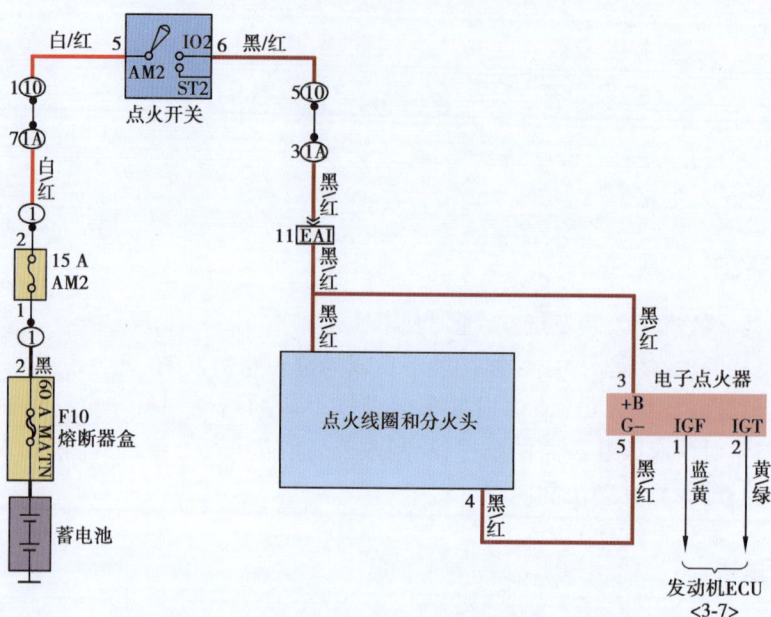

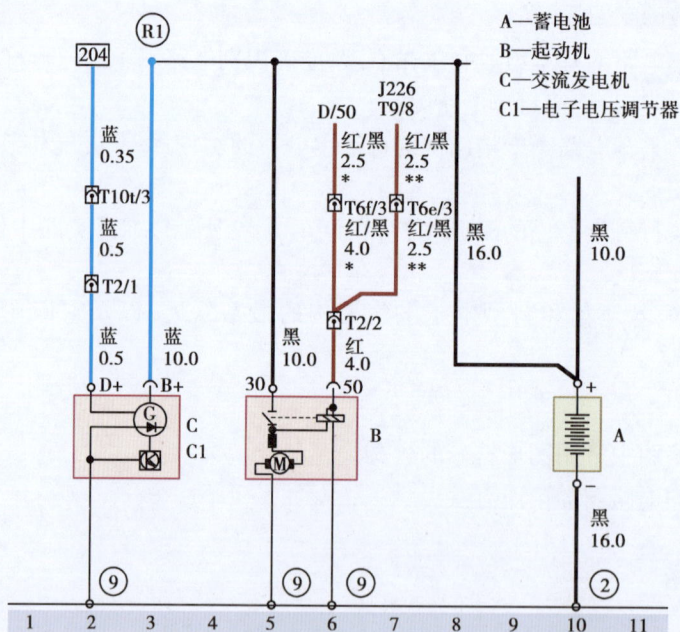

图 1-2-1 汽车电路

（二）汽车电路控制元件

1. 开关

开关分为单开关和组合开关两种。

点火开关和多功能组合开关是多挡组合开关,也是汽车电路中最重要的开关。

①点火开关:一个多挡开关,很多车型的点火开关需用相应的钥匙才能对其进行操纵。点火开关通常用于控制点火电路、仪表电路、发电机励磁电路、起动电路及一些辅助电器电路等。其主要功能是锁住转向盘转轴(LOCK)、ACC挡(ACC主要是收放机等电器设备专用),接通点火、仪表指示灯(ON或IG),起动(START)挡。其中,起动挡因为工作电流很大,开关不宜接通过久。所以,如果是用钥匙操纵点火开关的车型在操作时必须用手克服弹簧力,扳住钥匙,一松手就会弹回ON挡,如图1-2-2所示。

点火开关功用

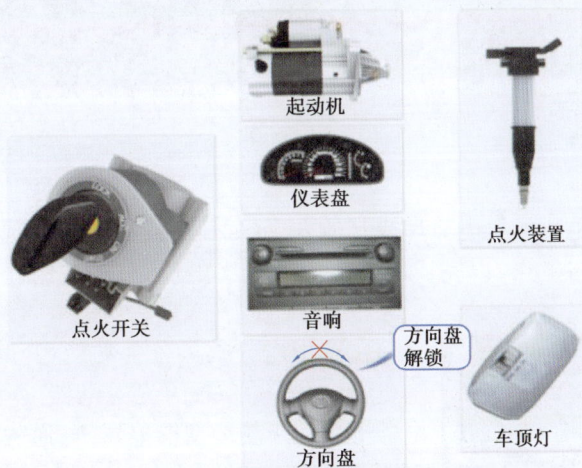

图1-2-2　点火开关

②灯光开关:通常是两挡式开关,按操纵的形式主要有推拉式、旋转式两种。灯光开关一挡接通示宽灯、尾灯、仪表照明灯等,二挡接通前照灯、尾灯、仪表照明灯等,如图1-2-3所示。

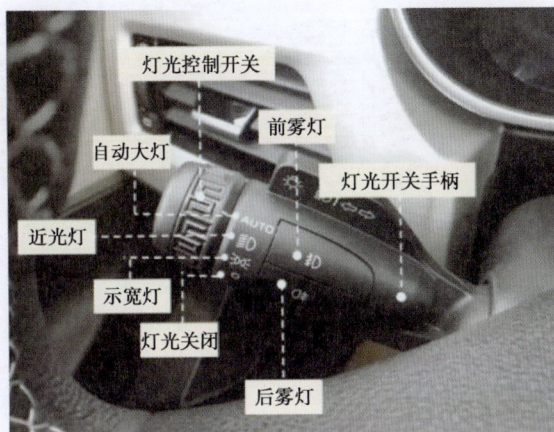

图1-2-3　灯光开关

③组合开关:由两种及两种以上的开关集装在一起,可使操纵更加方便。将照明开关、信号开关、雨刮器/清洗器开关等组合为一体,安装在转向柱上,如图1-2-4所示。

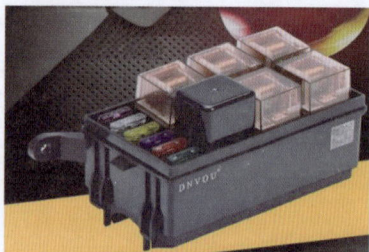

图 1-2-4　组合开关

2. 继电器

继电器是利用电磁或机电原理或其他方法(如热电或电子),实现自动接通或切断一对或多对触点,以完成用小电流控制大电流,减少控制开关触点电流负荷的装置。

继电器功用

①按用途分类可分为功能型和控制型继电器两种。例如,闪光继电器、雨刮器继电器等就属于功能型继电器,普通的单纯起电路通断与转换作用的继电器都属于控制型继电器,如图 1-2-5 所示。

继电器类型

②按触点状态分为常开型、常闭型和混合型 3 种,如图 1-2-6 所示。

图 1-2-5　继电器

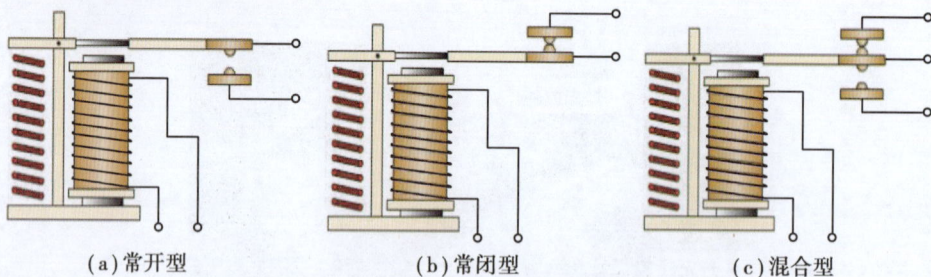

（a）常开型　　　　　　（b）常闭型　　　　　　（c）混合型

图 1-2-6　继电器分类

③按控制方式分为电流型和电压型。电流型继电器是按一定电流值而动作的继电器,它和其他元件组成实用电路。例如,汽车上的闪光继电器,电流越大,闪光频率越高,如图 1-2-7 所示。

电压型继电器是按一定电压值动作的继电器。当被控制的电路电压大于或小于一定值时继电器就会接通或断开被控制的电路,如灯光继电器(图 1-2-8)、喇叭继电器等。

图 1-2-7　闪光继电器

图 1-2-8　灯光继电器

（三）汽车电路保护元件

1. 熔断器

熔断器的保护元件是熔丝，串联在其所保护的电路中，每个熔断器都有颜色，如图 1-2-9 所示。

熔断器为一次性器件，使用时须注意：

①熔断器熔断后，必须先查找故障原因并彻底排除。

②更换熔断器时，一定要与原规格相同，要特别注意不能使用比规定容量大的熔断器，否则将失去保护作用。

③熔断器支架与熔断器接触不良会产生电压降和发热现象。因此，要特别注意检查有无氧化现象和脏污。若有脏物或氧化物，须用细砂纸打磨，使其接触良好。

熔断器基本原理

图 1-2-9　熔断器

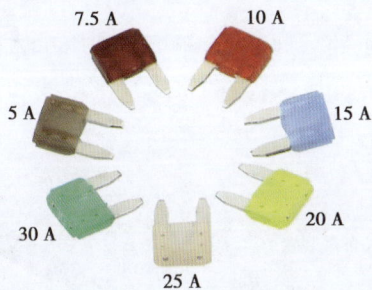

图 1-2-10　自恢复式熔断器

2. 电路断路保护器

电路断路保护器用于正常工作时容易过载的电路中，其原理是利用双金属片受热变形使触点分离。

①自恢复式熔断器：过载变形自动切断，冷却后自动复位，如此往复直到电路不过载，如图 1-2-10 所示。

②按压恢复式断路器：排除故障后，须按下按钮手动复位。

3. 新能源汽车高压熔断器

新能源汽车中使用的高压熔断器是一种重要的安全装置，用于保护车辆的电气系统免受过电流或短路造成的损害。在新能源汽车中,高压熔断器通常安装在高压电路中,如装在电池与电机之间的连接线上,以确保当电流超过预定的安全限值时能够迅速切断电源,防止可能的火灾或其他电气故障,如图 1-2-11 所示。

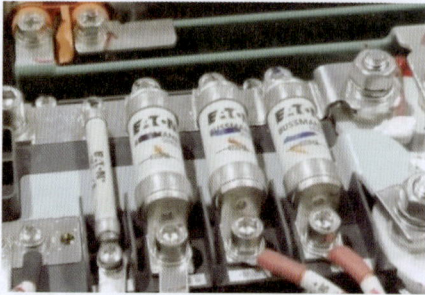

图 1-2-11　高压熔断器

图 1-2-12　中央控制盒

4. 中央控制盒

为便于诊断故障、规范布线,现代汽车将熔断器、断路保护器、继电器等电路易损件集中布置在一块或几块配电板上,这种配电板及其盖子就组成了中央控制盒,如图 1-2-12 所示。配电板正面装有继电器和熔断器的插头,背面是接线插座。为了便于线路检查和故障诊断,中央控制盒或安装板上标有器件名称或其缩写字母。

(四)汽车电路连接器件

电路连接件主要为导线和线束连接器。

1. 导线

导线将汽车上各种电气装置连接起来构成电路。此外,汽车上通常用车体代替部分从用电器返回电源的导线。汽车上使用的导线有低压线(多芯软线)、屏蔽线和高压点火线 3 种,如图 1-2-13 所示。

(a)低压线　　　　　　(b)屏蔽线　　　　　　(c)高压点火线

图 1-2-13　导线的类型

(1)低压线

低压线按用途不同可分为普通低压线、起动电缆线及蓄电池搭铁线 3 类。

随着汽车电器增多,导线数量也不断增加。为了便于维修,低压导线常以不同颜色来区分。汽车低压导线横截面积在 4 mm^2 以上的采用单色线,如表 1-2-1 所示,如:颜色为红色,标注为"R";汽车低压导线横截面积在 4 mm^2 以下的采用双色线,如表 1-2-2 所示,如:第一色为主色,第二色为辅助色,主色为红色,辅助色为白色,标注为"RW"。搭铁均用黑色线。

表 1-2-1　汽车单色导线代号

序号	1	2	3	4	5	6	7	8	9
导线颜色	黑	白	红	绿	黄	棕	蓝	灰	橙
代号	B	W	R	G	Y	Br	BL	Gr	O

表 1-2-2　汽车双色线导线代号

序号	1	2	3	4	5	6	7	8	9
导线颜色	黑白	白红	绿白	黄红	棕白	黄蓝	蓝橙	红绿	绿蓝
代号	BW	WR	GW	YR	BrW	YBL	BLO	RG	GBL

起动电缆线也属铜质多芯软线,用于连接蓄电池与起动机电磁开关的主接线柱。该导线截面积较大,常用的截面积有 25 mm^2、35 mm^2、50 mm^2、70 mm^2 等多种规格,允许电流达 500 ~ 1 000 A。

(2)高压点火线

高压点火线简称高压线,用于发动机点火线圈至火花塞之间的高压电路。由于高压线承受的工作电压高达 10 ~ 20 kV,电流强度却很小,因此高压线的绝缘层很厚、耐压性能好,但线芯截面积却很小。

目前,车辆上多为点火线圈总成直接与火花塞连接,逐渐取代了高压点火线。

(3)屏蔽线

屏蔽线也称铠装电缆或同轴射频电缆,用作各种传感器和电子控制装置的信号线以及汽车收音机的天线馈线等。这种导线内只有电压很低的微弱信号电流通过,为了不受外界的电磁感应干扰(如火花塞点火、发电机励磁绕组磁场的变化、电器开关开闭时产生的干扰),在其线芯外不仅有一层绝缘材料,还覆有一层屏蔽用的导体,最外层为保护用外皮。

导线截面受到通过电路的电压降的制约。整车电路的电压降最大允许值为 0.8 V。当发电机以额定负载工作时,电源线的电压降最大允许值为 0.3 V。当起动机通过起动电流时,电压降的最大允许值为 0.5 V。这是因为导线横截面积小时,导线电阻将增大,温度将升高。电阻增大会使电压降增大,可能导致用电设备供电电压不足而无法正常工作。温度升高会加速导线老化,缩短其使用寿命,温度过高还有可能导致火灾。

2.线束

为使全车线路规整,安装方便及保护导线的绝缘层,汽车上的全车线路除高压线、蓄电池电缆和起动机电缆外,将走向相近的不同区域的不同规格的导线用棉纱或薄聚氯乙烯带缠绕包扎成束,称为线束,如图 1-2-14 所示。

图 1-2-14　车身线束

3. 线束连接器

为了便于接线、布线和查找，汽车线束中各导线端头均焊有接线片，并在导线与接线片的连接处套上绝缘管。汽车上普遍采用插接器进行导线的连接。插接器由插头和插座两部分组成，根据电路连接的需要，有不同的针脚数。插接器内的针脚有片状和针状（圆柱状）两种，如图 1-2-15 所示。

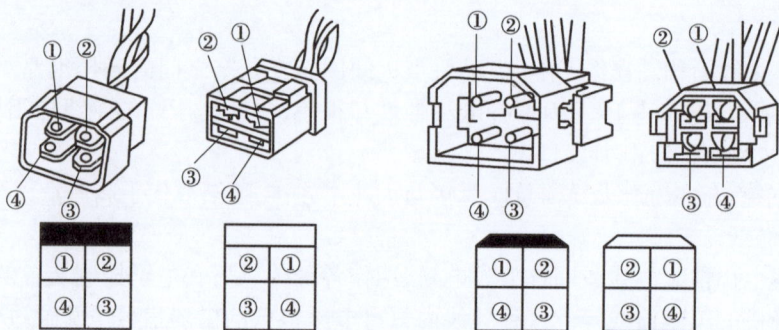

图 1-2-15　插接器

为了防止汽车行驶中因颠簸、振动而造成插接器的脱开，插接器还设计有闭锁装置，如图 1-2-16 所示。拆卸插接器时，压下闭锁，稍用力往外拉出即可。需注意的是，在未完全压下闭锁时，不可用力过猛，不然就会造成闭锁装置或导线的损坏。

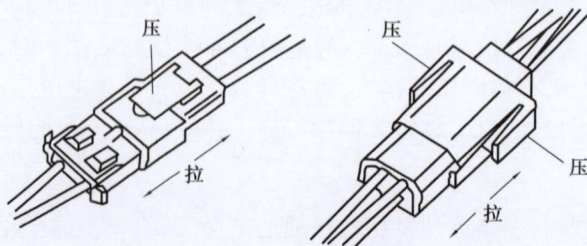

图 1-2-16　插接器闭锁装置

（五）汽车电路接线特点

1. 汽车电路接线规律

汽车线路采用单线制、用电设备并联、负极搭铁，线路用颜色和编号加以区分，并以点火开关为中心将全车电路分成几条干线，即蓄电池火线（30号线）、附件火线（ACC线）、钥匙开关火线（15号线）。

①蓄电池火线（正极B+线或30号线）接法：从蓄电池正极引出直通熔断器盒，也有的从蓄电池正极线直接引到起动机正极接线柱上，再从那里用较细的相线引出正极线接到其他电路。

②点火、仪表和指示灯电路线接法（IG线或15号线）：这些设备的线路必须经过汽车钥匙才能接通电路。点火开关在ON（工作）和ST（起动）挡才有电的电线，必须先经过点火钥匙才能接通点火系统、仪表系统、指示灯、信号系统、电子控制系统等重要电路。

③专用线（ACC线或15A线）：指无论发动机是否工作都需要接通的电器线路，如收音机、点烟器等的线路。点火开关单独设置一挡予以供电，但发动机运行时收音机等仍需接入与点火仪表指示灯等同时工作。所以，点火开关触刀与触点的接触组成要特殊设计。

④起动控制线（ST线或50号线）：起动机主电路的控制开关（触盘）常用磁力开关实现通断。其接线方式有两种形式：小功率起动机磁力开关的吸引线圈和保持线圈由点火开关的起动挡控制。为了保证空挡起动，装有自动变速器的汽车常在50号线上串有空挡开关。

⑤搭铁线（接地线或31号线）：搭铁点分布在汽车全身，与不同金属相接。搭铁线接法主要是单线制，某些汽车局部采用双搭铁线。

2. 电源系统接线规律

①发电机与蓄电池并联连接：蓄电池正极经电流表（或直接）接发电机正极，蓄电池必须负极搭铁。蓄电池静止电动势常为 $11.8 \sim 12.8$ V，发电机输出电压常限定在 $13.1 \sim 15$ V。发电机工作时，其电压比蓄电池电压高 $0.3 \sim 2.2$ V。这主要是为了克服线路压降，使蓄电池充电时既能充足，又不至于过度充电。

②国产硅整流发电机接法：国产硅整流发电机的接线柱旁均有标记或名称，"+"或"B+"为电枢接线柱，此接线柱应与蓄电池"B+"极相连。"F"为磁场接线柱，它与调节器磁场接线柱相连。"E"为搭铁接线柱，应与调节器的搭铁接线柱相接。

3. 起动系统接线规律

起动系统的作用是将进入气缸的混合气升温到适宜点火温度，用起动机驱动曲轴达到一定转速，并使发动机由静止状态进入点火且连续运转状态。

发动机正常运转后，使起动机的吸拉保持线圈断电，起动机的驱动齿轮退回，主电路切断，起到保护起动机的作用。

（1）点火开关直接控制起动机的电路

点火开关在起动挡直接控制起动机的吸拉保持线圈，用起动继电器触点作为开关，适用于 1.2 kW 以下的起动机电路。

（2）带起动保护的起动机控制电路

此种电路适用于 1.5 kW 以上的起动机。由于其磁力开关线圈的电流大于 40 A,故必须用起动继电器的触点作为控制开关。其控制电路的工作过程分为以下两种情况:

①发动机点火前的电路工作原理:

a. 当点火开关在"0"挡时,电路均断开。

b. 当点火开关在"1"挡时(未起动),供电线路包括发动机励磁线路、点火线圈线路、仪表线路。

c. 当点火开关在"2"挡时,除了接通上述线路外,还要同时接通以下两条线路:

● 起动机继电器电路:其电流走向为蓄电池正极→电流表→起动机继电器线圈→继电器常闭触点→搭铁→蓄电池负极。此时,继电器常闭触点吸合,使得吸引线圈和保持线圈通电,驱动起动机小齿轮与飞轮齿圈啮合,准备发动机的起动。

● 起动机主电路的触桥电路:蓄电池正极→触桥→起动机励磁线圈→起动机电 枢→搭铁→蓄电池负极。此时,起动机开始正式驱动发动机起动。

②发动机点火后的电路工作原理(驱动保护装置发挥作用):发动机点火后,发电机开始工作。随着发电机转速增加,它产生的交流电通过内部整流器转换为直流电,并通过电压调节器保证输出电压在一个稳定值。发电机中性点 N 对搭铁的电压约为发电机调节器设定电压的一半,这一信号被用于监测发电机的工作状态。

当发电机正常运行时,该中性点电压会触发起动继电器中的保护继电器,导致其常闭触点断开。常闭触点的断开切断了起动继电器线圈的搭铁通路,从而防止起动机再次意外启动,提供了一定程度的安全保护。

同时,这个动作也切断了充电指示灯的搭铁通路,使得充电指示灯熄灭,表明系统已切换到由发电机供电的状态。

4. 照明系统接线规律

照明系统一般由前照灯、示宽灯(位置灯)、尾灯(后示宽灯)、牌照灯、仪表灯、室内灯等组成。其中,前照灯又分为远光灯和近光灯,用变光开关控制。

①照明灯由组合开关的灯光开关控制:

a. 灯光开关在"0"挡,为关断。

b. 灯光开关在"1"挡,为所有小灯亮(包括示宽灯、尾灯、牌照灯、仪表灯和室内灯)。

c. 灯光开关在"2"挡,为前照灯和小灯同时亮,且"2"挡用于控制灯光继电器的线圈。

②由于前照灯的远光灯功率较大,故采用灯光继电器来控制其通断,并用变光开关控制远近光的变换。灯光系统的电源直接来自蓄电池正极,不受点火开关控制。

③超车灯信号采用远近灯光切换来表示,发出此信号不通过常规的灯光开关,这个电路通常设计为短时接通的方式。

5. 点火系统接线规律

点火系统可以分为无触点点火系统和微机控制点火系统。其工作过程的电流通路:初级线圈接通→初级线圈切断(此时恰是某缸活塞处于压缩上止点之前的某一角度)→

引起初级线圈产生约300 V的自感电动势→引起次级线圈的互感而产生6 000~3 000 V脉冲高压→引起火花塞跳火。

无触点点火系统的点火模块的接线方法:由点火开关控制的电源输入线2条(接4脚和5脚);由信号发生器(它与分电器轴连为一体)引来的信号输入线3条(接3脚、5脚和6脚,其中,5脚供信号发生器用作电源的相线);初级线圈的输入和输出线2条(接1脚和2脚)。

6.仪表警报系统接线规律

汽车仪表系统是汽车运行过程中状态参数的提供者,如发动机的水温、行驶速度、行驶里程、发动机转速、剩余燃油、机油压力、发电机是否发电等。

(1)所有的电气仪表都要受点火开关的控制

点火开关的工作挡与起动挡和电源接通。

(2)各种仪表的表头与其传感器串联

燃油表和冷却液温度表还串联仪表稳压器。

(3)指示灯和报警灯的接线方法

①将灯泡接点火开关的正极线,外接传感器开关。当开关接通时,则与搭铁构成通路,点亮灯,如充电指示灯、驻车制动指示灯、制动液液面警告灯、门未关警告灯、机油压力警告灯、冷却液位过低警告灯等。

②将指示灯泡搭铁,其控制信号来自其他开关的正极端,如远光指示灯、转向指示灯、座椅安全带未系指示灯、防抱死制动指示灯及巡航控制指示灯等。

指示灯和警告灯与各类仪表装配于同一个总成内或布置在其附近。它们同受点火开关的工作挡和起动挡控制。在工作挡(ON)可以检验其是否良好。

(4)其他组成仪表接线方法

①双金属片电热丝式组成仪表:其表头有两根线,如燃油指示表的两个接线柱是上下排列的,应将上接线柱与电源线连接,而下接线柱则与传感器连接。

②双线环十字交叉且中间有一个磁性指针的仪表:3条引线,其中一条接点火开关,一条搭铁,另一条接传感器。

③机械式仪表:不需要与电路连接,如软轴传动的车速里程表、直接作用的弯管弹簧式制动气压表和油压表,以及乙醚膨胀式冷却液温度表和油压表等。此类仪表的优点是读数精度较高,但缺点是需要安装许多管路和软轴,容易泄漏、拆装麻烦,故正被电子控制仪表所取代。

7.信号系统接线规律

信号系统主要包括转向信号、危险警告信号、制动信号、倒车信号和喇叭等。它们都是由驾驶人根据道路交通情况向其他车辆和行人发出的,带有较强的随机性,靠自身开关控制,如制动信号由制动踏板联动控制。倒车灯由变速杆倒挡轴联动控制,均无须驾驶人特意操作。喇叭按钮多设在方向盘上,驾驶人"手不离盘"即可发出信号。转向信号灯和危险警告灯的特点如下:

（1）转向灯的特点与电路接法

转向灯特点：转向灯有一定的闪频，国家标准规定为 60 ~ 120 次/min，车辆的前后左右都设置转向灯（某些汽车侧面也设有转向灯），功率为 21 ~ 25 W。

转向灯电路接法：因为转向信号灯是在点火开关处于工作挡（ON）时使用的，故转向灯与转向灯开关以及转向闪光继电器均经过点火开关控制。

（2）危险警告灯的特点与电路接法

危险警告灯的使用场合：主要用于本车有故障或危险而不能行驶；本车有牵引其他车的任务，需要引起其他车注意；本车需要优先通行，需要其他车辆避让等。因此，危险警告灯可在发动机不工作时使用，此时无须接通点火开关及仪表报警灯。

危险警告灯的接线方法：专门设有危险警告开关，它是一个多刀联动开关。在断开点火开关连接的同时，接通蓄电池接线，其闪光器及灯泡电源直接来自蓄电池，并将闪光继电器的输出端与左右转向灯连在一起，即在闪光继电器动作时，左右转向灯及指示灯同时闪光发出危险信号。

8. 电子控制系统接线规律

（1）电子控制系统的基本接线规律

①电子控制电路必须受点火开关的控制。

②必须有各种传感器随时输入工况信号。传感器可分为两类：一类属于数字信号，如磁脉冲式或霍尔式传感器能够产生脉冲电压数字信号；另一类由热敏电阻制成，当阻值发生变化时，其输出电压也随之变化，属于模拟量电压信号，如冷却液温度传感器和机油温度传感器等。

③电控系统的执行器则受电控单元控制，且具有自诊断功能。

（2）电控单元控制的两种控制模式

①开环控制模式。如燃油喷射系统的开环控制，当电控单元接收到输入信号以后，仅根据预先已经设置好的程序予以响应，而对于氧传感器信号则不予监控。开环控制的工况有暖机工况、减速工况、节气门全开工况等。

②闭环控制模式。电控单元对氧传感器信号实施监控，通过反馈使得电控单元控制的喷油脉冲宽度达到理想空燃比，以实现最佳燃油经济性和低排放。闭环工况有怠速工况、巡航工况等。

（六）汽车电路图

汽车电路图是一种将汽车电器和电子设备用图形符号和代表导线的线条连接在一起的关系图，可分为电路原理图、线路图及线束图。

1. 汽车电路原理图

汽车电路原理图是用标准电器符号按照汽车电气系统的工作特性及相互的内在联系，通过导线合理地连接起来的电路图，能够简明清晰地反映电气系统各部件的连接关系。其优点是图面清晰、简单明了、通俗易懂，便于分析、查找电路故障。

2016款卡罗拉全车电器接线图

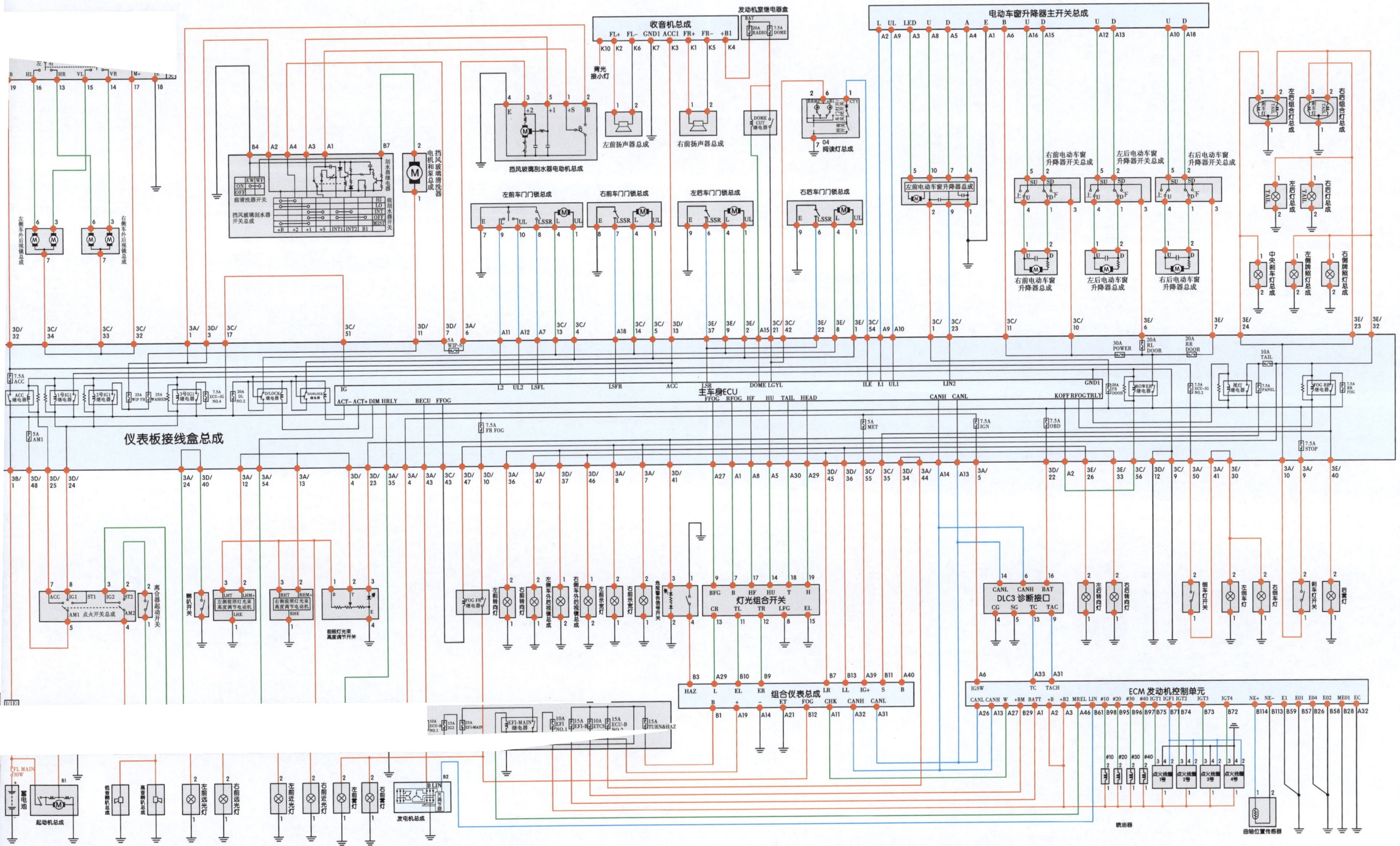

图1-2-18　汽车电路线路图

汽车电路原理图中,各局部电路(或称子系统)相互并联且关系清楚,发电机与蓄电池之间、各个子系统之间的连接点都尽量保持原位,熔断器、开关及仪表等的接法基本上与原图吻合。

汽车的局部电路原理图如图 1-2-17 所示。图 1-2-17 中,负极(−)接地(俗称搭铁),电位最低,正极(+)电位最高。电流的方向基本是由上而下,路径是:电源正极(+)→控制元件(开关或继电器)→用电器→搭铁→电源负极(−)。

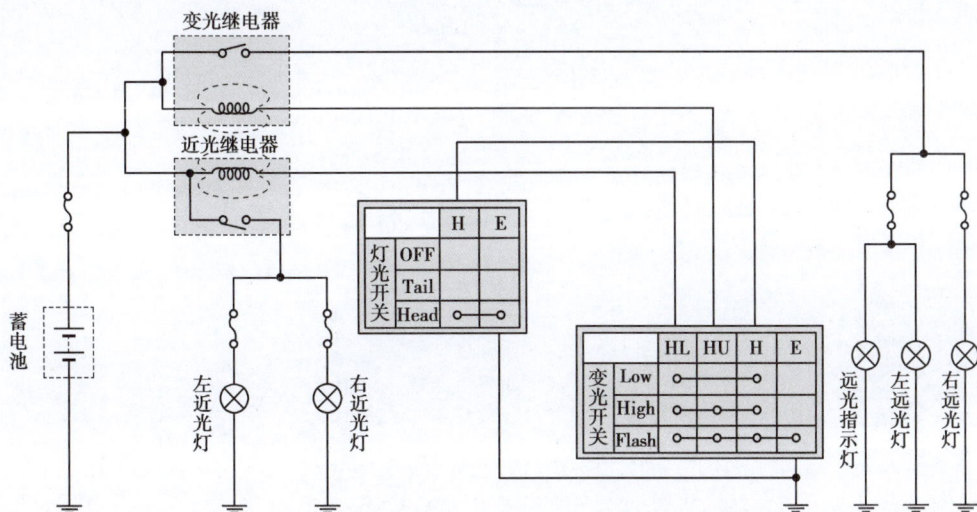

图 1-2-17　前照灯电路原理图

2.汽车电路线路图

汽车电路线路图是传统的汽车电路表达方法,是将汽车电器在汽车上的实际位置用线段从电源到开关再到搭铁一一连接起来构成的,如图 1-2-18 所示。它能较完整地反映汽车电器和电子设备的相对位置,从中可以看出导线的走向、分支、节点(插接件连接)等情况。但线路图中线束密集、纵横交错,使得识读和查找分析故障不便。

3.汽车电路线束图

汽车电路线束图是用于制作、安装线束的生产用图,是将有关电器的导线汇合在一起,并包扎起来形成的,如图 1-2-19 所示。汽车电路线束图能够表明电线束与各用电器的连接部位、接线柱的标记、线头以及插接器(连接器)的形状和位置等。它是在汽车上能够实际接触到的汽车电路图。这种图一般不去详细描绘线束内部的电线走向,只将露在线束外面的线头与插接器详细编号或用字母标记。它是一种突出装配记号的电路表现形式,非常便于安装、配线、检查与维修。

分析汽车电路要坚持以线路图为基础,以电路原理图为准则,以线束图为指导方法,将 3 种方法有机地结合在一起,全方位地应用电路图。

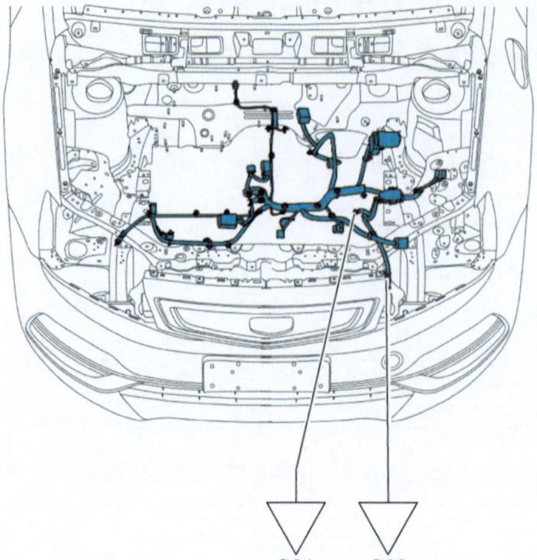

图 1-2-19　汽车电路线束图

（七）识读汽车电路图的方法

1. 熟悉汽车电路图绘制规则

在汽车的全车电路图中，各电器采用从左到右（供电电源在左，用电设备在右；在局部电路的原理图中，信号输入端在左，信号输出端在右）、从上到下（火线在上、搭铁线在下）的顺序进行布置，且各电气系统的电路尽可能绘制在一起。

2. 熟悉汽车电路元件符号及含义

（1）电气符号

熟悉汽车电路图的名称，明确电气符号、文字标注、代码及缩略语的含义，建立元器件和识别代号间一一对应的关系，见表 1-2-3。

表 1-2-3　部分电路元器件的识别代号

识别代号	元器件	部件名称（部分电器件）
E	灯	大灯、雾灯
F	保护器	保险丝
G	电源供给	交流发电机、蓄电池
H	转换器	喇叭、转向信号灯
K	继电器	继电器
L	传感器	点火线圈
M	电动机	雨刷电机、玻璃升降器电机
D	仪表	转速表、万用表

识别代号	元器件	部件名称(部分电器件)
R	电阻器	鼓风机电阻
S	开关	雨刷开关、除霜开关
X	连接器	线束之间的连接器
Y	电子驱动器	电磁阀
15	电源	点火开关在"ON""START"位置时,经过点火开关后的电源
30	蓄电池正极	蓄电池正极电压
31	蓄电池负极	蓄电池负极
B+或+	蓄电池正极	蓄电池正极
GND 或–	接地	接地、搭铁

有的电气符号也简单地表达出电器内部的工作原理和电路。起动机的符号如图 1-2-20 所示,从图中可以看到起动机、电磁开关线圈、电磁开关触点以及它们之间线路的连接关系。

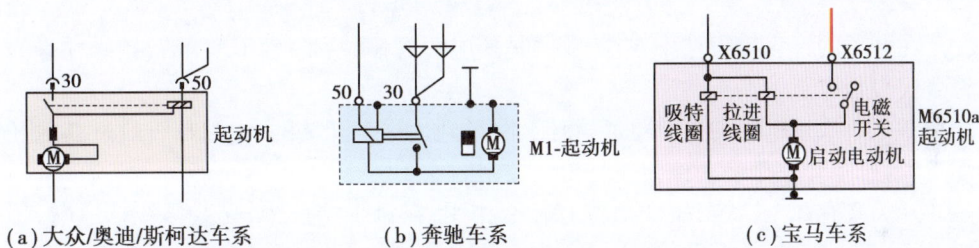

(a)大众/奥迪/斯柯达车系　　(b)奔驰车系　　(c)宝马车系

图 1-2-20　起动机符号

(2)电器端子标注

为了方便查找和维修汽车电路,在电路图中用一定数字、字母对电器的接线端子进行标注,了解这些端子的标注,可准确地找到导线和相应的接线端子,如图 1-2-21 所示。

(3)汽车电路中的缩略语

由于电路图幅面有限,对各元器件的注释大量采用缩略语。缩略语有的是系统英文名称的缩写,如 ABS 表示防抱死制动系统,AT 表示自动变速器;有的用端子所连接电器的英文缩写来作为端子的缩写,如 BAT 表示该端子连接的是蓄电池,INJ 表示该端子连接的是喷油器。

3.熟悉元器件的作用

(1)开关

开关是控制电路通断的关键。电路中主要的开关往往汇集许多导线,如点火开关、车灯控制开关。阅读与开关相关的电路图时,应注意分析以下事项:

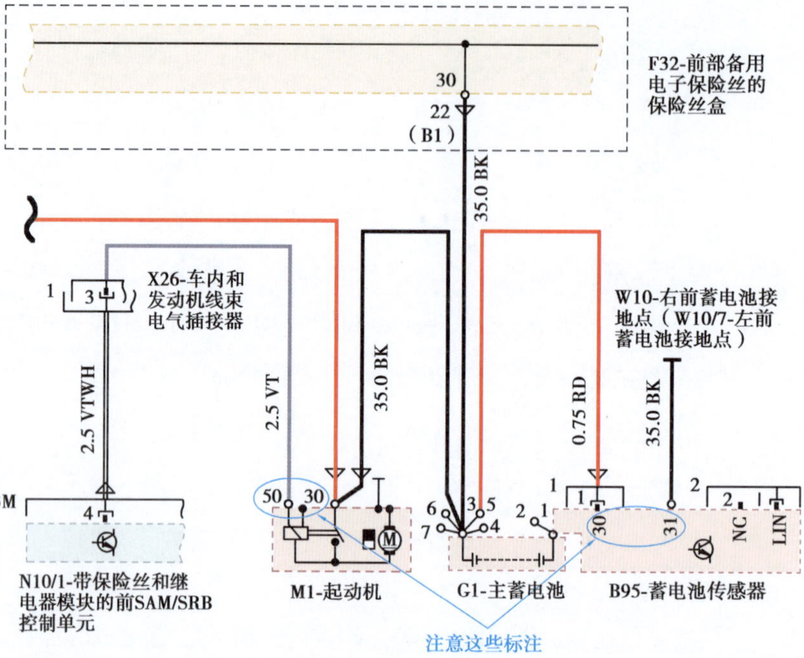

图 1-2-21 电器端子标注

①在开关的许多接线柱中,查找哪些是接电源的,哪些是接用电器的,接线柱旁的接线符号代表什么意思。

②蓄电池或发电机的电流是通过什么路径到达这个开关的,中间是否经过其他开关和保险丝,控制开关是手动按钮还是自动控制的。

③开关共有几个挡位,每个挡位有什么作用;在每个挡位中,哪些接线柱通电,哪些断电。

④各个开关分别控制什么用电器,被控制用电器有什么作用和功能。

⑤在被控制的用电器中,哪些电器处于常通,哪些电路处于短暂接通,哪些应先接通,哪些应后接通,哪些单独工作,哪些应同时工作。

（2）继电器

继电器起开关作用,它是利用电磁或其他方法(如热电或电子)控制某一回路的接通或断开,实现用小电流控制大电流,从而减小控制开关触点的电流负荷。在分析带继电器的电路时,要分清主回路和控制回路。图 1-2-22 所示为一汽大众捷达 NF 供电继电器工作电路,控制回路和主回路分别用不同颜色的箭头标明。

（3）传感器

汽车电路中的传感器经常共用电源线、接地线,但绝不会共用信号线,如图 1-2-23 所示。在分析传感器电路时,可用排除法来判断电路,即排除其不可能的功能来确定其实际功能。例如,分析某 1 条具有 3 根导线的传感器电路时,如果已经分析出其电源电路、接地电路,则剩余的电路必然为信号电路。

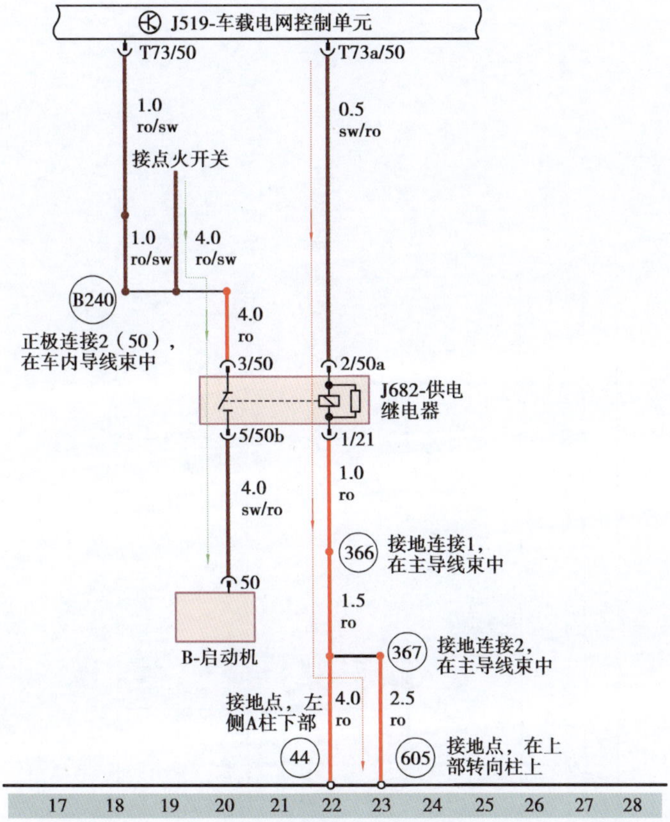

J519-车载电网控制单元

T73/50

T73a/50

1.0
ro/sw

0.5
sw/ro

接点火开关

1.0
ro/sw

4.0
ro/sw

B240

4.0
ro

正极连接2（50），
在车内导线束中

3/50

2/50a

J682-供电
继电器

5/50b

1/21

4.0
sw/ro

1.0
ro

366 接地连接1，
在主导线束中

1.5
ro

50

367 接地连接2，
在主导线束中

B-启动机

接地点，左
侧A柱下部

4.0
ro

2.5
ro

44

605 接地点，在上
部转向柱上

| 17 | 18 | 19 | 20 | 21 | 22 | 23 | 24 | 25 | 26 | 27 | 28 |

图 1-2-22 继电器电路

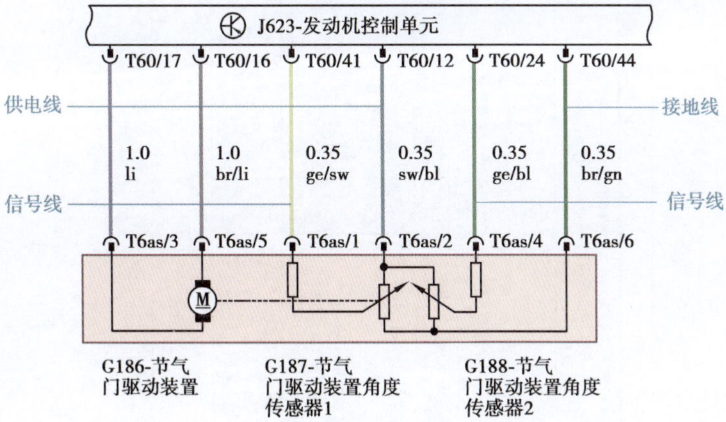

J623-发动机控制单元

T60/17 T60/16 T60/41 T60/12 T60/24 T60/44

供电线

接地线

1.0
li

1.0
br/li

0.35
ge/sw

0.35
sw/bl

0.35
ge/bl

0.35
br/gn

信号线

信号线

T6as/3 T6as/5 T6as/1 T6as/2 T6as/4 T6as/6

M

G186-节气
门驱动装置

G187-节气
门驱动装置角度
传感器1

G188-节气
门驱动装置角度
传感器2

图 1-2-23 传感器电路

（4）执行器

汽车电路中,最常见的执行器主要是喷油器、点火线圈、换挡电磁阀、怠速步进电动机、空调压缩机等。执行器要正常工作需要 3 个信号,即电源信号、接地信号和控制信号。控制信号主要由控制单元送出。在汽车电路中,会看到执行器共用电源线、接地线甚至控制线的情况。图 1-2-24 所示电路中,点火线圈 N70、N127、N291、N292 就共用了电源线和接地线。

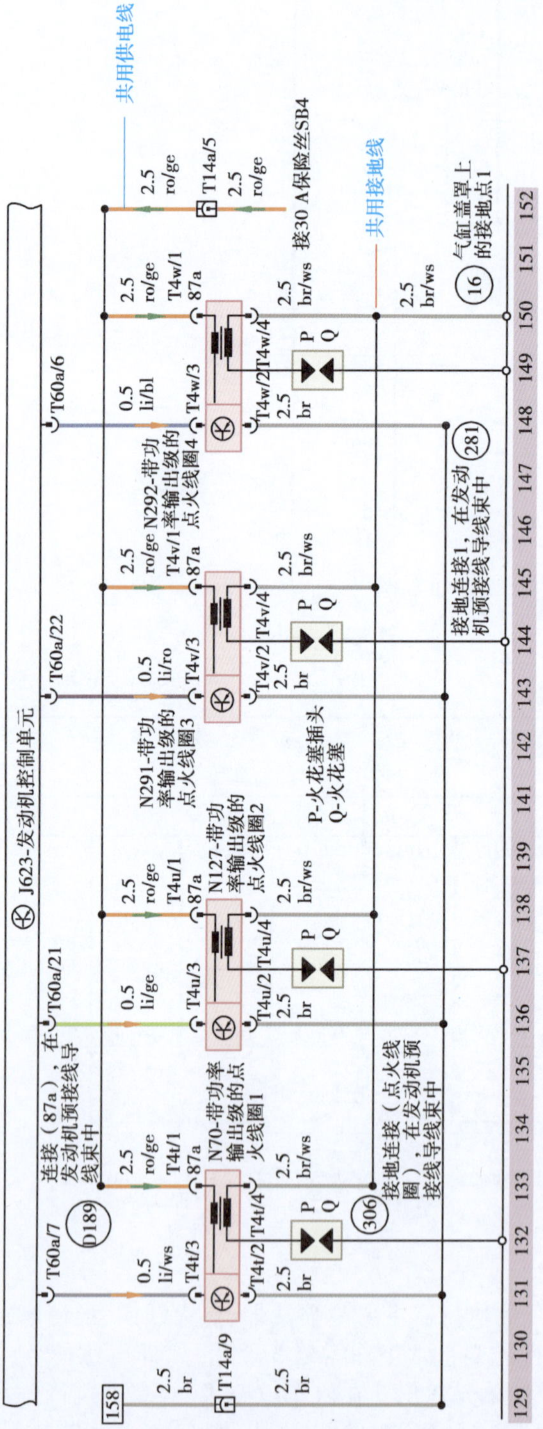
J623-发动机控制单元
T60a/7
T60a/21
T60a/22
T60a/6
共用供电线
共用接地线
接30 A保险丝SB4
T14a/5
T14a/9
158
D189
连接（87a），在发动机预接线导线束中
N70-带功率输出级的点火线圈1
N127-带功率输出级的点火线圈2
N291-带功率输出级的点火线圈3
N292-带功率输出级的点火线圈4
P-火花塞插头
Q-火花塞
306
接地连接（点火线圈），在发动机预接线导线束中
281
接地连接1，在发动机预接线导线束中
16
气缸盖罩上的接地点1
129 130 131 132 133 134 135 136 137 138 139 141 142 143 144 145 146 147 148 149 150 151 152

图 1-2-24 执行器电路

4.分析电路的组成特点

①电源供给和接地分布。

②电路图的组成是以接线盒为中心还是以 ECU 为中心展开的。

③主要元器件的线路走向。

5.纵观"全车",眼盯"局部",由"集中"到"分散"

全车电路由各个局部电路所构成,它表达了各个局部电路之间的连接和控制关系。要把局部电路从全车总图中分割出来,就必须掌握各个单元电路的基本情况和接线规律。

一开始,必须认真读几遍图注,对照线路图查看电器在车上的大概位置、数量及其用途,是否有新的、独特的用电设备,如有,应加倍注意。

6.抓住"开关"的作用——所控制的"对象"

开关是控制电路通断的关键。特别注意,继电器不仅是控制开关,还是被控制对象。

7.根据"回路原则"分析电路

任何一个完整的电路都由电源、保险丝、开关、控制装置、用电设备、导线等组成。电流流向必须从电源正极出发,经过保险丝、开关、控制装置、导线等到达用电设备,再经过导线(或搭铁)回到电源负极,构成回路。

一定要从电路组成的"三要素"——电源、中间环节、负载的分析入手,准确分析任何一条(或一个系统)电路中这三要素之间的内在联系和组成,以实现电路原理图、线路图和线束图三者之间的相互转化,为检修电路提供方便。

图 1-2-25 所示为本田雅阁电动后视镜电路。读电路图时,有以下 3 种思路。

思路一:沿着电路电流的流向,由电源正极出发,到保险丝、开关、控制装置、用电设备等,回到电源负极。

思路二:逆着电路电流的方向,由电源负极(搭铁)开始,经过用电设备、控制装置、开关、保险丝等回到电源正极。

思路三:从用电设备开始,依次查找其控制开关、连线、控制单元,到达电源正极和搭铁(或电源负极)。

以图 1-2-25 为例说明 3 种思路。把电路图简化,得到电路,如图 1-2-26 所示。分别按思路一、思路二、思路三简化电路图,如图 1-2-27 至图 1-2-29 所示。

8.注意电路中开关或继电器的状态

大多数电器或电子设备都是通过开关(包括电子开关)或继电器的不同状态而形成回路或改变回路而实现不同的功能。要仔细分析其控制条件和控制回路。

9.要善于利用汽车电路特点,把整车电路化整为零

汽车电路具有单线制、各电路负载相互并联、两个电源也相互并联以及线路有颜色和编号加以区分等特点,为把整车电路化整为零进行读图提供了方便。整车电路可以按其组成对各个分电路逐一进行分析。对于各分电路,同样可以采取各个击破的办法进行识读。

蓄电池　发动机盖下熔丝/继电器盒　　　点火开关　　　仪表板下熔丝/继电器盒

No.22(100 A)　No.23(IG)(50 A)　WHT　BAT IG2　BLK/RED　No.30(7.5 A)

BLK/YEL

BLK/YEL　12　　　　　　　　　　　BLK/YEL　　　　　　电动后视镜开关

除雾器开关　　指示器（LED）灯*　　灯（LED）

左　右　下　上

左　右　左　右

11　　GRN/WHT　　3　10　9　7　　　　2　1

ORN*　　　　　　　　　　　　　　　　　　　BLU/WHT　WHT/RED

ORN*　BLU/BLK

2　　　12　　　　　RED/YEL　12　　ORN*

4　　　7　　　　　　　　　7　　　2

左电动后视镜　　下　左　　　左　上　　右电动后视镜

上　　　右　　　右　　下

除雾器　　　　　　　　　　　　　　除雾器

7　　13　11　　　　11　13　　7

3　　8　6　　　　6　8　　3

BLK　BLU/WHT　GRN/　　BLK　GRN/WHT　WHT/　BLK

WHT　　　　　　　　　　　RED

G501　　　　　　G501

G601　　　　　　G601　　　　　G503

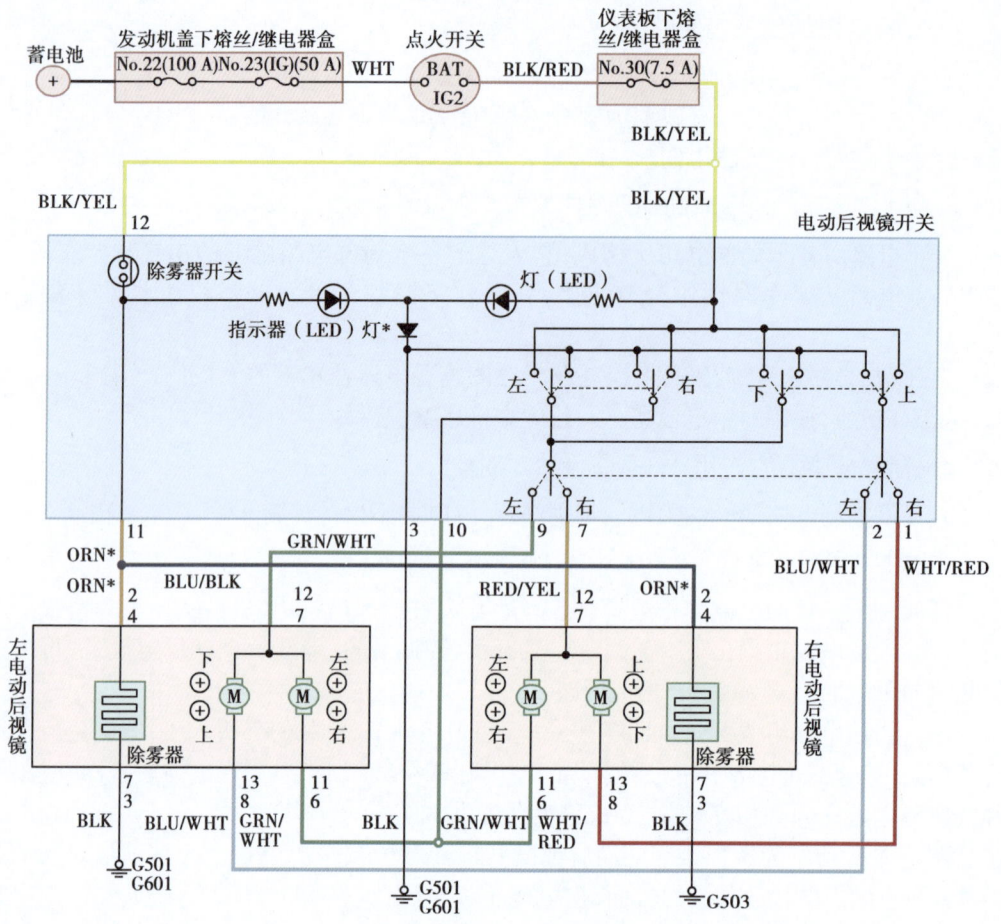

图 1-2-25　本田雅阁电动后视镜电路

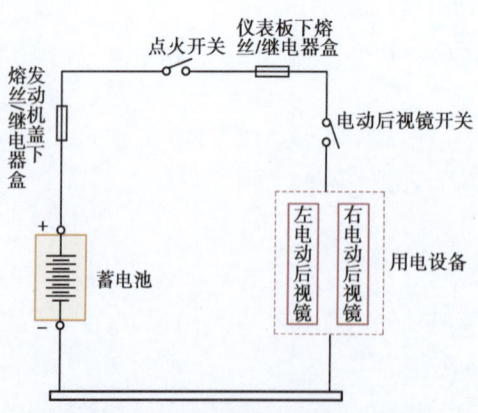

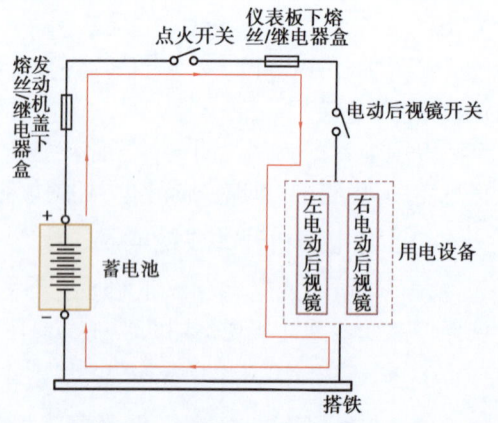

点火开关　仪表板下熔丝/继电器盒　　　点火开关　仪表板下熔丝/继电器盒

熔丝发动机盖下继电器盒　　电动后视镜开关　发动机盖下熔丝/继电器盒　　电动后视镜开关

左电动后视镜　右电动后视镜　用电设备　　左电动后视镜　右电动后视镜　用电设备

蓄电池　　　　　　　　　　　　　蓄电池

搭铁

图 1-2-26　本田雅阁电动后视镜电路图简化　　　图 1-2-27　本田雅阁电动后视镜电路（思路一）

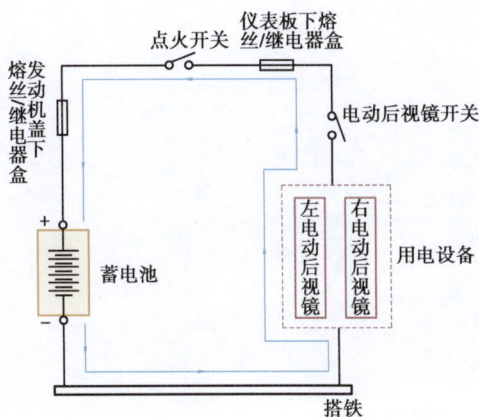

图 1-2-28　本田雅阁电动后视镜电路（思路二）

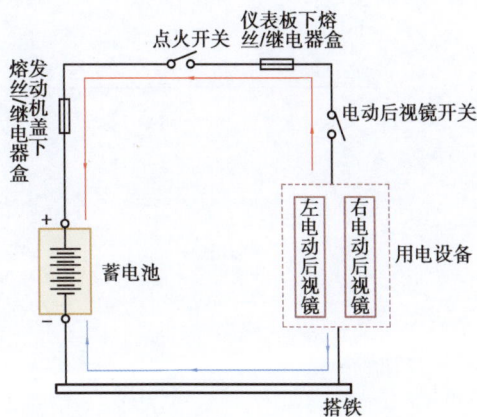

图 1-2-29　本田雅阁电动后视镜电路（思路三）

（八）丰田汽车电路图的表达方式

对于电器设备较多的汽车,在电路图上线多而乱,给识读带来很多困难。目前,国际上汽车电路图流行"纵向排列式画法",即总线路采用纵向排列、不走折(极个别地方除外),图上不出现导线交叉。对某一线路来说,从头到尾不超过所在线路纵向的 75%,同类电路局限在总线路横向的一个区域内。这为电器设备繁多的汽车电路提供了一种简洁明了的读图方法。下面以丰田汽车电路图为例说明其表达方式,如图 1-2-30 所示。

［A］:表示系统名称。

［B］:表示继电器盒。无阴影表示且仅显示继电器盒号以区别接线盒。例如:①表示 1 号继电器盒。

［C］:当车辆型号、发动机类型或规格不同时,用"(　　)"来表示不同的配线和连接器。

［D］:表示相关系统。

［E］:表示用以连接两根线束的(阳或阴)连接器的代码。该连接器代码由两个字母和一个数字组成,如图 1-2-31 所示。

连接器代码的第一个字符表示带阴连接器的线束的字母代码,第二个字符表示带阳连接器的线束的字母代码。

第三个字母表示在出现多种相同的线束组合时,用于区分线束组合的系列号(如 CH1 和 CH2)。

符号(⌄)表示阳端子连接器。连接器代码外侧的数字表示阳连接器或阴连接器的引脚编号。

［F］:表示零件(所有零件用天蓝色表示)。此代码与零件位置图中所用的代码相同。

［G］:表示接线盒(圈内的数字是接线盒号,旁边为连接器代码)。接线盒用阴影标出,以便将它与其他零件清楚地区别开来,如图 1-2-30 所示。

［H］:表示配线颜色。配线颜色用字母表示,第一个字母表示基本配线颜色,表示条纹的颜色,如图 1-2-32 所示。

图 1-2-30　丰田汽车电路图

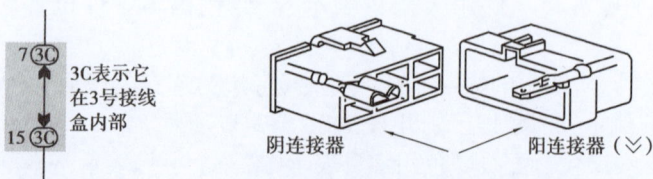

3C表示它
在3号接线
盒内部

阴连接器　　　　　　阳连接器（⌵）

图 1-2-31　连接器及代码

[I]:表示屏蔽电缆,如图1-2-33所示。

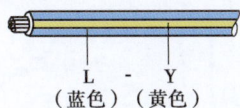

图1-2-32　接线

图1-2-33　屏蔽电缆

[J]:表示连接器引脚的编号。阳连接器和阴连接器的编号系统各异,如图1-2-34所示。

阴连接器　　　　　　　　阳连接器

图1-2-34　连接器引脚编号

[K]:表示搭铁点。该代码由两个字符组成:一个字母和一个数字。该代码的第一个字符表示指示线束的字母代码。第二个字符表示同一线束有多个搭铁点时作区别用的系列号。

[L]:表示页码。

[M]:表示保险丝通电时的点火开关位置。

图1-2-35　配线接点

[N]:表示配线接点,如图1-2-35所示。

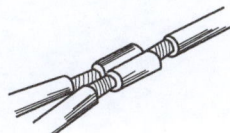

（九）大众汽车电路图的表达方式

1.电路符号

大众汽车电路图中,电器元件在电路图中是主体。电器元件在电路图中用框图辅以相应的代号表示,通常用字母或字母加数字的组合对元件进行标注,每一个元件都有一个代号,如A表示蓄电池、B表示起动机、C表示交流发电机等,如图1-2-36所示。

2.接线代码

电路元件的接线点都以接线代码的方式标注出来。这些代码无论在电路的何处出现,相同的代码都代表相同的接点,如图1-2-37所示,起动机B上有两个接线代码,分别为30与50的接点,30号线表示常电源,直接与蓄电池正极相连接,不受点火开关的控制。50号线是受点火开关控制的,只有在点火开关位于起动挡时,50号线才得电并供给负载电路。

3.导线

大众汽车电路图表达了两种性质的线路连接方式,即内部连线与外部接线,如图1-2-37所示。

内部连线在图上以细线画出,这部分连接是存在的,但线路是不存在的。标示线路只是为了说明这种连接关系,同时使电路图更加容易被理解。

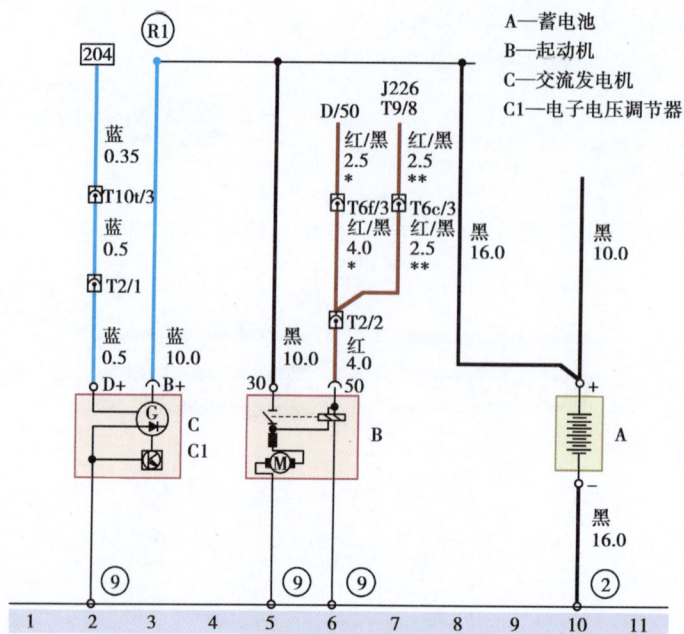

图 1-2-36　大众汽车电路图

A—蓄电池
B—起动机
C—交流发电机
C1—电子电压调节器

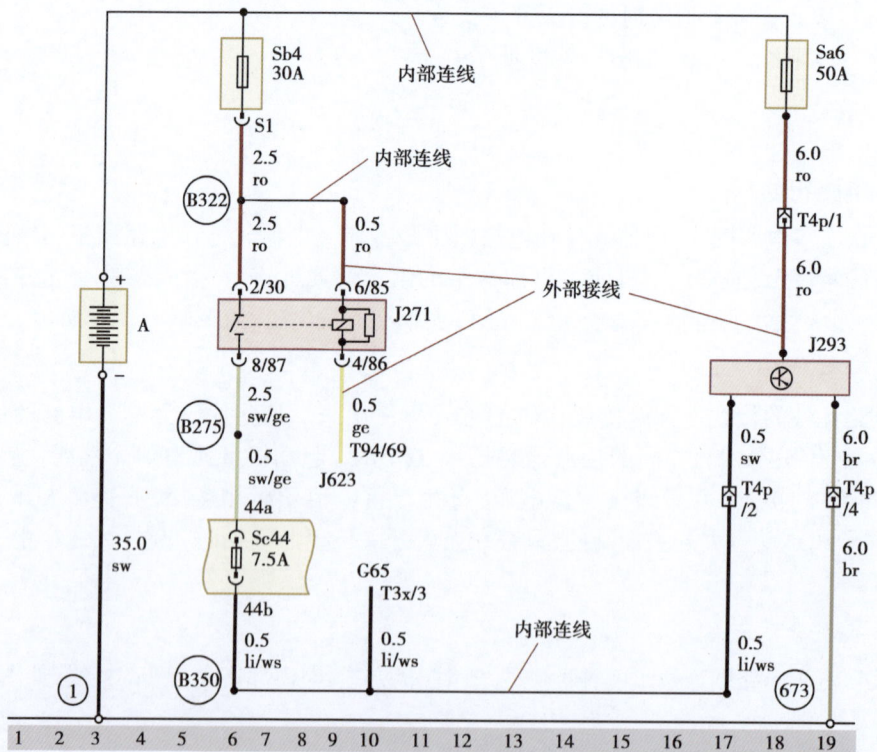

图 1-2-37　大众汽车内部和外部电路

外部接线在图上用粗实线画出,每条线上都标注有导线的颜色、导线的截面积。电路导线颜色用字母表示。如果导线是双色的,则以两种颜色的字母共同标记,放在前面的为主色,后面的为辅助色,如 li/Ws 等。导线的截面积以数字标示在导线颜色上方。

4. 大众汽车电路图的特点

（1）大众汽车全车电路图组成

大众汽车全车电路图分为 3 个部分,如图 1-2-38 所示。

①第一部分为中央配电盒电路,其中标明了熔丝的位置及容量、继电器位置编号及接线端子号等。

②第二部分为车上的电器元件及连线。最下面的横线是搭铁线,上面标有电路编号和搭铁点位置。

③第三部分为搭铁线,其标号是人为编制的,在实物中是不存在的,目的是方便标明在一页画不完的连线的另一端在何处,方便查找导线。

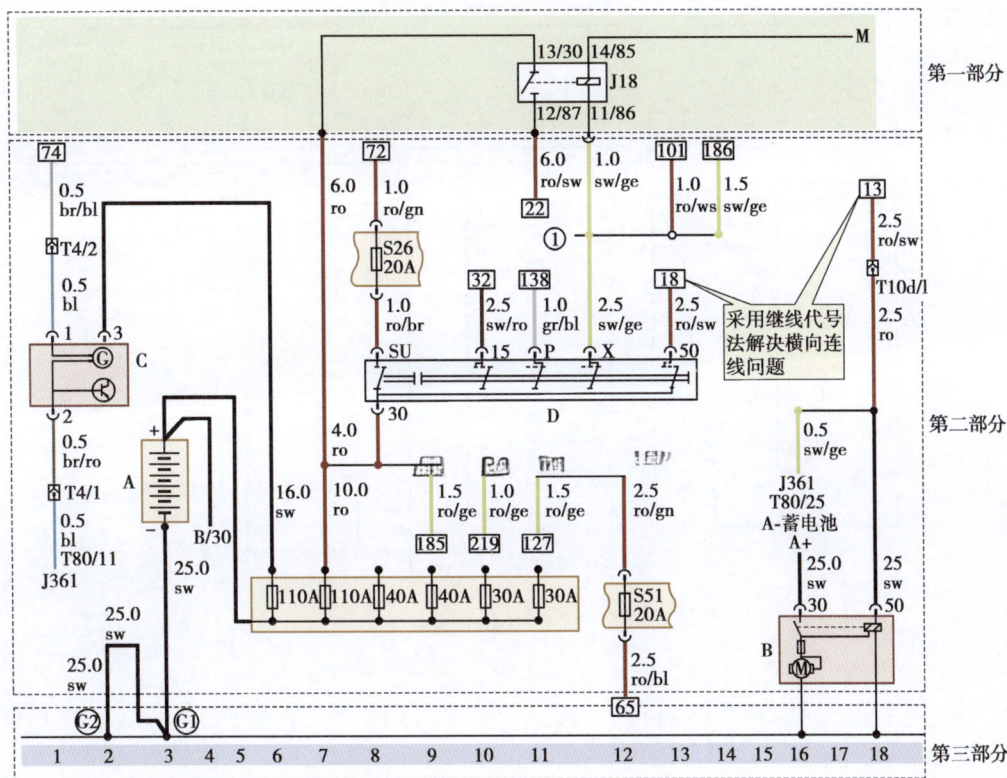

图 1-2-38　大众汽车全车电路图

（2）采用断线代号法解决横向连线问题

电路图采用了断线代号法解决线路交叉问题。对于一些线路比较复杂的设备（如前照灯）,它工作时要涉及点火开关、灯光开关和变光开关等配电设备。但这 3 个开关不在同一条纵线上,若按传统画法,必定要画一些横线将它们连接起来。这样图上就会出现较多横线,增加读图难度,因而该电路图的总线路图采用了断线代号法。例如,在图 1-2-38 中,起动机电路导线的上半段在电路号码为"13"的位置上,下半段在电路号码为"18"的位置上,图中的处理方法是在上半段电路终止处画一个小方框,内标"18",说明下半段电路应在号码为"18"的位置上寻找;下半段电路开始处也有一小个方框,内标"13",说明上半段电路应在号码为"13"的位置上寻找。通过以上数字,上、下段电路就有机地联系在一起,从而解决了线路交叉的问题。

（3）电路呈垂直方式分布

总线路采用了垂直画线方式,图上不出现导线交叉,只有中央接线盒内才采用水平画线方式,出现了较多的水平导线。这些水平导线除了 15.30、31.50、X 外,还有一些临时编号线,如 a、b、c、d、e、g、h、m、n、r 等（如图 1-2-39 中的 b、c 线）。这些线是在中央接线盒的内部,而在电路图的主体电路部分基本不出现交叉,如图 1-2-39 所示。

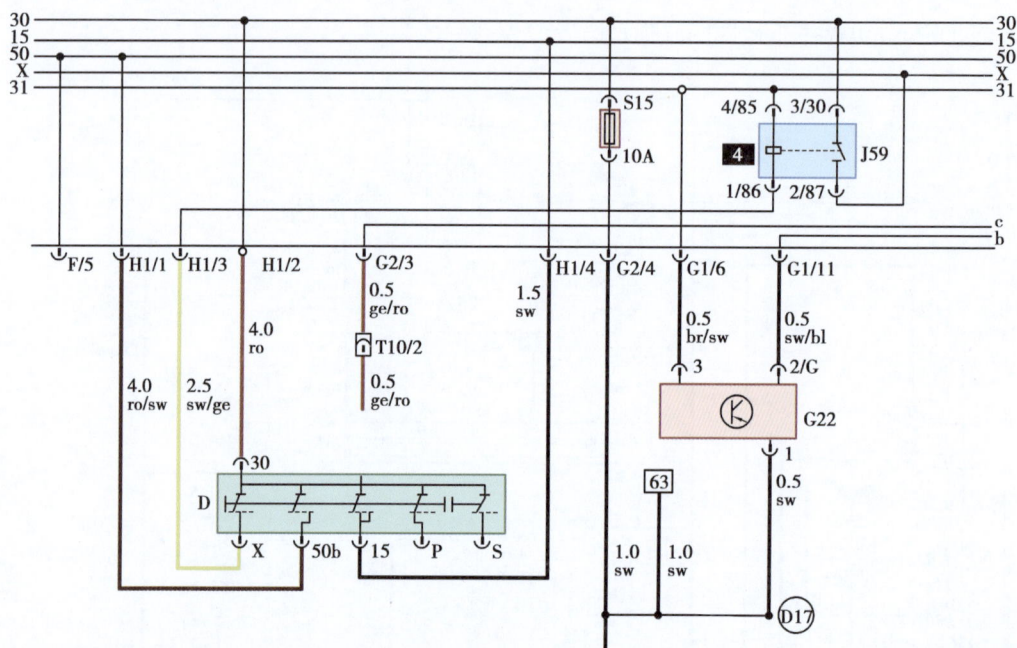

图 1-2-39　电路呈垂直方式分布

（4）搭铁线的标注方式

在搭铁线上,通常用圆圈圈起来的数字（或字母加数字）来表示电路中不同的搭铁点,只要圆圈内的数字（或字母加数字）相同,就说明它们是属于同一个搭铁点,如图 1-2-40 所示。通过这些用圆圈圈起来的数字编号,就可以在电路图的说明中查找到搭铁点在车身的位置,如图 1-2-41 所示。

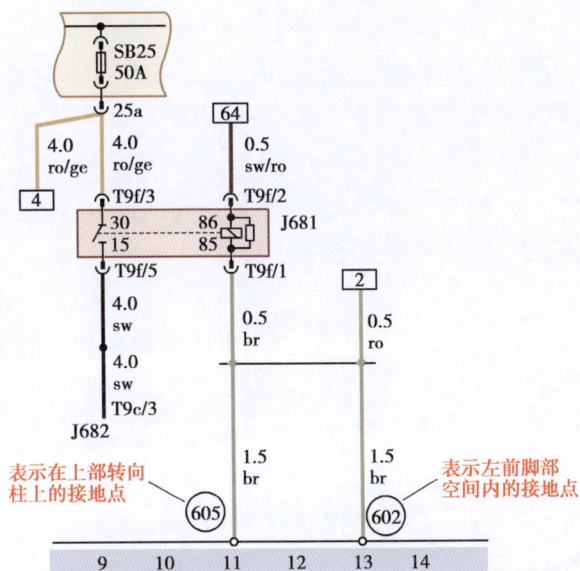

图 1-2-40　用数字表示搭铁点

图 1-2-41　用字母加数字表示搭铁点

（十）汽车整车电路

汽车整车电路通常由电源电路、起动电路、点火电路、照明与灯光信号装置电路、仪表信息系统电路、辅助装置电路和电子控制系统电路组成。

1. 电源电路

电源电路也称充电电路，是由蓄电池、发电机、调节器及充电指示装置等组成的电路，电能分配（配电）及电路保护器件也可归入这类电路。

2. 起动电路

起动电路是由起动机、起动继电器、起动开关及起动保护电路组成的电路。也可将低温条件下，起动预热的装置及其控制电路列入这类电路内。

3. 点火电路

点火电路是汽油发动机汽车特有电路，由点火线圈、分电器、电子点火控制器、火花塞及开关组成的电路。

4. 照明与灯光信号装置电路

照明与灯光信号装置电路是由前照灯、雾灯、示廓灯、转向灯、制动灯、倒车灯、车内照明灯及有关控制继电器和开关组成的电路。

5. 仪表信息系统电路

仪表信息系统电路是由仪表及其传感器、各种报警指示灯及控制器组成的电路。

6. 辅助装置电路

辅助装置电路是为提高车辆的安全性、舒适性等而设置的各种电器装置组成的电路。辅助电器装置的种类随车型不同而有所差异，汽车档次越高，辅助电器装置越完善。常见的辅助装置包括风窗刮水及清洗装置、风窗除霜（防雾）装置、空调装置、音响装置、车窗电动升降装置、电控门锁等。较高级车型上还装有电动座椅调节装置、电动遥控后视镜等。电子控制安全气囊归入电子控制系统。

7. 电子控制系统电路

电子控制系统电路主要由发动机控制系统（包括燃油喷射、点火、排放等控制）、自动变速器及恒速行驶控制系统、制动防抱死系统、安全气囊控制系统等电路组成。

四、任务实施

（一）实施方案

1. 质量要求

参照厂家的质量标准和维修手册要求。

2. 组织方式

每 6 位同学 1 组，按照企业岗位的操作标准，参照厂家维修手册，依据"1+X"证书考核标准，完成对实训车辆电路的识读，规范地画出前照灯电路图，每组作业时间为 80 min。

3. 技术要求与标准

①符号标准化：使用国际或国家认可的电气工程符号，用于表示各类电气元件，如电

阻、电容、开关、继电器、传感器等。明确标识出汽车上特定电气设备的位置和功能,确保所有连接点的识别和追溯无误。

②图形表达规则:连接线的画法应简洁明了,直线或曲线表示导线的走向,不交叉重叠,必要时可采用层叠、分支或引线等方式表现复杂的连接关系。导线颜色或编号应在图中标注清楚,便于实物连线对照。

③文字标注:对于重要元件、特殊功能模块、信号流向等,应有详细的文字说明,包括元件名称、功能、电压、电流规格、保护措施等信息。

④整体规划:分层次或分系统地绘制,如电源系统、控制系统、负载系统等单独成图,并通过索引相互关联。

4.设备器材

①场地设施:理实一体化教室。

②设备设施:实训车辆、维修手册、垃圾桶等。

③安全防护:车轮挡块、室内三件套、车外保护垫等。

④耗材:干净抹布。

(二)操作步骤

①检查工作环境安全,安装车轮挡块,做好个人安全防护。

②打开车门,做好车内防护,罩好"三件套"。打开机舱盖,铺设翼子板防护垫。拉紧驻车制动手柄,换挡杆置于 P 挡。

③操作灯光组合开关,观察前照灯的工作情况。

④查阅维修手册中前照灯的电路图。

⑤在电路图上查找蓄电池、灯光组合开关、组合仪表、左右两侧近光灯的保险丝、近光灯的位置,并用文字标注。

⑥画出前照灯电路原理图,并描述灯光组合开关在各挡时的电流流向。

⑦收起机舱翼子板防护垫,盖好机舱罩盖,收起车内防护套。

⑧整理工位和工具,清扫场地,实施"6S"管理。

（三）作业工单

专　业		班　级	
姓　名		学　号	
小组成员		组长姓名	

　　汽车电路图是汽车维修工作中不可或缺的工具，它以图形和符号的形式详细展示了汽车上所有电气和电子系统的连接方式和工作原理。对于维修人员来说，电路图在故障诊断中起着至关重要的作用，能够帮助他们快速定位问题所在，理解故障症状背后的电路逻辑。此外，电路图还提供了车辆电气系统的全面视图，包括电源分配、接地路径、控制模块、传感器和执行器的连接等，该视图对于维修人员理解系统至关重要。在复杂的电气系统中，电路图可以帮助维修人员追踪线路，找到特定的连接点或组件，从而进行有效的维修。

　　请结合"1+X"职业技能等级证书考核标准，完成对汽车前照灯等的照明电路图的绘制。

二、获取信息

符号	信息获取	符号	信息获取
•	线路接点	○	线路端子
导线的跨越	导线的跨越	导线的交叉连接	导线的交叉连接
+	正极	−	负极
电阻	电阻	可变电阻	可变电阻
光敏电阻	光敏电阻	电容	电容
二极管	二极管	稳压二极管	稳压二极管
光电二极管	光电二极管	发光二极管	发光二极管
PNP 三极管	PNP 三极管	NPN 三极管	NPN 三极管
线圈、绕组	线圈、绕组	带铁芯的电感	带铁芯的电感
熔断器	熔断器	易熔线	易熔线
绕组电磁铁	绕组电磁铁	触点常开的继电器	触点常开的继电器
触点常闭的继电器	触点常闭的继电器	常开触点	常开触点

符号	信息获取	符号	信息获取
	常闭触点		照明灯
	扬声器		电磁阀
	直流电动机		开关
	电池组	负极 正极	电池
	蓄电池		继电器

绘制前照灯电路图

序号	作业项目	是否完成
1	工位安全检查、车辆安全处置	是□　否□
2	个人防护、车辆内外防护	是□　否□
3	查阅维修手册	是□　否□
4	识别出与前照灯相关的电源电路部分	是□　否□
5	明确灯光组合开关各挡位及与前照灯的连接关系	是□　否□
6	查找控制前照灯的继电器位置及其控制回路	是□　否□
7	确定前照灯自身及其接地线路的位置和连接方式	是□　否□
8	找到电流从电源正极、保险丝、开关、继电器触点，最后到达前照灯并返回至电源负极的完整回路	是□　否□
9	从电源正极到负载（前照灯）再到电源负极的顺序绘制电路	是□　否□
10	标注各元件位置、导线颜色或编号、端子编号，以及开关和继电器	是□　否□
11	对照实车进行验证，确保电路图的准确性	是□　否□

五、任务评价

（一）技能评价表

序号	作业项目	考核内容	分值	得分
1	准备工作	检查施工环境安全	5	
		车辆防护	5	
2	查阅维修手册	查找汽车前照灯电路	5	
3	识读原始电路图	识别出与前照灯相关的电源电路部分	5	
		灯光组合开关的各挡位功能以及与前照灯连接关系	5	
		查找控制前照灯的继电器位置及其控制回路	5	
		确定前照灯自身及其接地线路的位置和连接方式	5	
4	分析电路工作原理	电流从电源正极出发，经过保险丝、开关、继电器触点，最后到达前照灯并返回至电源负极的完整回路	10	
		描述各挡位状态下（如关闭、示宽灯、近光灯、远光灯等）电路的通断状况和电流流向	5	
5	绘制电路原理图	按照从电源正极到负载（前照灯）再到电源负极的顺序绘制电路	5	
		清晰标注各元件位置、导线颜色或编号、端子编号，以及开关和继电器的状态变化	5	
		表明电源正极（B+或+）、接地（GND或—）和特定端子如15、30、31等的含义和连接点	5	
		绘制单元（ECU）、控制开关等集成控制部件	5	
6	检验和修正	检查绘制好的电路图是否符合实际汽车电路的布局和功能需求	5	
		对照实车进行验证，确保电路图的准确性	5	
7	作业记录	正确填写工单	5	
8	工位整理	"6S"检查	5	
9	安全生产	遵守安全操作规程	5	
		安全用电，无人身、设备事故	5	
	总分		100	

注：操作规范即得分，操作错误或未进行操作得0分。

（二）知识测评

1. 判断题

（1）汽车上所有的用电设备都是串联的，汽车发动机、底盘等金属机体可作为各种电器的公用电路，由用电器到电源只需一根导线。 （　　）

（2）汽车电路所用的电线绝缘层颜色一般为双色，由主色和辅色组成。 （　　）

（3）当汽车点火开关置于 ACC 挡时，可以使用空调。 （　　）

（4）为尽量减少汽车整车电路的电压降，导线的选择应越粗越好。 （　　）

（5）熔断器熔断后，一定要与原规格相同，如果只有替代品，也要使用比规定容量大的熔断器，否则将失去保护作用。 （　　）

（6）中央控制盒有助于集中管理汽车上的熔断器、继电器等易损件。 （　　）

（7）汽车线束是为了美观而将导线捆扎在一起。 （　　）

（8）汽车电路线路图能够表明电线束各用电器的连接部位、接线柱的标记、线头、插接器（连接器）的形状及位置。 （　　）

（9）分析汽车电路时，可以采用从电源正极出发或从负载反向查找的方法。 （　　）

（10）在汽车电路中，所有的传感器都会共用电源线和接地线。 （　　）

2. 选择题

（1）下列不属于汽车电路特点的是（　　）。

A. 低压交流　　　　　B. 并联与单线制　　　C. 装有保护装置　　　D. 负极搭铁

（2）下列不属于继电器的作用是（　　）。

A. 安全保护　　　　　　　　　　　　　B. 小电流控制大电流

C. 自动调节　　　　　　　　　　　　　D. 改变电压

（3）下列属于汽车电路识图方法要点的是（　　）。

A. 熟悉图注　　　　B. 注意开关　　　　C. 回路原则　　　　D. 以上三项都是

（4）点火开关在汽车电路中的主要作用是（　　）。

A. 只负责起动发动机

B. 仅控制仪表电路

C. 控制多个电路的通断，包括点火、仪表指示等

D. 仅仅为车载电子设备供电

（5）某汽车电路图中，标注为"30"的端子代表（　　）。

A. 点火开关"ON"挡有电端子　　　　　B. 蓄电池正极

C. 蓄电池负极　　　　　　　　　　　　D. 通用电源接入端

六、任务总结

（1）汽车电路的组成

汽车电路主要由电源、电路保护装置、控制元件、用电设备及导线等组成。

（2）汽车电路的特点

汽车电路的特点:低压与直流;并联与单线制;负极搭铁;装有保护装置;大电流开关通常加中间继电器;具有充放电指示;汽车电路上有颜色和编号特征;汽车电器线路由单元电路组合而成。

（3）汽车电路控制元件

①开关:分为单开关和组合开关两种。

②组合开关:将照明开关、信号开关、雨刮器/清洗器开关等组合为一体。

③继电器:利用电磁原理实现自动接通或切断一对或多对触点,完成用小电流控制大电流,以减少控制开关触点的电流负荷的装置。

（4）电路保护元件

①熔断器:串联在其所保护的电路中,每个熔断器都有颜色。

②电路断路保护器:用于正常工作时容易过载的电路中,利用双金属片受热变形使触点分离。

③新能源汽车高压熔断器:用于保护车辆的电气系统免受过电流或短路造成的损害。

④中央控制盒:将熔断器、断路保护器、继电器等电路易损件集中布置在一块或几块配电板上,这种配电板及其盖子就组成了中央控制盒。

（5）汽车电路连接器件

①导线:有低压线(多芯软线)、屏蔽线和高压点火线 3 种。

②线束:相近的同区域的不同规格的导线包扎成束,方便规整。

③连接器:便于接线、布线和查找的连接器,也称为插接器。

（6）汽车整车电路

汽车整车电路包括电源电路、起动电路、点火电路、照明与灯光信号装置电路、仪表信息系统电路、辅助装置电路、电子控制系统电路。

（7）汽车电路图

汽车电路图包括汽车电路原理图、汽车电路线路图、汽车电路线束图。

（8）汽车电路图的识读方法

①熟悉汽车电路绘制的规则。

②熟悉汽车电路元件符号及含义。

③熟悉元器件的作用。

④分析电路的组成特点。

⑤纵观"全车",眼盯"局部",由"集中"到"分散"。

⑥抓住"开关"的作用所控制的"对象"。

⑦根据"回路原则"分析电路。

⑧注意电路中开关或继电器的状态。

⑨要善于利用汽车电路特点,把整车电路化整为零。

七、知识拓展

随着汽车电动化、智能化、网联化、共享化的不断发展，汽车电子电气系统变得越来越复杂和庞大，从而促使汽车电子电气架构也不断革新。

（一）汽车电子电气架构

汽车电子电气架构是把汽车中的各类传感器、ECU（电子控制单元）、线束拓扑和电子电气分配系统整合在一起完成运算、动力和能量的分配，进而实现整车的各项功能。如果将汽车比作人体，汽车的机械结构相当于人的骨骼，动力、转向相当于人的四肢，电子电气架构则相当于人的神经系统和大脑，是汽车实现信息交互和复杂操作的关键。电子电气架构涵盖了车上计算和控制系统的软硬件、传感器、通信网络、电气分配系统等；它通过特定的逻辑和规范将各个子系统有序结合起来，构成实现复杂功能的有机整体。功能车时代，汽车一旦出厂，用户体验就基本固化；智能车时代，汽车常用常新，千人千面，电子电气架构向集中化演进是这一转变的前提。从分布式到域控制再到集中式，随着芯片和通信技术的发展，电子电气架构正在发生巨大的变化。

在汽车电气化和电子电气架构的发展过程中，绘图人员扮演着至关重要的角色。他们不仅负责将复杂的电路和系统设计转化为清晰、准确的电路图，还要确保这些图表能够为工程师和技术人员提供可靠的指导。因此，绘图人员需要具备严谨细致的工作态度和工匠精神，以确保每一个细节都达到最高的标准。随着技术的不断进步，未来的汽车将更加依赖于先进的电子电气架构和软件技术。

（二）CC 架构

CC 架构专注于计算和通信两个主要领域，通过分布式网关形成环形网络，实现高速的网络数据传输，并在三个计算中心进行实时数据分析和处理，以实现整车的感知、计算能力和电源共享。从计算架构的角度来看，将汽车划分为智能驾驶、智能座舱和智能车控三个主要领域，并推出相应的开放平台和操作系统（自动驾驶操作系统 AOS、鸿蒙智能座舱操作系统 HOS 和车控操作系统 VOS），如图 1-2-42 所示。

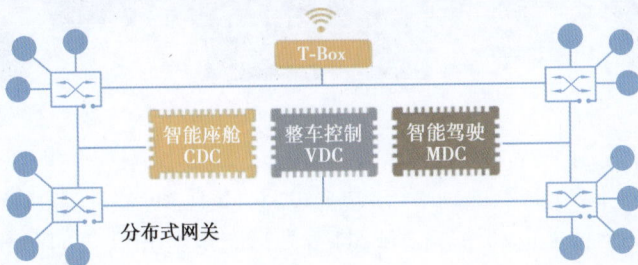

图 1-2-42　CC 架构

（1）MDC 智能驾驶平台

MDC 智能驾驶平台集成了昇腾芯片和 AOS 操作系统，以及标准化硬件产品和配套工具链等,如图 1-2-43 所示。该平台实现了软硬件解耦,使整车厂能够在此基础上快速开发、调试和运行自动驾驶算法和功能,实现 L2+至 L4 级别自动驾驶的平稳演进。

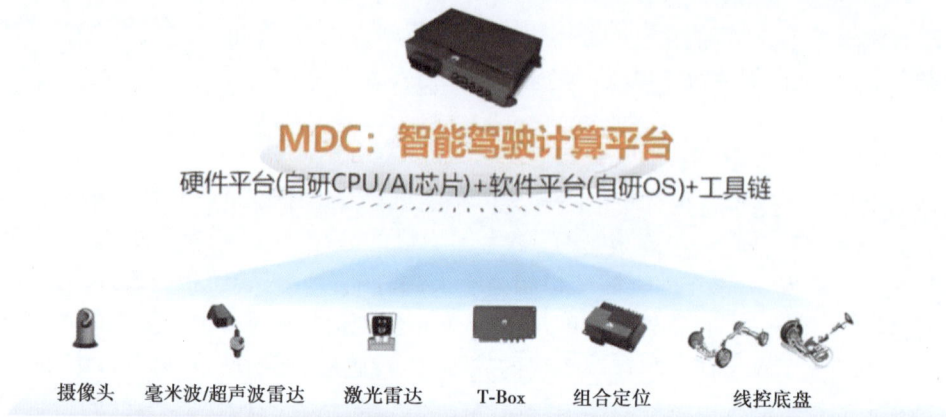

MDC: 智能驾驶计算平台
硬件平台(自研CPU/AI芯片)+软件平台(自研OS)+工具链

| 摄像头 | 毫米波/超声波雷达 | 激光雷达 | T-Box | 组合定位 | 线控底盘 |

图 1-2-43　MDC 智能驾驶平台

（2）CDC 智能座舱平台

CDC 智能座舱平台包含麒麟芯片和鸿蒙 OS 系统,通过构建 IVI 模块基于麒麟芯片,并共享华为的"1+8"生态系统基于鸿蒙 OS,实现跨终端的互联,如图 1-2-44 所示。基于此平台,使用 Hicar 手机映射方案提升车辆使用体验,并开放 API 接口,为跨终端的软件供应商开发座舱应用提供便利。

图 1-2-44　CDC 智能座舱平台

（3）VDC 整车控制平台

VDC 整车控制平台(智能电动平台)包含电驱、MCU 和整车控制 VOS,引入网络能源产业链和技术优势到智能电动汽车领域,打造多形态电驱和高效的车载充电产品,为整车厂提供差异化的整车控制方案。

汽车"新四化"技术的不断发展促使了汽车电子电气架构不断进行革新,伴随着智能驾驶时代的到来,所有 OEM 公司最终将朝着车辆功能在云端计算的电子电气架构方向发展,以实现汽车上先进的智能驾驶和智能座舱技术。

项目二　检修汽车电源系统

　　汽车电源系统为车辆电气设备提供动力。传统汽车靠低压蓄电池和发电机,通过调节器保持稳定电压。新能源汽车则采用高压电池组,通过车载充电机充电,并使用DC/DC转换器为低压系统供电。部分车型引入48 V轻混系统以支持高功率电气设备,提高燃油效率。新能源汽车还配备电池管理系统(BMS)用于监控和优化电池性能,确保电池安全高效运行。随着技术进步,电源系统不断演进,以满足汽车电气化需求。

学习目标

知识目标:

1.能阐述汽车电源系统各主要部件的作用、组成和工作原理。
2.能阐述汽车电源系统的检修项目、方法以及故障检修流程。
3.能理解并应用汽车电源系统电路图,进行故障分析和排除。
4.能阐述汽车相关的环保知识和废弃物处理方法。

技能目标:

1.能熟练查阅汽车使用说明书和车辆维修手册,获取所需信息。
2.能正确使用检修仪器与工具,对汽车电源系统进行规范的检修作业。

素养目标:

1.牢固树立安全操作意识,养成规范、文明操作的习惯。
2.熟悉汽车危险废弃物的处理方法,了解相关的环保法规,树立环境保护意识。
3.培养具有责任感、质量追求、持续学习、创新精神和服务意识的汽车维修专业人才。
4.培养全球视野、绿色发展意识和能源安全责任感。

项目任务

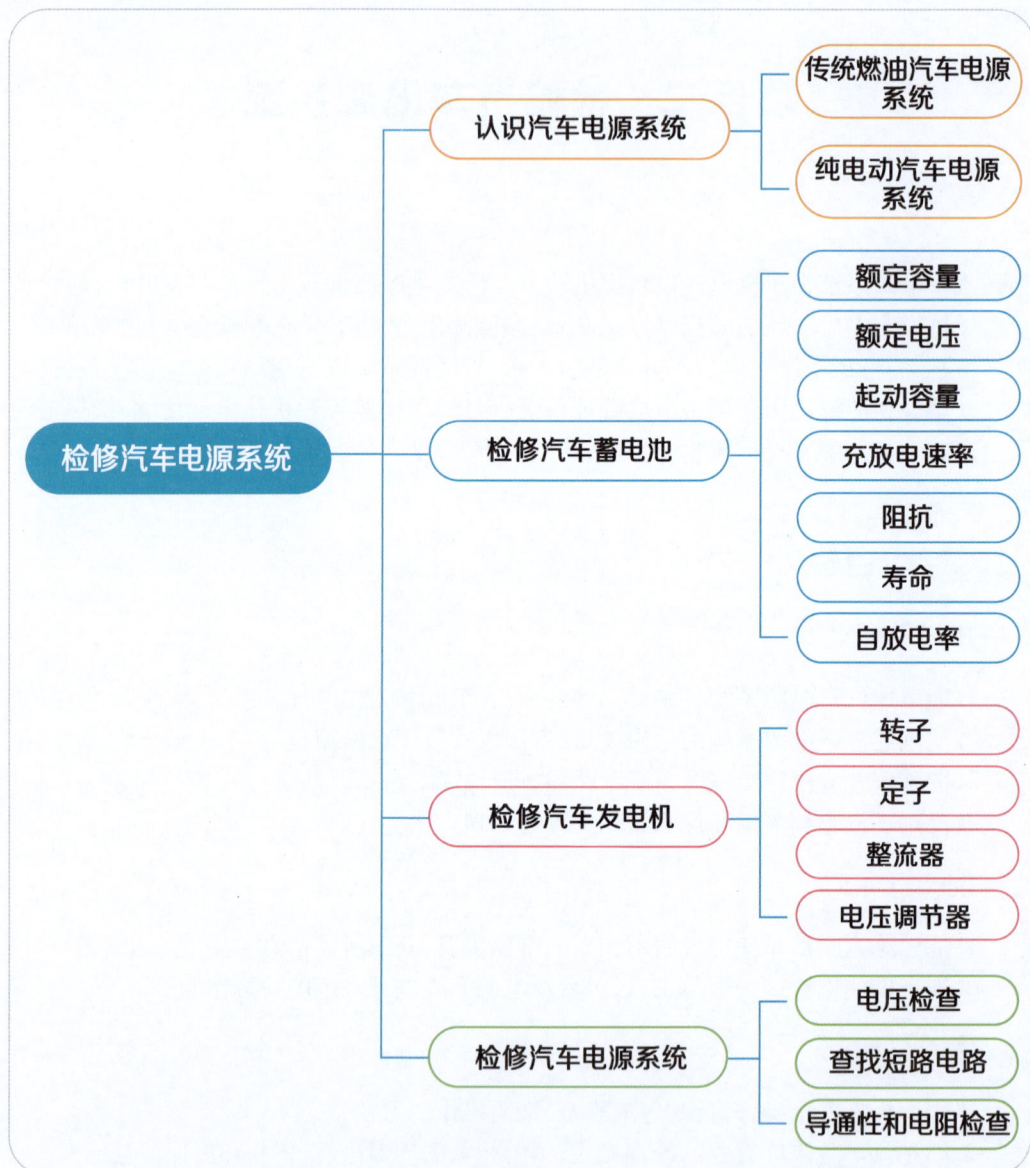

任务一　认识汽车电源系统

一、任务案例

张先生是一位对汽车技术充满热情的消费者,他积极响应国家的以旧换新政策,计划更换自己的座驾。今天,他来到了汽车4S店,希望了解传统燃油汽车与新能源汽车在电源系统方面的差异。

作为汽车销售人员,请你根据车辆使用手册的指引,向张先生展示并讲述传统燃油汽车和新能源汽车电源系统部件的特点和在车辆中的安装位置。

二、任务要求

通过本任务的学习,应能:

1. 阐述汽车电源系统的组成、工作原理和各零部件的功能。

2. 准确地完成汽车电源系统的查找作业。

3. 掌握汽车高压系统的安全防护知识,在实际操作中正确使用安全电压和防护装置。

4. 培养良好的职业习惯和团队合作精神,提高自主学习能力,形成严谨细致的工作态度和爱岗敬业的职业精神。

学习重点:

1. 汽车电源系统的组成和工作原理。

2. 汽车电源系统的操作安全规程。

三、知识准备

（一）电源系统的作用

目前,国内外各种类型的传统燃油汽车广泛采用蓄电池和发电机两个供电装置作为电源,组成汽车的供电系统向用电设备供电。纯电动汽车主要以动力电池组配合 DC/DC 转换器和低压蓄电池两个供电装置作为电源,组成汽车的供电系统向用电设备供电。

电源系统的作用

（二）电源系统的区别

新能源汽车的低压系统与传统燃油汽车在供电源上有显著区别。在新能源汽车中,低压蓄电池并非像燃油汽车那样单纯依赖发电机充电,而是通过 DC/DC 转换器将来自动力电池组的直流高压电转换为适合低压系统使用的直流低压电来进行充电。高压系统主要为驱动电机、电动压缩机、PTC 加热器提供高压电。

（三）电源系统的组成

1. 传统燃油汽车电源系统

传统燃油汽车电气设备所使用的电源是直流电源,它来自蓄电池或发电机。由蓄电池、发电机、调节器及充电状态指示装置,开关和导线等连接而成的电气系统称为电源系统,如图 2-1-1 所示。

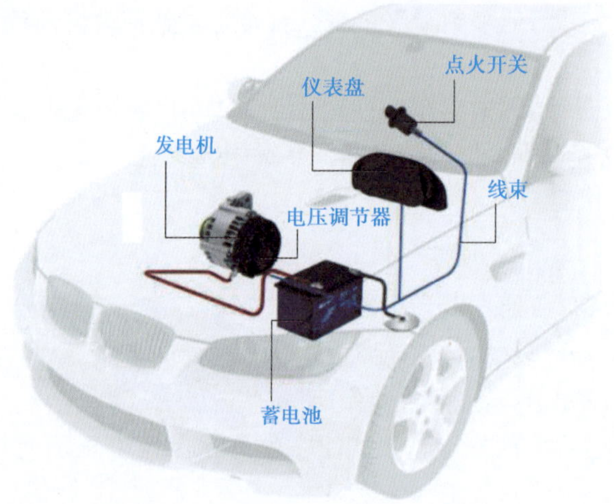

图 2-1-1　传统燃油汽车电源系统组成

（1）蓄电池

蓄电池作为一种直流电源装置,与发电机并联,接入汽车电气系统的供电电路中,为汽车的用电设备提供持续不断的直流电。通常情况下,汽车电气系统的工作电压设定为 12 V,某些汽车的电子控制单元（ECU）可能会采用专门的 5 V 电源供应。目前,市场上广泛应用免维护型铅酸蓄电池,因其无须定期加水维护,可靠性高,故成为广大汽车用户首选,如图 2-1-2 所示。

图 2-1-2　免维护型铅酸蓄电池

图 2-1-3　发电机

（2）发电机

发电机主要由交流发电机、整流组件和电压调节器三大部件构成。在传统燃油汽车上,发电机是汽车的主要电源,向起动系统以外的系统供电并向蓄电池充电,如图 2-1-3 所示。

交流发电机在工作时产生的是交流电,汽车上的电气设备使用的是直流电,因此发电机产生的交流电需经过内置的整流器进行整流。整流器通常由 6 个二极管组成,如图 2-1-4 所示。

电压调节器通常与整流器一体化设计,装配在发电机内部组成中。它既负责调控发电机对蓄电池的充电过程,确保蓄电池适时适量得到充电,又通过智能监控和调节机制,防止因过度充电导致出现蓄电池电压过高现象,如图 2-1-5 所示。

图 2-1-4　整流器

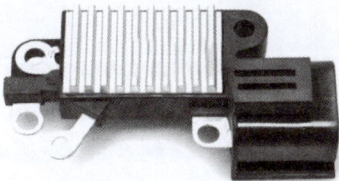

图 2-1-5　电压调压器

(3)线束

汽车内部的线束布局根据不同的用电设备需求,采用了不同线径和颜色标识的导线。所有低压用电设备,通常是采用并联方式通过线束进行连接,确保各个设备共享相同的电压,并且保险丝会在线束中相应位置串联,起到过载保护作用,如图 2-1-6 所示。

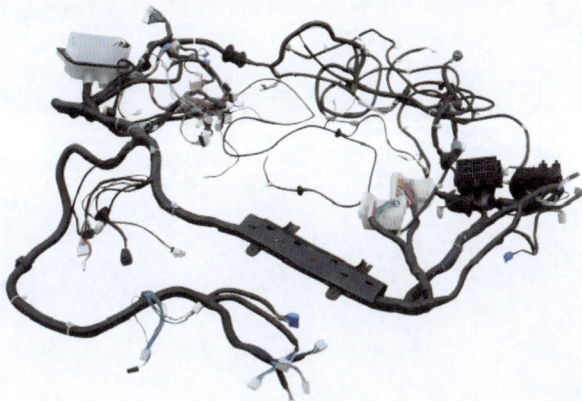

图 2-1-6　线束

现代汽车低压电路普遍采用单线制布线原则。单线制意味着从电源(如蓄电池)到各个用电设备仅使用一根导线进行连接,而负极则借由车身金属部分作为公共接地端(称为搭铁),这样的设计既能大大节省电线用量,降低线路复杂度,又能减少潜在的故障点,减轻整车质量。

单线制与负极搭铁是汽车线路设计的特色。在现在的汽车上,所有电气设备的正极都会通过单独的导线与其连接,负极则通常与车辆的金属机体接触形成接地回路。对于安全要求较高或新能源汽车的高压线路,为确保安全和稳定,往往会采用双线连接的方式来构建闭合电路。

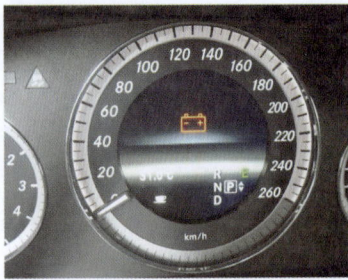

图 2-1-7　充电指示灯

（4）充电状态指示装置

充电指示灯或电流表、万用表是用来指示蓄电池处于充电还是放电，用于直观显示蓄电池充放电状态的部件，如图 2-1-7 所示。正常情况下，打开点火开关发动机起动之前，充电指示灯应先点亮，提示蓄电池正在进行放电或等待充电，而一旦发动机成功起动并进入正常工作状态后，充电指示灯应该熄灭，表示发电机已经开始正常为蓄电池充电或蓄电池电量充足。

2. 纯电动汽车电源系统

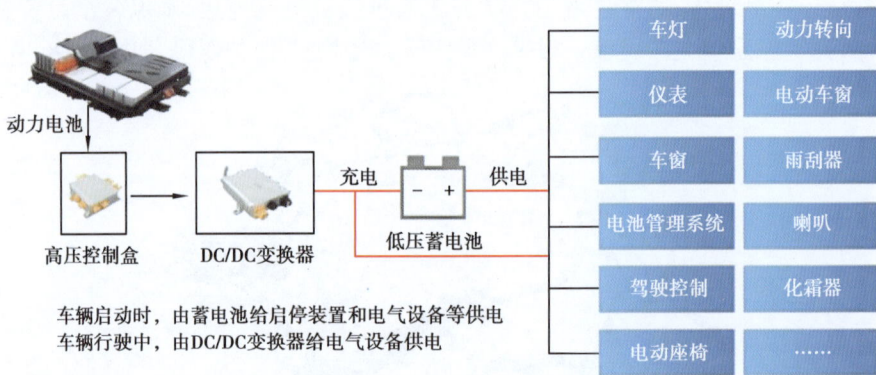

纯电动汽车电源系统架构相对燃油汽车更为复杂，主要包括两部分：动力电池组和低压蓄电池，这两块电池协同工作驱动电动汽车运行。不同于燃油汽车，新能源汽车不依赖于发电机为低压蓄电池充电，而是通过车辆上的 DC/DC 转换器将动力电池组产生的高压直流

纯电动汽车电源系统

电（如 200～800 V）转换为适于低压系统（通常为 12 V）所需的低压直流电，用以给低压蓄电池充电，并为车上诸如灯光、仪表、娱乐系统等低压用电设备提供电能，实现纯电动汽车中高压系统与低压系统之间的能量交换与转换，如图 2-1-8 所示。

图 2-1-8　纯电动汽车电源系统

（1）动力电池组

动力电池组是新能源汽车主要的能源储存装置，不仅向车辆提供驱动所需的电能，同时也向车内空调系统、动力转向系统、照明系统、信号系统、雨刷器、多媒体娱乐系统以及其他辅助设备供电。在纯电动汽车、燃料电池汽车以及各种混合动力汽车上，动力电池组都是驱动系统的核心组成部分，其电压范围通常为 200～800 V，如图 2-1-9 所示。

在全球新能源汽车动力电池领域，中国企业已处于全球领先地位。其中，麒麟电池在三元锂电池技术研发方面取得了重大突破，通过革新电池包内部的空间组成和利用效率，有效地提升了电池包的体积能量密度。刀片电池则是磷酸铁锂电池技术的一项创新典范，它将电芯设计得超薄且扁平化，摒弃了传统的模块化组装方式，直接将电芯集成在电池包内，极大地改善了空间利用率和整体能量密度。相比于三元锂电池，刀片电池成本更低廉，且得益于磷酸铁锂材料的优势，还具有更长的循环寿命、更好的高温稳定性以及较低的安全风险,如图 2-1-10 所示。

图 2-1-9 动力电池组

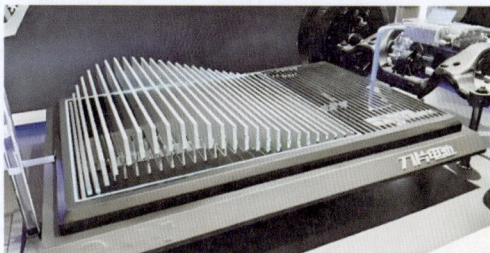

图 2-1-10 刀片电池

（2）低压蓄电池

在新能源汽车设计中,尽管车辆动力系统已经转型为高压电池驱动,但仍保留了与传统燃油车类似的低压电气系统,如照明、音响、导航等辅助设备。它们仍需要稳定的 12 V 低压电源供电。高压系统的控制元件如继电器也需要低压触发起动,直接从高压电池组通过 DC/DC 转换器降压为低压并不经济高效,且一旦转换器故障可能导致低压电器全部失灵,影响行车安全。例如,在黑暗环境下车灯不亮或雨天雨刮器失灵等紧急情况,会给驾驶带来极大困扰。为保证这些低压电器的稳定运行和提供应急备用电源,新能源汽车中同样配备了低压蓄电池,如图 2-1-11 所示。低压蓄电池在新能源汽车中扮演了一个重要的辅助角色,它既能满足低电压系统低成本、低能耗的供电需求,又能提供必要的安全冗余和稳定性保障。

新能源汽车的低压蓄电池安装位置通常遵循传统汽车的布局原则,选择易于维护且靠近车辆电气中心的地方安置,以便于和其他低压电气设备进行有效连接,如图 2-1-12 所示。这样设计既保持了系统的完整性,又确保了维护便利性和整体性能的稳定性。

图 2-1-11 低压蓄电池

图 2-1-12 低压蓄电池安装位置

（3）高压控制盒

高压控制盒是新能源汽车电力系统的核心组件之一,它的主要功能是对动力电池组输出的高压电能进行管理和分配,确保电能安全、精确地输送到各个高压支路用电器,并在必要时执行保护和切断操作,以预防电气故障或安全隐患,如图 2-1-13 所示。

在部分电动汽车的设计中,高压控制盒会被独立安装在车辆前部的机舱区域内,以便于散热、维护和确保安全,如图 2-1-14 所示。随着电动汽车技术的进步和集成化程度的提高,越来越多的制造商倾向于将高压控制盒的部分甚至全部功能整合到电机控制器中,实现更紧凑、高效的系统集成。

图 2-1-13　高压控制系统

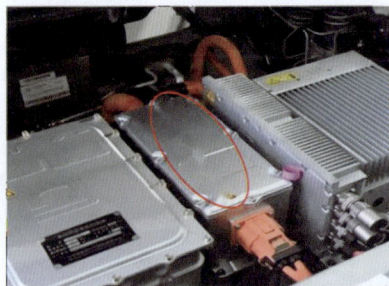

图 2-1-14　高压控制盒

（4）DC/DC 转换器

DC/DC 转换器则是新能源汽车电气系统中的另一个关键装置。它负责将高压电气系统（动力电池）的电能转换为低压电气系统所需的电能，从而为低压蓄电池充电，保证整车低压用电器的正常工作。DC/DC 转换器通过将动力电池的高压直流电转换为 12 V 或 24 V 的低压直流电，为整车提供稳定的低压电源，如图 2-1-15 所示。

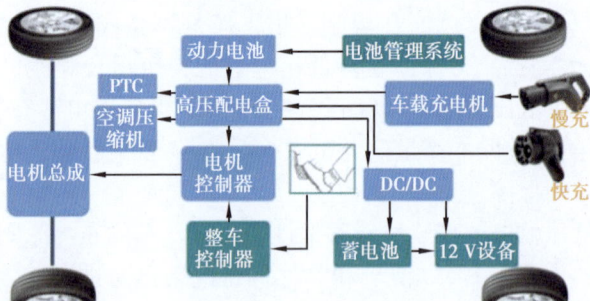

图 2-1-15　高低压转换系统

图 2-1-16　DC/DC 转换器

DC/DC 的控制方式有高压唤醒、硬线激活、CAN 唤醒等方式，其中 CAN 唤醒模式因其高效性而被广泛应用。同时，DC/DC 的设计也需考虑 EMC 电磁兼容性和散热条件，以确保其稳定运行和长寿命。在早期的一些电动汽车设计中，DC/DC 转换器常被独立安装在车辆前机舱内，如图 2-1-16 所示。随着电动汽车技术的不断进步和集成化设计理念的普及，越来越多的厂家开始将 DC/DC 转换器的功能整合至电机控制器中，以简化系统组成，提高空间利用率和整体效率。

（5）高压线束

新能源汽车高压线束在车辆的电力传输中发挥着至关重要的作用。它负责将动力电池组产生的高压电能安全、高效地输送到包括电动机、充电接口、空调压缩机、DC/DC 转换器等各种高压电气部件中，并通过高压控制盒进行精准的电源分配。高压线束的设计具有出色的电磁屏蔽性能，能有效抵抗外部信号干扰，确保电能传输的稳定性和准确性，同时兼顾数据信号的传输，犹如新能源汽车高压系统的神经系统，串联起各个高压电子零部件，确保整辆车的电力供应和信息交互流畅进行，如图 2-1-17 所示。

图 2-1-17　高压线束

在新能源汽车中,低压系统遵循单线制的原则,所有低压用电器通过并联方式接入线束,以维持一致的电压水平。相反,出于安全考虑,高压系统中的用电器则采用双线制设计,即正负极线缆独立铺设,与车身接地系统物理隔离,防止意外短路,最大限度保障了新能源汽车的用电安全。

（四）电源系统工作原理

1. 传统燃油汽车电源系统工作原理

①车辆静态:由蓄电池向车辆电气设备提供直流电,起动时蓄电池向发电机三相线圈供电,形成磁场,向起动机及吸铁开关供电,带动飞轮旋转并在其快速旋转前分离行星齿和飞轮,实现发电机正常工作,如图 2-1-18 所示。

电源系统原理

②车辆用电设备低负荷运行:发动机正常运转后,发电机输出交流电,经过整流器整流和电压调节器调节后,向车辆电器提供直流电,并在蓄电池蓄电量不足时,向蓄电池充电,如图 2-1-19 所示。

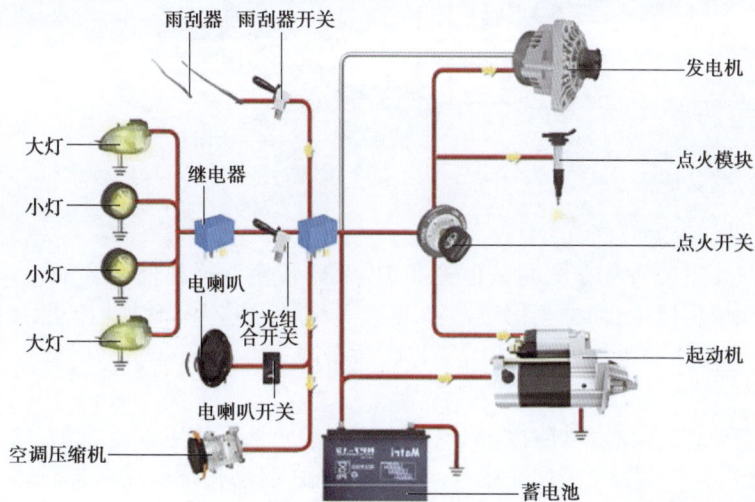

图 2-1-18　蓄电池供电

③车辆用电设备大负荷运行:当车辆用电设备大负荷运行时,发电机和蓄电池同时向车辆电器提供直流电,如图 2-1-20 所示。

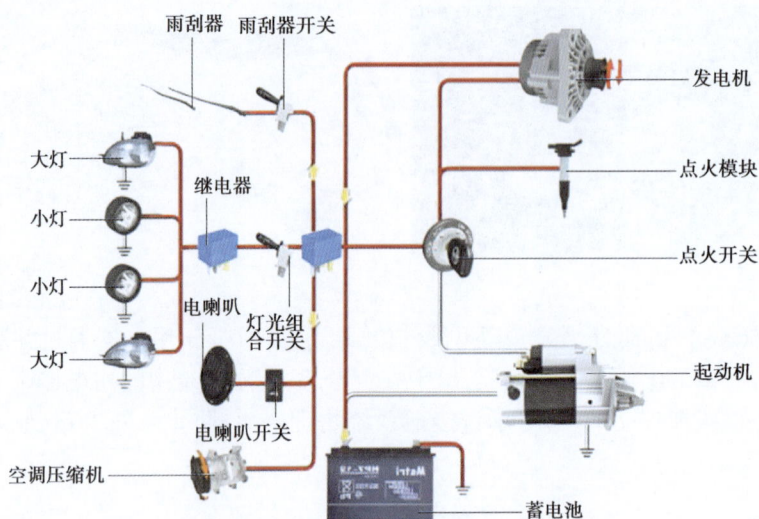

图 2-1-19　发电机供电

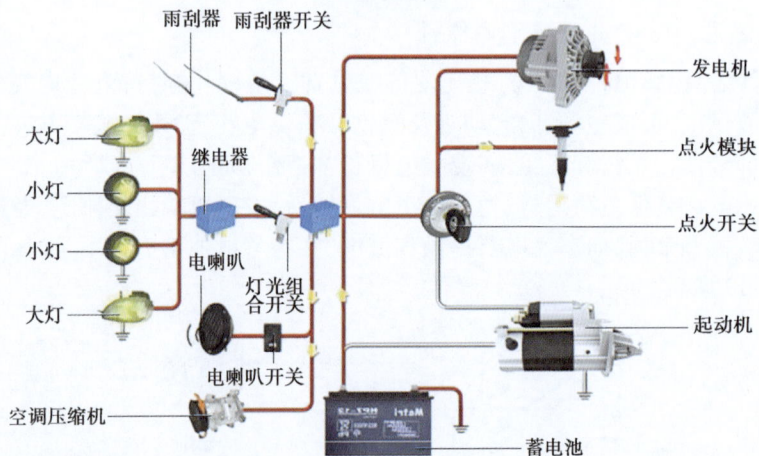

图 2-1-20　蓄电池与发电机同时供电

2.纯电动汽车电源系统工作原理

纯电动汽车电源系统在低压蓄电池和 DC/DC 转换器等部件配合下,将动力电池组的高压电转换成低压电,向整车用电器输出 12 V 电压,DC/DC 转换器还能在低压蓄电池电量不足时,向低压蓄电池充电,如图 2-1-21 所示。

（1）车辆起动时

低压蓄电池:在车辆起动阶段,低压蓄电池直接向低压用电设备供电,如车辆的各种控制模块、仪表盘、照明、车门锁系统等。这些设备在起动初期需要立即获得电源以起动车辆的电子系统。

DC/DC 转换器:虽然在车辆起动时,由低压蓄电池直接供电,但随着车辆起动完成,DC/DC 转换器开始工作,将来自高压电池组的高压电转换为低压系统所需的低压电（如12 V 或 24 V）。即使在起动初期,转换器也会尽可能快地介入,确保蓄电池不会因为起动消耗过多电量而导致深度放电。

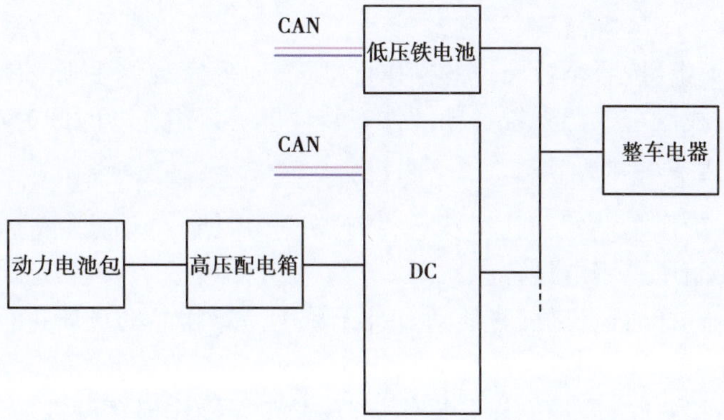

图 2-1-21　新能源汽车高压转低压原理图

（2）车辆用电设备低负荷运行

低压蓄电池：在低负荷运行时，低压蓄电池通常不再直接单独向大部分低压用电设备供电，而是由 DC/DC 转换器供电，电池管理系统（MBS）持续监控低压电池状态并为其充电。

DC/DC 转换器：在此状态下，DC/DC 转换器向汽车低压电气设备供电，低压蓄电池更多作为备份和瞬态负载补偿。当系统负荷较小时，DC/DC 转换器会按照实际需求精确调整输出功率，保持低压系统的正常运行。

（3）车辆用电设备全负荷运行

低压蓄电池：在全负荷运行时，低压蓄电池组不直接向高功率的低压用电设备供电，而是维持一个稳定的荷电状态，以备不时之需，如应对突发的大电流需求或其他异常情况。

DC/DC 转换器：在高负荷情况下，DC/DC 转换器必须加大输出功率，确保能够充分满足所有低压用电设备的需求，如空调压缩机、座椅加热、大灯、音响等。这时，DC/DC 转换器通常会采用高效的功率转换方式，从动力电池组提取充足的电能，转化并供给低压系统。

总体来看，在纯电动汽车中，低压蓄电池主要用于应急备用和瞬态供电。而在常规运行时，尤其是车辆起动后，低压系统的主要供电来源是通过 DC/DC 转换器从动力电池组转换而来的电能。因此，在车辆起动前，低压蓄电池向电气设备供电和激活控制系统，起动后、低负荷和全负荷运行状态下，低压用电设备大多情况下通过 DC/DC 转换器获得供电。

四、任务实施

（一）实施方案

1.质量要求
参照厂家的质量标准和维修手册要求。

2.组织方式

每 6 位同学 1 组,按照企业岗位的操作标准,参照厂家维修手册,依据"1+X"证书考核标准,规范地查找汽车电源系统各零部件安装位置。每组作业时间为 40 min。

3.技术要求与标准

①车辆安全:确保车辆处于驻车状态,挡位处于 P 挡(自动挡)或空挡(手动挡),拉起手刹,熄火并关闭所有用电设备。

②环境安全:选择通风良好、光线适宜且无易燃易爆物品的场所进行操作,避免引发火灾或爆炸。

③操作安全:检查时,应遵循设备操作规范,避免误操作损坏设备。

④操作中,坚持工具、零部件、油液"三不落地"的职业原则,严格执行"6S"管理制度。

4.设备器材

①场地:理实一体化教室。

②设备:实训车辆、工具车、垃圾桶等。

③安全防护:车轮挡块、室内"三件套"、车外保护垫、灭火器、高压防护套装等。

④耗材:干净抹布。

(二)操作步骤

①检查工作环境安全,安装车轮挡块,做好个人安全防护。

②打开车门,做好车内防护,罩好"三件套"。打开机舱盖,铺设翼子板防护垫。拉紧驻车制动手柄,换挡杆置于 P 挡。

③打开点火开关,观察组合仪表蓄电池充电指示灯位置。

④查找低压蓄电池的位置,观察其安装位置及与其他部件连接关系。

⑤查找发电机的位置,观察其安装位置及与其他部件连接关系。

⑥查找新能源汽车动力电池组的位置,观察其安装位置及与其他部件连接关系。

⑦查找新能源汽车高压控制盒的位置,观察其安装位置及与其他部件连接关系。

⑧查找新能源汽车 DC/DC 转换器的位置,观察其安装位置及与其他部件连接关系。

⑨查找新能源汽车高压线束,观察其安装位置及与其他部件连接关系。

⑩收起机舱翼子板防护垫,盖好机舱罩盖,收起车内防护套。

⑪整理工位和工具,清扫工位,实施"6S"管理。

（三）作业工单

专　业		班　级	
姓　名		学　号	
小组成员		组长姓名	

一、任务阐述

　　汽车电源系统是汽车电气设备可靠运行的基础。传统燃油汽车中，电源系统主要由蓄电池和发动机带动的发电机供电。在纯电动汽车中，则以动力电池组和辅助的低压蓄电池作为动力来源。纯电动汽车低压用电设备和控制系统部分使用 12 V 电源，因此配备有 DC/DC 转换器这一关键组件，它能将动力电池组输出的高电压直流电转换为稳定的低压直流电，供给车载电气设备使用和对低压蓄电池充电。

　　请结合"1+X"职业技能等级证书考核标准，完成对汽车电源系统组成部件安装位置的查找。

二、获取信息

图示	信息获取
	①传统燃油汽车蓄电池通常位于发动机舱内，靠近发动机的一侧，便于连接起动机和其他关键电气元件。 ②纯电动汽车的蓄电池类似于燃油车，但功能有所区别，主要用于维持车辆休眠状态下的低压电器供电和应急起动等功能，位置通常也在发动机舱内或者车辆前部的某个地方。
	发电机一般安装在发动机的前端，通过皮带传动与发动机曲轴相连，以便利用发动机的动力来发电。
	蓄电池本身有一个负极接线柱，通常标记为"－"或"NEG"，负极线束会直接连接到这个接线柱上。
	动力电池组是电动汽车的主要能量来源，安装位置通常较为固定，一般安放在车辆底部（底盘电池包）、后备箱下方或后排座椅下方等空间，以实现良好的重心分布和安全防护。
	高压控制盒是高压电气系统的中央控制器，位置因车型而异，但常见于机舱内和集成在电机控制中。

	DC/DC 转换器负责将动力电池组的高压直流电转换为低压直流电，供给 12 V 电气系统及其他低压电气设备使用，可能安置在机舱内或者集成在电机控制盒内。
	新能源汽车的高压线束因其重要性和安全要求，通常会有专门的颜色编码以便于识别和区分。 需要注意的是，不同国家和地区、不同汽车制造商对高压线束的颜色编码并没有统一的标准，但是为了提高辨识度和安全意识，高压线束通常会选用醒目的颜色，如橙色、黄色等。

三、任务实施

查找汽车电源系统组成部件

序号	作业项目	是否完成	
1	工位安全检查、车辆安全处置	是□	否□
2	个人防护、车辆内外防护	是□	否□
3	观察组合仪表蓄电池充电指示灯位置	是□	否□
4	查找低压蓄电池的位置及连接导线	是□	否□
5	查找发电机的位置及连接导线	是□	否□
6	查找新能源汽车动力电池组的位置	是□	否□
7	查找新能源汽车高压控制盒的位置	是□	否□
8	查找新能源汽车 DC/DC 转换器的位置	是□	否□
9	查找新能源汽车高压线束	是□	否□
10	规范操作、落实"6S"制度	是□	否□

五、任务评价

（一）技能评价表

序号	作业项目	考核内容	分值	得分
1	准备工作	检查施工环境安全	10	
		车辆防护	10	
		人员防护	10	
2	查找蓄电池	查找低压蓄电池(动力电池组)	10	
3	查找发电机	查找发电机(DC/DC 转换器)	10	
4	查找连接线束	查找电源系统低压线束(高压线束)	10	
5	作业记录	正确填写工单	10	
6	工位整理	"6S"管理	10	
7	安全生产	遵守安全操作规程	10	
		安全用电,无人身、设备事故	10	
		总分	100	

注:操作规范即得分,操作错误或未进行操作得 0 分。

（二）知识测评

1. 判断题

(1)汽车电源系统中蓄电池是唯一的电源。　　　　　　　　　　　　　　　(　　)
(2)在汽车上,发电机既是电气设备的电源,又是蓄电池的充电装置。　　(　　)
(3)汽车电源系统中,蓄电池、发电机与汽车用电设备都是并联的关系。　(　　)
(4)一般来说,新能源汽车动力电池组的电压为 200～800 V。　　　　　　(　　)
(5)新能源汽车动力电池是采用高压直流电。　　　　　　　　　　　　　　(　　)
(6)新能源汽车高压线束颜色一般为橙色,采用双线制。　　　　　　　　　(　　)
(7)汽车中的低压蓄电池的电压一般为 12 V。　　　　　　　　　　　　　　(　　)
(8)蓄电池可以缓和电气系统中的冲击电压。　　　　　　　　　　　　　　(　　)
(9)汽车在正常运行时,向用电器供电的是发电机。　　　　　　　　　　　(　　)
(10)采用双线制时,蓄电池的负极必须用导线接到车体上,称为负极搭铁。(　　)

2. 选择题

(1)在发动机静止状态下,传统燃油汽车是以(　　　)为主给全车供电。
A. 蓄电池　　　　　　　　　　　　　　B. 发电机
C. 蓄电池、发电机同时　　　　　　　　D. 起动机
(2)纯电动汽车在起动阶段是以(　　　)为主给全车低压电气设备供电。

A. 低压蓄电池　　　B. DC/DC 转换器　　　C. 动力电池组　　　D. 高压控制盒

（3）目前，在汽车上使用最为普遍的电池类型是（　　　），与发动机并联向用电设备供电。

A. 干荷蓄电池　　　B. 免维护蓄电池　　　C. 铅酸蓄电池　　　D. 动力电池

（4）汽车电源系统包括蓄电池、（　　　）、电压调节装置等。

A. 起动机　　　B. 发电机　　　C. 电动雨刮器　　　D. 电动机

（5）小型乘用车的电气设备额定电压为（　　　）V。

A. 12　　　B. 6　　　C. 24　　　D. 72

（6）技师甲说，蓄电池储存的是大量的电荷形成的电能。技师乙说，蓄电池储存的是化学能。下列说法正确的是（　　　）。

A. 甲正确　　　B. 乙正确　　　C. 均正确　　　D. 均不正确

（7）蓄电池在汽车上的充电属于（　　　）。

A. 定流充电　　　B. 定功率充电　　　C. 定压充电　　　D. 定电阻充电

（8）发电机整流器的作用是（　　　）。

A. 把直流电变交流电　　　　　　　　B. 把交流电变直流电

C. 调节端电压　　　　　　　　　　　D. 调节励磁电流

六、任务总结

（1）电源系统的组成

①传统燃油汽车以蓄电池和发电机两个供电装置作为电源。

②传统燃油汽车电源系统主要由点火开关、蓄电池、发电机、线束、电压调节器和充电状态指示装置等组成。

③汽车低压系统一般采用 12 V 电压，部分汽车电控系统采用 5 V 电源。

④蓄电池输出直流电压。

⑤纯电动汽车需要配备 2 块电池，一块是动力电池组，另一块是新能源辅助电池。这两块电池互相配合才能让新能源汽车动起来。

⑥动力电池组是电动汽车的动力源，是车载能量的存贮装置。

⑦DC/DC 转换器将来自动力电池组的高压直流电转换为 12 V、24 V 或 48 V 的低压直流电。

⑧新能源汽车的低压系统采用单线制，且所有用电器均为并联。高压系统用电器采用双线制，与车身接地不连通，保障用电安全。

⑨传统燃油汽车电气的特点：低电压、直流、单线制、负极搭铁和并联制。

（2）电源系统的工作原理

①传统燃油汽车车辆静态时，由蓄电池给车辆电器提供直流电。

②传统燃油汽车发动机正常运转后，用电设备低负荷运行，发电机输出交流电，经过电压调节器变压、整流向车辆电器提供直流电，并在蓄电池电量不足时，向蓄电池充电。

③对于传统燃油汽车，当车辆用电设备全负荷运行时，发电机和蓄电池同时向车辆电器提供直流电。

④纯电动汽车车辆静态时，由低压蓄电池给车辆电器提供直流电。

⑤纯电动汽车起动后,用电设备低负荷运行时,由 DC/DC 转换器供电,并向低压蓄电池充电。

⑥纯电动汽车用电设备全负荷运行,由 DC/DC 转换器供电。

七、知识拓展

在新质生产力迅猛发展的时代背景下,我国新能源汽车产业已居于世界前列。新能源汽车不仅代表着尖端科技与产业革新的交汇点,更是绿色环保理念的具体体现和实践载体。在追求技术创新和效能升级的过程中,务必全方位贯彻和严格执行安全文明作业的高标准与规范化流程,坚守安全生产的基本原则,坚决杜绝任何安全隐患,确保生产活动在安全有序的前提下高效运行,以此来推动我国新能源汽车产业健康、可持续发展。

(一)人体安全电压

①触电时由于一定量的电流或电能量通过人体,引起组织损伤或功能障碍,甚至发生心跳骤停和呼吸停止,如图 2-1-22 所示。高电压还可引起电热灼伤。闪电损伤(雷电)属于高电压损伤范畴。

②安全电压是指人体所能承受的一定强度的电流通过人体而没有引起任何伤害事故的电压。因此,安全电压的大小取决于人体允许通过的电流和人体电阻,国家规定人体允许电流不超过 30 mA。电压越高,损害越重。低电压强电流造成局部烧伤。在干燥情况下,36 V 是安全电压,如图 2-1-23 所示。

图 2-1-22　触电

图 2-1-23　安全电压

新能源汽车高压操作安全防护

(二)作业安全防护装置

纯电动汽车动力系统属于高压系统,系统电压在 200～800 V,在对系统进行作业时务必做好高压安全防护,防止触电事故发生。

注意事项

在电气作业中,一定按照标准工序执行操作,做好安全防护,保障人身安全。

任务二　检修汽车蓄电池

一、任务案例

　　张先生像往常一样准备驾驶汽车上班,当他起动车辆时,发现车辆的仪表盘蓄电池故障灯亮起,起动机也起动无力。张先生通过道路救援服务,将车辆运送至最近的汽车4S店,进行专业的检修和维修。

　　作为汽车维修技术人员,请你根据车辆维修手册和维修的基本原则,结合车辆的故障现象,对汽车蓄电池性能进行详细的检修。

二、任务要求

通过本任务的学习,应能:

1. 阐述汽车蓄电池的组成、类型、规格和工作原理。
2. 阐述汽车蓄电池常见故障和检修方法。
3. 按照维修手册和安全操作规程,规范执行蓄电池检修、维护和更换作业。
4. 培养安全意识、团队合作意识、环保意识以及自主学习与问题解决能力。
5. 了解危险废物处置的国家法规,正确处置废旧蓄电池,确保符合环保和法律要求。

学习重点:

1. 汽车蓄电池常见故障和检修方法。
2. 汽车蓄电池检修与更换流程。

三、知识准备

　　汽车电气设备使用的是直流电源,传统燃油汽车来自蓄电池或发电机,纯电动汽车来自 DC/DC 转换器或低压蓄电池。

（一）蓄电池的作用

　　①在起动发动机时,向起动机提供强大的起动电流,同时向点火系统、电子燃油喷射系统、仪表系统等用电设备供电,如图 2-2-1 所示。

　　②当发电机不发电或电压较低时,向交流发电机绕组、点火系统及其他用电设备供电。

蓄电池的作用

　　③当发电机正常供电时,将发电机剩余电能转换为化学能储存起来。

　　④当发电机过载时,协助发电机向用电系统供电。

　　⑤稳定电源电压,保护电子设备。

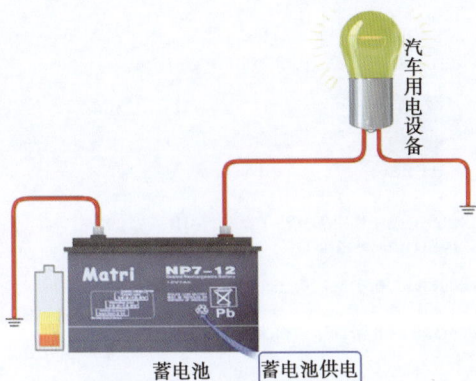

图 2-2-1 蓄电池工作原理

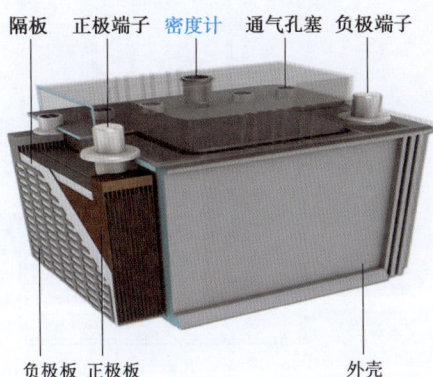

图 2-2-2 免维护蓄电池的组成

（二）蓄电池的组成

蓄电池是一种将电能以化学能的形式贮存,并可将化学能转化为电能的装置。

蓄电池主要由正负极板、隔板、电解液、外壳、正负极端子和密度计等组成,如图 2-2-2 所示。汽车蓄电池分为湿荷电蓄电池、干荷电蓄电池和免维护蓄电池等。

蓄电池的组成

（三）蓄电池的工作原理

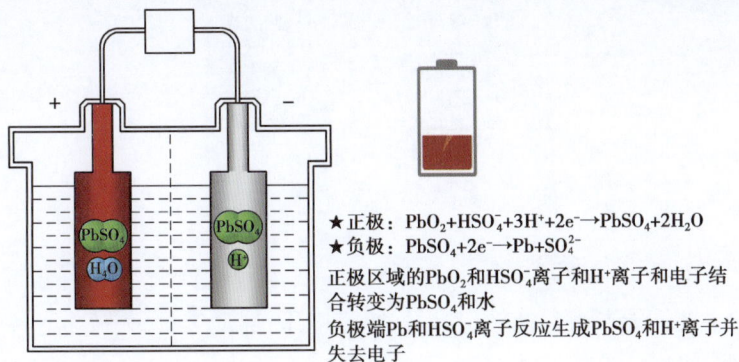

蓄电池的充放电过程是可逆的,是由极板上的活性物质与电解液的电化学反应来实现的。

①蓄电池充电时,正极板活性物质为二氧化铅(PbO_2),负极板活性物质为海绵状纯铅(Pb),如图 2-2-3 所示。

蓄电池的工作原理

②蓄电池放电时,正、负极板的活性物质都逐渐变为硫酸铅($PbSO_4$),消耗电解液中的硫酸而产生水,如图 2-2-4 所示。

★正极：$PbO_2 + HSO_4^- + 3H^+ + 2e^- \rightarrow PbSO_4 + 2H_2O$

★负极：$PbSO_4 + 2e^- \rightarrow Pb + SO_4^{2-}$

正极区域的PbO_2和HSO_4^-离子和H^+离子和电子结合转变为$PbSO_4$和水

负极端Pb和HSO_4^-离子反应生成$PbSO_4$和H^+离子并失去电子

图 2-2-3 蓄电池充电过程

★正极：$PbSO_4+2H_2O-2e^-\rightarrow PbO_2+SO_4^{2-}+4H^+$

★负极：$PbSO_4+2e^-\rightarrow Pb+SO_4^{2-}$

正极区域的$PbSO_4$和水反应失去电子转变为PbO_2和SO_4^{2-}离子和H^+离子

负极端$PbSO_4$得到电子，生成Pb和SO_4^{2-}离子

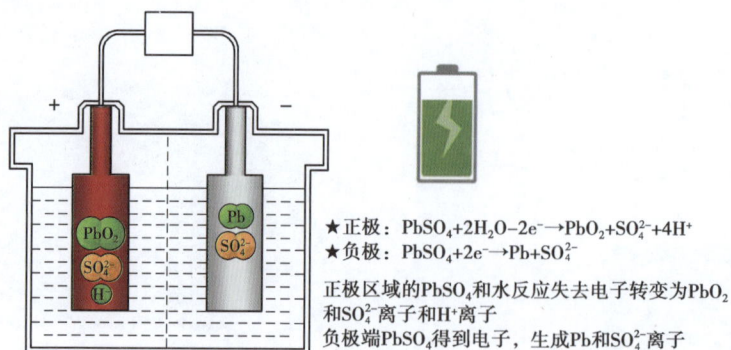

图 2-2-4　蓄电池放电过程

（四）蓄电池的规格

根据《铅酸蓄电池名称、型号编制与命名办法》（JB/T 2599—2012），蓄电池型号由串联的单体电池数、电池的类型和特征、额定容量及特殊性能组成。蓄电池的规格以 6-QA-60S 为例，如图 2-2-5 所示。

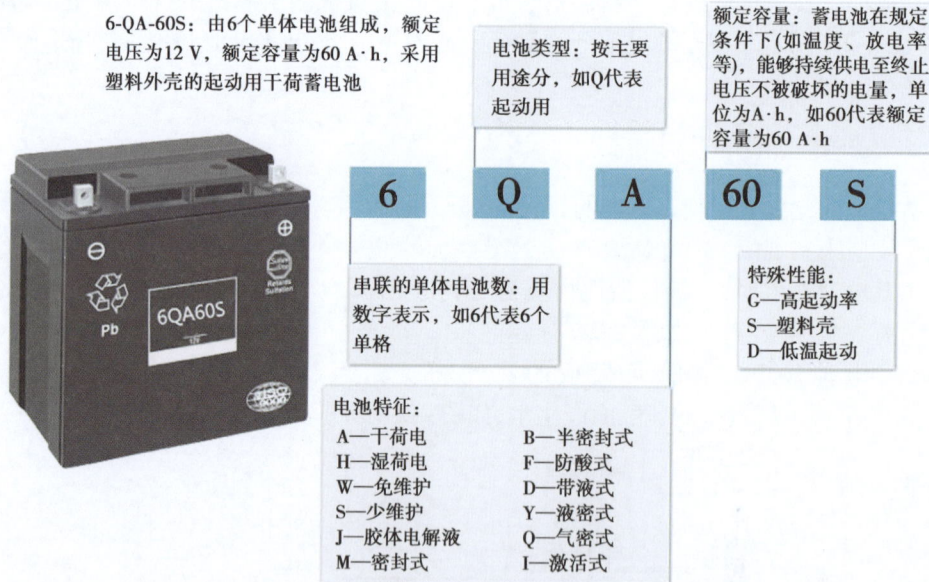

6-QA-60S：由6个单体电池组成，额定电压为12 V，额定容量为60 A·h，采用塑料外壳的起动用干荷蓄电池

电池类型：按主要用途分，如Q代表起动用

额定容量：蓄电池在规定条件下(如温度、放电率等)，能够持续供电至终止电压不被破坏的电量，单位为A·h，如60代表额定容量为60 A·h

| 6 | Q | A | 60 | S |

串联的单体电池数：用数字表示，如6代表6个单格

特殊性能：
G—高起动率
S—塑料壳
D—低温起动

电池特征：
A—干荷电　　B—半密封式
H—湿荷电　　F—防酸式
W—免维护　　D—带液式
S—少维护　　Y—液密式
J—胶体电解液　Q—气密式
M—密封式　　I—激活式

图 2-2-5　蓄电池的规格

（五）蓄电池的性能参数

蓄电池的主要性能参数包括额定容量、额定电压、起动容量、充放电速率、阻抗、储存寿命和自放电率等。

1. 额定容量

额定容量指蓄电池在特定条件下（如规定温度、放电率和截止电压）应该能够稳定提

供的最小能量,单位为安培小时(A·h),并用字母 C 表示。汽油机汽车通常是 65 A·h,柴油机通常是 180 A·h,"180 A·h"表示该蓄电池的额定容量为 180 安培小时(A·h),在规定的 20 h 放电率(C20)下,该蓄电池能够在 20 h 内持续提供 9 A 的电流,如果采用不同的放电速率,它会按照相应比例提供不同的电流和时间,这一指标反映了蓄电池能够存储和释放的电能总量,如图 2-2-6 所示。

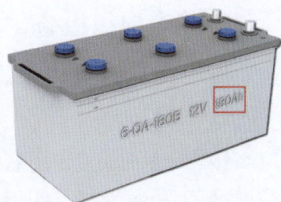
图 2-2-6　蓄电池额定容量

2.额定电压

对于蓄电池在常温下的典型工作电压,普通汽车用的蓄电池额定电压为 12 V。使用万用表检查电池的静态电压,确保其处于制造商推荐的标准范围内,如 12 V 电池应有 11.8～12.8 V 的开路电压,以表明电池具有足够的储电能力。车辆起动后,检查低压蓄电池电压在发电机充电作用下回升至合理水平(13.2～14.5 V,具体取决于车型和制造商规格)。

3.起动容量

蓄电池的起动容量表征蓄电池在发动机电力起动时的供电能力,用倍率和持续时间表示。其反映蓄电池在短时间内(如 5 min)向汽车起动系统提供强大电流的能力,分为常温和低温两种情况下的起动容量,确保在不同环境温度下都能满足发动机起动的需求。

4.充放电速率

充放电速率表征蓄电池快速充电或放电的能力,可以用时率或倍率两种方式表达,如 C20 放电率表示在 20 h 内完成满容量放电。倍率则是相对于额定容量的放电电流大小。

5.阻抗

蓄电池内部存在的电阻特性,相当于一个电容和小电阻、电感组成的串联回路,阻抗会影响蓄电池的放电效率和充电效果,且随时间和直流电平的变化而变化。

6.储存寿命

储存寿命是指从蓄电池制成到开始使用之间允许存放的最长时间,以年为单位。包括储存期和使用期在内的总期限称为蓄电池的有效期。

7.自放电率

自放电率指蓄电池在未接入任何负载情况下,自身存储电量随着时间流失的速率,通常以单位时间内电量损失占原有容量的百分比来计算。良好的蓄电池自放电率应当较低,以减少闲置期间电量的非正常使用损耗。

(六)蓄电池常见故障

蓄电池常见的外部故障有外壳破裂、极桩腐蚀、极桩松动和封胶干裂等,内部故障有极板硫化、极板活性物质脱落、自放电和极板短路等。

1. 蓄电池极板硫化

蓄电池极板硫化是指极板上的 $PbSO_4$ 变成了粗晶粒,如图 2-2-7 所示。这种粗晶粒坚硬且不易溶解,因而在正常充电时不易被还原成活性物质,并阻碍电解液与极板活性物质接触,从而造成蓄电池的容量下降、内阻增大而使起动性能下降。蓄电池极板硫化是导致蓄电池性能不良和使用寿命缩短的最主要原因。

（1）故障现象

蓄电池极板硫化后,除了容量和起动性能明显下降外,在充、放电时还会看到异常现象,如放电时蓄电池端电压下降较快。充电时,则电压上升快,温度升高也快,电解液会过早地出现大量气泡（"沸腾"）。充电时,电解液的密度上升缓慢,且达不到规定值。蓄电池极板硫化严重时,可以通过加液孔看到极板上部有白色的霜状物。

（2）处理措施

在蓄电池极板硫化还不严重时,可以通过去硫化充电法减弱或消除极板上的粗晶粒 $PbSO_4$,如果蓄电池极板硫化严重,则只能更换新的蓄电池。

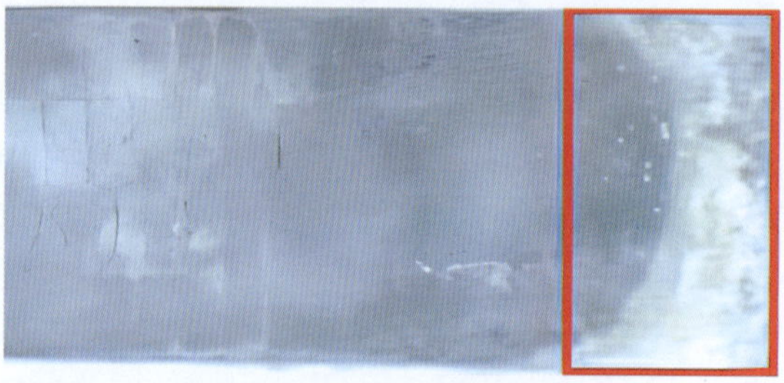

图 2-2-7　蓄电池极板硫化

图 2-2-8　蓄电池极板活性物质脱落

2. 蓄电池极板活性物质早期脱落

蓄电池活性物质早期脱落是指因使用不当而造成蓄电池极板上的活性物质有大量的脱落,如图 2-2-8 所示。

（1）故障现象

蓄电池极板活性物质有大量脱落时,在充电过程中电解液会成为浑浊褐色溶液,充电电压也会上升过快,并且电解液也会过早出现"沸腾"现象,而其密度达不到规定的最大值。放电时,电压下降过快,也会与蓄电池极板硫化一样,容量明显不足。

（2）处理措施

蓄电池活性物质脱落较少时,可以倒出全部电解液,用蒸馏水冲洗后重新加注电解液,充足电后继续使用。如果活性物质脱落过多,则需更换极板组或报废蓄电池。

3. 自行放电

蓄电池每昼夜自行放电量大于 2% 额定容量的自放电属于故障性自放电。

（1）故障现象

充足电的蓄电池停放几天或几小时后就存电不足。自放电严重的蓄电池,充电时其端电压和电解液密度上升缓慢,用高率放电计测单格电池压降时,其端电压会迅速下降。

（2）处理措施

可将蓄电池全放电或过度放电后将电解液全部倒出，再用蒸馏水冲洗壳体内部，然后加注电解液，并将蓄电池充足电。

（七）检查蓄电池的方法

蓄电池日常检查包括蓄电池外观检查、蓄电池电解液液面高度检查、蓄电池端电压检查、专用设备检查和负荷试验检查等。

1.蓄电池外观检查

通过直观检查可发现蓄电池的一些比较明显的问题，以缩短检修时间。通常应检查以下几个方面：

①检查蓄电池外壳有无破损及泄漏。

②检查蓄电池安装架是否夹紧、正负极柱有无腐蚀，连接导线有无破损。

③检查蓄电池、视液窗表面是否清洁，通气孔是否通畅。

2.蓄电池电解液液面高度检查

（1）液面高度指示线法

普通铅酸蓄电池通过观察液面高度指示线可以检查电解液的液面高度。对于使用透明工程塑料容器的蓄电池，为检查液面高度，在容器壁上刻有两条高度指示线。正常液面高度介于两线之间（液面高度应保持高出保护板 10～15 mm），低于下限为液面过低，应加蒸馏水进行补充（由专业人员操作），如图 2-2-9 所示。

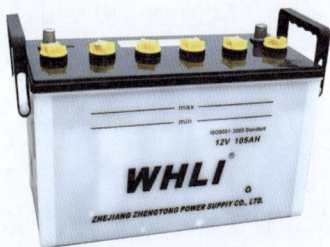

图 2-2-9　普通铅酸蓄电池

图 2-2-10　免维护蓄电池

（2）孔观察判断法

免维护蓄电池上通常会有一个观察孔或透明窗口，用于显示内部电解液的状态，如图 2-2-10 所示。观察孔的颜色可以大致判断蓄电池的健康状况：

①绿色：如果观察孔显示为绿色，通常意味着蓄电池电量充足，电解液比重正常，处于良好的工作状态。

②黑色：当观察孔变为黑色时，这可能指示蓄电池电量不足或者接近报废，需要进行充电或更换。

③白色或浅色：若观察孔呈现白色或颜色明显变浅，可能是蓄电池内部水分不足，或者是出现了硫酸铅结晶（即硫化）。这两种情况都表明蓄电池可能出现性能下降或故障。

3.蓄电池电压检查

使用万用表或专门的蓄电池端子号到蓄电池正负极柱,测量静态电压为 11.8 ~ 12.8 V,同时在起动发动机时检查瞬间起动电压,确保电压不低于 10 V,如图 2-2-11 所示。

图 2-2-11　蓄电池电压检查

图 2-2-12　蓄电池检测仪检查

4.蓄电池检测仪检查

连接蓄电池检测仪,使用红色和黑色接线钳分别连接蓄电池正负极柱,进入检查模式,选择相应类型和型号的蓄电池,执行各项性能测试,包括测量冷起动电流(CCA)或储备容量(RC)等指标。评估充电接受能力和充电状态,检查内阻(ESR)以判断蓄电池内部健康状况,测试蓄电池的充放电性能曲线,如图 2-2-12 所示。

5.负荷试验检查

要求被测蓄电池存电 75% 以上。若电解液密度低于 1.22 g/cm³,用万用表测得静止电动势低于 12.4 V,应先予以充电,再做测试。

（1）高率放电计检查

高率放电计是模拟接入起动机负荷,测量蓄电池在大电流(接近起动机起动电流)放电时的端电压,用以判断蓄电松弛的放电程度和起动能力。

①单格高率放电计检查:测量时,将高率放电计的两触针紧压在蓄电池单格的正、负极柱上,测量时间一般为 5 s 左右,观察放电计的电压值并做好记录。表 2-2-1 为高率放电计测得电压与放电程度的关系,单格高率放电计检查的电压数值上限适用于新的或容量较大的蓄电池,下限适用于容量较小的蓄电池。

表 2-2-1　高率放电计测量单格电池电压与放电程度关系

用高率放电计(100 A)单格电池电压(V)	蓄电池放电程度(%)	用高率放电计(100 A)单格电池电压(V)	蓄电池放电程度(%)
1.7 ~ 1.8	0	1.4 ~ 1.5	75
1.6 ~ 1.7	25	1.3 ~ 1.4	100
1.5 ~ 1.6	50		

②整体电池高率放电计检查:测量时,用力将放电计触针刺入蓄电池正负接线柱,保持 15 s,若蓄电池电压能保持在 9.6 V 以上,说明电池性能良好。若电压稳定在 10.6 ~ 11.6 V,说明蓄电池存电充足。若在测试过程中电压迅速下降,则表示蓄电池已损坏。

（2）起动测试

在起动系统正常的情况下,以起动机作为试验负荷。拔下电子燃油泵保险丝,将万用表置于电压挡,接在蓄电池正负极上,接通起动机 3 ~ 5 s,读取万用表数值。对于 12 V 的蓄电池,应不低于 9.6 V。

四、任务实施

（一）实施方案

1. 质量要求

参照厂家的质量标准和维修手册要求。

2. 组织方式

每 6 位同学 1 组,按照企业岗位的操作标准,参照厂家维修手册,依据"1+X"证书考核标准。规范地完成蓄电池检查和更换作业,每组作业时间为 40 min。

3. 技术要求与标准

①车辆安全:确保车辆处于驻车状态,挡位处于 P 挡（自动挡）或空挡（手动挡）,拉起手刹,熄火并关闭所有用电设备。

②环境安全:在通风良好的环境下作业,远离易燃易爆物品,防止电气火花引燃。

③断电操作:拆卸蓄电池时,需先拆卸蓄电池负极端子。安装蓄电池时,需先安装蓄电池正极端子,然后安装蓄电池负极端子。

④操作安全:发动机运转时,检修作业要保持安全距离。

⑤设备安全:使用万用表或专用蓄电池检测仪进行电压测量,遵循正确的接线顺序,防止反接导致仪表损坏。

4. 设备器材

①场地:理实一体化教室。

②设备:实训车辆、工具套装、工具车、万用表、蓄电池检测仪、蓄电池、充电机、垃圾桶等。

③安全防护:车轮挡块、室内"三件套"、车外保护垫、灭火器等。

④耗材:干净抹布。

（二）操作步骤

1. 准备工作

①检查工作环境安全,安装车轮挡块,做好个人安全防护。

②打开车门,做好车内防护,罩好"三件套"。打开机舱盖,铺设翼子板防护垫。拉紧

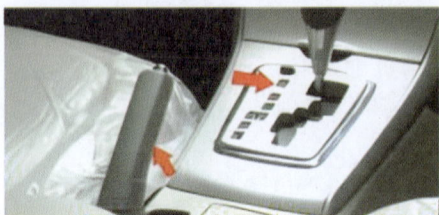

图 2-2-13　换挡杆置于 P 挡

驻车制动手柄,换挡杆置于 P 挡,如图 2-2-13 所示。

2.车上蓄电池的检查

（1）检查蓄电池外观

蓄电池检查

①检查蓄电池外壳是否破裂或发生电解液渗漏现象,如图 2-2-14 所示。如有,则需更换蓄电池。

②检查蓄电池电缆接头是否有腐蚀物,如图 2-2-15 所示。如有,则用铜丝刷子清洁,直到裸露出金属。

图 2-2-14　检查蓄电池外观

图 2-2-15　检查蓄电池电缆接头

③检查蓄电池电缆接头与极柱、连接导线有无松动。如有,应紧固或更换电缆接头。

④检查电解液液位。正常情况下,电解液液位应在上下刻度线之间,如图 2-2-16 所示。如果电解液液位低于下限,则适当加注蒸馏水。

（2）检查蓄电池电压

①用干净的抹布清除极柱上的脏污,将万用表红黑表笔与蓄电池正负极柱顶端连接,观察并记录电压读数,如图 2-2-17 所示。

②起动发动机并观察万用表读数,如图 2-2-18 所示。若测量值低于 9.6 V,使用蓄电池检测仪进行检查,以确定是否需要充电或更换蓄电池。

图 2-2-16　检查电解液液位

图 2-2-17　检查蓄电池开路电压

图 2-2-18　检查蓄电池起动电压

测电压时,表笔要接触蓄电池的极柱上方,不能与正负极电缆接头相连。

起动时间不超过 10 s,再次起动测试时,要间隔 15 s 以上。

(3)检查仪检查蓄电池

①将检查仪的红色接线钳连接到蓄电池的正极接线柱上,黑色接线钳连接到蓄电池的负极接线柱上,如图 2-2-19 所示。

②进入检查仪的检查系统,选用铅酸蓄电池,根据蓄电池上的铭牌选择标准的 EN(欧洲标准),正确输入蓄电池型号。

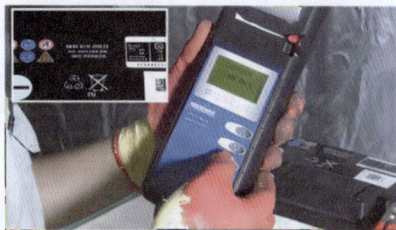

图 2-2-19　蓄电池性能检查

③等待测试结果,打印蓄电池检查报告,查看检查报告,并根据检查报告,对蓄电池进行必要的维护。

④检查完成,仪器复位。

3.蓄电池充电

蓄电池充电方法有定流充电、定压充电和快速脉冲充电等。最常见的充电方法是定压充电。

蓄电池充电

图 2-2-20　调节充电挡位

①将充电机的输出电缆线正、负极分别与蓄电池正、负接线柱相连。

②将充电机接在 220 V 的交流电源上,并选择合适的电压,确认充电电流调到最小值。

③打开充电机的电源开关,并选择合适的电流挡位和充电时间,如图 2-2-20 所示。

④充电完毕,关闭充电机电源开关,分离充电机负极电缆与蓄电池负极接线柱。

蓄电池充电时,附近不能有火花,禁止抽烟。

打开充电机的开关之前,要确定充电电流调到最小值。

4. 更换蓄电池

（1）拆卸蓄电池

①拧松蓄电池上方压板的固定螺母及螺栓，然后旋出压板外侧的固定螺栓，拧松压板内侧的固定螺母，将压板和钩形螺杆一同取下，如图 2-2-21 所示。

拆卸蓄电池

②选用梅花扳手拧松蓄电池负极接线柱固定螺母，取下负极电缆，并放置于合适位置，如图 2-2-22 所示。

图 2-2-21　拧松固定螺栓

图 2-2-22　断开蓄电池负极电缆

按照同样的方法取下正极电缆。

③取出蓄电池，放置于工作台上。

注意事项

拆卸蓄电池正负极电缆接头时，必须先拆负极接线柱。

取下蓄电池时，要防止跌落，严禁在地上拖拽、翻转。

图 2-2-23　检查蓄电池支撑座

（2）安装蓄电池

①检查蓄电池底座有无裂纹和破损，如图 2-2-23 所示。如有，应更换。

②检查蓄电池支撑座有无腐蚀或变形，如有，应清洁或修复。

安装蓄电池

③检查蓄电池型号、电压是否正确。

④将蓄电池对正平放在底座的凹槽中。

⑤将钩形螺杆与支撑座相连，将压板对正安装位置，旋入固定螺栓并拧紧固定螺母及螺栓，如图 2-2-24 所示。

⑥安装蓄电池正极电缆，并拧紧固定螺母确保安装牢固，如图 2-2-25 所示。装上蓄电池正极保护盖。

安装蓄电池负极电缆，并确保安装牢固。

图 2-2-24　将钩形螺杆与支撑座相连

图 2-2-25　安装蓄电池电缆

5. 复检

①检查起动时蓄电池电压,如图 2-2-26 所示。

②检查车辆是否能正常起动。

6. 工位复位

①收起机舱翼子板防护垫,盖好机舱罩盖,收起车内防护套。

②整理工位和工具,清扫场地,实施"6S"管理。

起动时蓄电池电压检查

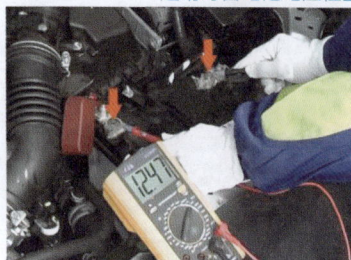

图 2-2-26　检查起动时蓄电池电压

（三）作业工单

专　　业		班　　级	
姓　　名		学　　号	
小组成员		组长姓名	

一、任务阐述

　　为了确保汽车发动机的正常起动和用电设备的正常运行，合理使用和维护汽车蓄电池至关重要。这不仅能够延长汽车蓄电池的使用寿命，还能保障车辆的稳定工作。因此，掌握汽车蓄电池的使用与维护和常见故障的诊断方法，对于保持车辆性能和减少潜在问题至关重要。

　　请结合"1+X"职业技能等级证书考核标准，完成对汽车蓄电池性能的检查，以及更换蓄电池。

二、获取信息

图示	信息获取
	型号：6-QW-70 产品品牌：SaiL／风帆 产品名称：免维护蓄电池 输入电压：12 V 额定容量：70 A·h 冷起动电流 CCA：570 A
	免维护蓄电池的观察窗颜色通常用于指示电池的状态：绿色：表示电池电量充足，电池健康状况良好；黑色：表示电池电量严重不足，可能需要更换电池；白色：可能表示电池已经损坏，无法正常工作。
	蓄电池电解液液面高度应保持在壳体上标示的上、下液面线之间，蓄电池液面高度应以高于极板 10～15 mm 为宜。
	正常起动前，蓄电池的电压应在 11.8～12.8 V。 当车辆起动时，蓄电池的实际电压可能会有一个波动的过程，最低不应该低于 9.6 V，否则可能导致起动困难。 起动后应恢复至 13.2 V 以上，且理想状态下应在 13.5～14.5 V。

蓄电池检测仪是一种用来检查蓄电池性能的设备，可以检查蓄电池的电压、电流、内阻等参数，从而判断蓄电池的健康状况。

三、任务实施

检查与更换蓄电池

序号	作业项目	是否完成	作业记录
1	工位安全检查、车辆安全处置	是□　否□	正常□＿＿＿＿不正常□＿＿＿＿
2	个人防护、车辆内外防护	是□　否□	
3	检查蓄电池外观	是□　否□	正常□＿＿＿＿不正常□＿＿＿＿
4	检查蓄电池液面、视液窗	是□　否□	正常□＿＿＿＿不正常□＿＿＿＿
5	检查蓄电池电压	是□　否□	正常□＿＿＿＿不正常□＿＿＿＿
6	检查蓄电池性能	是□　否□	正常□＿＿＿＿不正常□＿＿＿＿
7	拆卸蓄电池	是□　否□	
8	核对蓄电池型号、电压	是□　否□	正常□＿＿＿＿不正常□＿＿＿＿
9	安装蓄电池	是□　否□	
10	起动检查	是□　否□	正常□＿＿＿＿不正常□＿＿＿＿
11	"6S"检查	是□　否□	

五、任务评价

（一）技能评价表

序号	作业项目	考核内容	分值	得分
1	准备工作	检查施工环境安全	10	
		车辆防护	5	
		人员防护	5	
2	目视检查	检查外壳	5	
		检查端子及连接线束	5	
		检查液面高度、视液窗	5	
3	检查电压	检查静态电压	5	
		检查起动电压	5	
4	性能检查	蓄电池专用检查仪检查	10	
5	更换蓄电池	拆卸蓄电池	5	
		核对蓄电池型号、电压	5	
		安装蓄电池	5	
6	施工复检	起动发动机检查工作性能	5	
7	作业记录	正确填写工单	5	
8	工位整理	"6S"检查	10	
9	安全生产	遵守安全操作规程	5	
		安全用电，无人身、设备事故	5	
总分			100	

注：操作规范即得分，操作错误或未进行操作得0分。

（二）知识测评

1.判断题

（1）蓄电池是一种将电能以化学能的形式贮存并可将化学能转化为电能的装置。 （   ）

（2）蓄电池放电时将电能转换成化学能。 （   ）

(3)检查蓄电池起动电压时,表笔要接触蓄电池的电缆线上方。 ( )

(4)免维护蓄电池的"电眼"显示绿色时,表示蓄电池处于充足电的状态。 ( )

(5)蓄电池应保持液面高出极板 10~15 mm,液面低落时,应添加补充液。 ( )

(6)汽车蓄电池能够缓和电气系统的冲击电压,保护电子元件。 ( )

(7)用高率放电计检查整体蓄电池,测量时用力将放电计触针刺入蓄电池正负接线柱,保持 15 s,若蓄电池电压能保持在 9.6 V 以上,说明蓄电池存电充足。 ( )

(8)极板硫化是极板上的 $PbSO_4$ 变成了坚硬不易溶解的粗晶粒,在正常充电时不易被还原成活性物质。 ( )

(9)长时间小电流放电易造成活性物质脱落。 ( )

2.选择题

(1)蓄电池若有腐蚀物,则用(   )清洁,直到裸露出金属。

A.抹布   B.塑料刷子   C.铁丝刷子   D.铜丝刷子

(2)在讨论蓄电池组成时,甲说:12 V 蓄电池由 6 个单格电池并联组成,乙说:12 V 蓄电池由 6 个单格电池串联组成,你认为(   )。

A.甲正确   B.乙正确   C.甲乙都对   D.甲、乙都不对

(3)为了保护蓄电池,每次运转起动机的时间都不能超过(   )。

A.3 s   B.5 s   C.8 s   D.10 s

(4)发动机起动时,检测蓄电池电压应在(   )。

A.8~9 V   B.9~12 V   C.13~14 V   D.14~15 V

(5)安装蓄电池电缆时,其固定螺栓的标准力矩为(   )。

A.4 N·m   B.5 N·m   C.6 N·m   D.7 N·m

(6)下列能够说明蓄电池的性能不良的是(   )。

A.通过观察蓄电池电解液液面高度发现,其液面高度介于两线之间

B.对蓄电池进行起动测试,读取万用表数值为 9.8 V

C.用高率放电计检查蓄电池整体电压时,电压稳定在 10.7~11.1 V

D.蓄电池充电后,测试电解液密度为 1.20 g/cm³

(7)从汽车上拆卸蓄电池时,应先拆(   ),后拆(   )。

A.蓄电池正极   B.蓄电池负极   C.车身搭铁   D.保险丝

(8)导致蓄电池极板硫化的原因不可能是(   )。

A.蓄电池长期亏电   B.电解液液面过低

C.小电流下长时间过放电   D.蓄电池长时间过充电

(9)汽车蓄电池的搭铁线是(   )。

A.低压导线   B.低压电缆线   C.高压阻尼线   D.高压电缆

(10)蓄电池电解液液面高度与极板之间有什么关系?(   )

A.低于极板 10~15 mm   B.等于极板高度

C.高于极板 10~15 mm   D.高于极板 15 mm 以上

六、任务总结

（1）蓄电池的作用

蓄电池具有供电功能、蓄电功能和稳压功能。

（2）蓄电池工作原理

蓄电池工作过程包含充电过程和放电过程。蓄电池的充、放电过程是由极板上的活性物质与电解液的电化学反应来实现的。

（3）检查蓄电池

①检查外观。

②检查蓄电池电压。

③检查蓄电池电解液液位。

④检查蓄电池内阻。

（4）蓄电池的常见故障

①外部故障有壳体裂纹、封口胶开裂、接线柱腐蚀等。

②内部故障有极板硫化、活性物质脱落、内部短路和自放电等。

（5）检查蓄电池注意事项

①检查开路电压，确保关闭所有的用电设备。

②测电压时，表笔要接触蓄电池的接线柱上方，不能与正负极电缆接头相连。

③起动电压测量时，起动时间不超过 10 s，再次起动测试时，要间隔 15 s 以上。

（6）更换蓄电池注意事项

①拆卸蓄电池正负极电缆接头时，必须先拆负极接线柱。

②取下蓄电池时，要防止跌落，严禁在地上拖拽、翻转。

③新的蓄电池应核对型号，检查电压。

④安装蓄电池先装正极电缆，后安装蓄电池负极电缆，并确保安装牢固。

七、知识拓展

《国家危险废物名录》(2021 年版)将废铅蓄电池、废镍镉电池、氧化汞电池归为有害垃圾，需要专门处理，其余类别电池则可作为其他垃圾投放。

（一）什么是废蓄电池

废蓄电池是指已经失去或部分失去电荷能力，不能再继续使用的蓄电池。废蓄电池多来自废弃的电子产品或工业生产过程中的废旧物品，如废旧手机、废旧电脑、废铅酸电池和新能源汽车动力电池组等，如图 2-2-27 所示。

图 2-2-27　废蓄电池

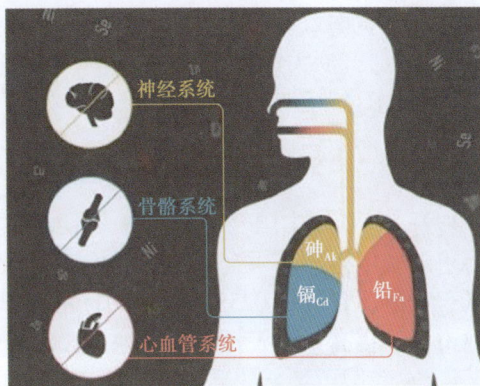

神经系统

骨骼系统

砷 As
镉 Cd
铅 Pb

心血管系统

图 2-2-28　废蓄电池的危害

（二）废蓄电池的危害

废蓄电池含有大量的有害物质，如铅、镉、汞、锑等，这些物质对环境和健康都有着极大的危害。长期接触废蓄电池会对人体造成神经和肝肾等多个系统的损害，甚至会引起致癌物质的产生，如图 2-2-28 所示。

（三）废蓄电池的处理

根据有关法规的规定，废蓄电池属于有毒有害的危险废物。废蓄电池的处理应按照国家和地方有关危废处理的法律法规进行，并委托专业的危废处置单位进行处理，如图 2-2-29 所示。废蓄电池需要分类储存，然后进行严格的运输和处置，以减少废蓄电池对环境和人体的危害。同时，对于生产、销售、使用废蓄电池的单位和个人，也需要承担相应的法律责任。

目前，动力蓄电池报废后主要有两种处理方式

不具备循环使用价值的拆解回收

可循环使用的梯次利用

对报废电池进行破碎，回收有价元素

商业住宅储能站

电动汽车充电储能站

电信基站等场所

图 2-2-29　动力电池组处理方式

技术创新是推动废旧电池综合利用的关键。这就需要企业在电池回收、拆解、再制造等环节加强技术创新，提高资源的回收利用率，降低综合能耗，实现废旧电池的高值化

利用。同时，加强产业链上下游协作，探索创新商业合作模式。有条件的企业还可以加大研发投入，开展关键技术攻关，提高废旧电池的再生利用水平，从而提升企业科技竞争力，推动技术进步和产业升级。

（四）生活中废旧电池的处理

1997 年底，原中国轻工总会等九部委颁发了《关于限制电池产品汞含量的规定》，明确要求限制电池产品汞含量，"首先实现低汞，最终达到无汞。"低汞的标准是电池中汞含量低于电池质量的 0.025%，无汞的标准是低于电池质量的 0.000 1% 。2002 年，禁止在国内市场销售高于低汞标准的电池。2006 年，禁止销售高于无汞标准的碱性锌锰电池。

目前，我国市场上的普通干电池已基本达到了标准要求。《废电池污染防治技术政策》也明确指出了：不鼓励集中收集已达到国家低汞或无汞要求的废旧一次性电池。所以，对于普通干电池，只要数量不是特别巨大，作为其他垃圾投放是完全可以的。手机电池、充电宝属于锂电池，其环境风险相对较小，未纳入危险废物进行管理，宜将废旧的锂电池送到有害垃圾集中分类点，如图 2-2-30 所示。

图 2-2-30　废旧电池处理

（五）合理电池利用

每个人都可以通过日常生活的细微改变来减少电池废弃物的产生，以下是一些具体的做法：

①优先使用可充电电池：对于经常更换电池的家用电器和设备，如无线鼠标、手电筒、电动玩具等，可以选择使用可充电电池替代一次性电池。这样可以大大减少因频繁更换电池所产生的废弃物。

②明智购买与合理使用：购买品质优良、耐用性强的电池产品，尤其是那些标注不含汞或其他有害物质的环保电池。避免购买低价、低质量的电池，它们往往寿命较短，废弃率较高，而且可能含有过量的有害重金属。

③优化分配电池使用：在电池电量还未完全耗尽时，可以将其从高耗电设备转移至低耗电设备继续使用，以充分利用电池内的剩余能量。例如，将玩具中仍有残余电量的电池用于遥控器或时钟等小电器上。

④提倡节能与共享：减少不必要的电力消耗，如关闭闲置电器，减少电池使用需求。在家庭或办公室内设置一个共享电池盒，统一调配给低功耗设备使用。

通过以上的点滴行动，我们不仅能减少个人层面的电池废弃物排放，还能培养出良好的环保生活习惯，为保护地球环境做出积极贡献。

任务三　检修汽车发电机

一、任务案例

李先生驾驶汽车正常行驶过程时，突然发现仪表盘的蓄电池故障指示灯点亮，于是李先生将车辆直接开到了4S店进行专业的检查和维修。

作为汽车维修技术人员，请你根据车辆维修手册和维修的基本原则，结合车辆的故障现象，对汽车发电机进行细致地检修。

二、任务要求

通过本任务的学习，应能：

1. 阐述汽车发电机的组成、作用和工作原理。
2. 使用工具对汽车发电机故障进行诊断和维修，确保操作的规范性和安全性。
3. 培养团队合作精神，通过分工协作完成发电机的检修、维修和更换工作。
4. 提高自主学习和问题解决能力，深入理解汽车电源系统的维护技术。
5. 增强环保意识，认识到绿色电力在我国能源转型和可持续发展中的重要作用。

学习重点：

1. 汽车发电机常见故障和检修方法。
2. 汽车发电机检修与更换流程。

三、知识准备

汽车上蓄电池存储的电能有限，在蓄电池放电以后必须及时进行补充充电，因此汽车上还必须装备充电系统。发电机可分为直流发电机和交流发电机，目前所有的汽车均采用交流发电机，如图2-3-1所示。

图2-3-1　发电机

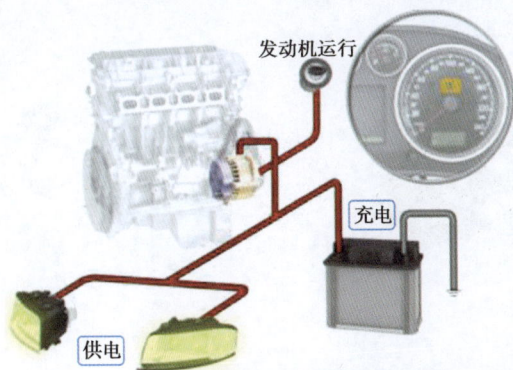

图2-3-2　发电机的作用

（一）发电机的作用

汽车发电机在发动机的驱动下将机械能转变为电能,作为汽车运行中的主要电源,担负着向起动系统之外的所有用电设备供电的任务,并为蓄电池充电,如图 2-3-2 所示。

（二）发电机的组成

发电机主要由转子、定子、整流器、电刷、端盖和皮带轮等组成,整体式发电机还包括电压调节器,如图 2-3-3 所示。

发电机结构

外罩　电刷　整流器　　　　　定子　　　滑环 风扇　风扇　前端盖

电压调节器　　　后端盖　　　　　　　　转子　　轴承　　皮带轮

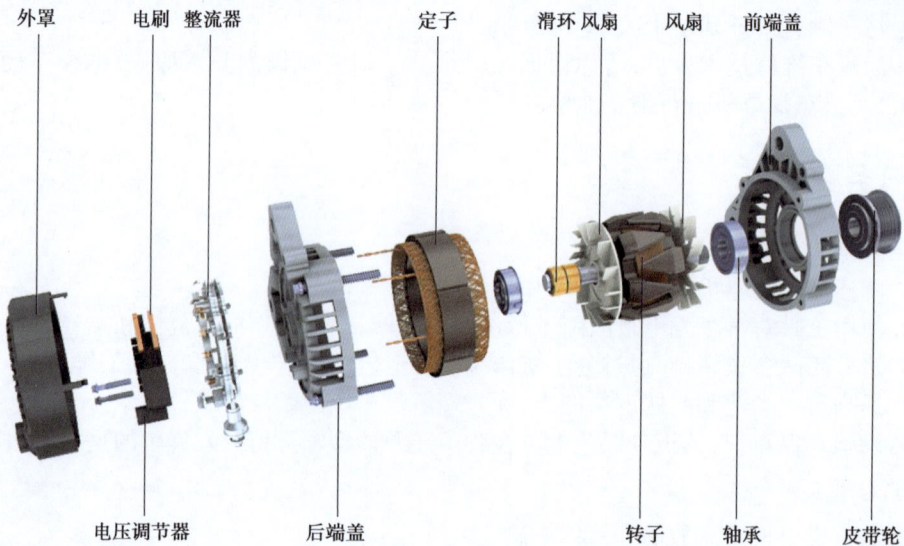

图 2-3-3　发电机的组成

1. 转子

转子主要由爪极、磁场绕组、滑环和转子轴等零件组成,如图 2-3-4 所示。其作用是产生旋转磁场。

发电机 3D 展示

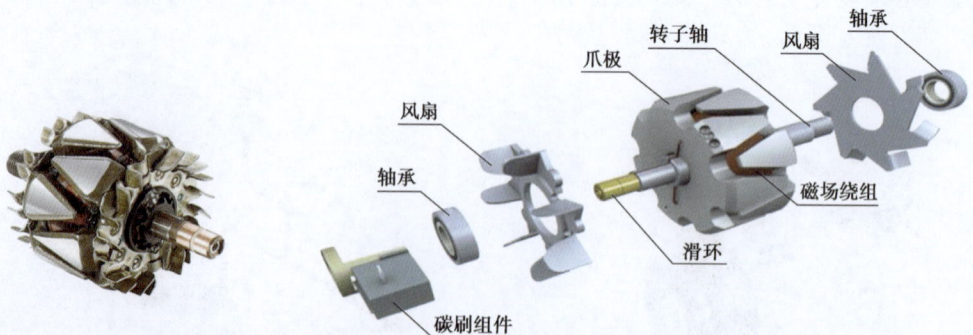

转子轴　　风扇　　轴承

爪极

风扇

轴承　　　　　　　　磁场绕组

滑环

碳刷组件

图 2-3-4　转子

转子轴上压装着两块爪极,两块爪极各有六个鸟嘴形磁极,爪极空腔内装有磁场绕组(转子线圈)和磁轭。滑环由两个彼此绝缘的铜环组成,滑环压装在转子轴上并与轴绝缘,两个滑环分别与磁场绕组的两端相连。

2. 定子

定子又称电枢,被固定在发电机内部,主要由铁芯、木楔和三相绕组等组成,如图2-3-5 所示。其作用是产生和输出交流电。

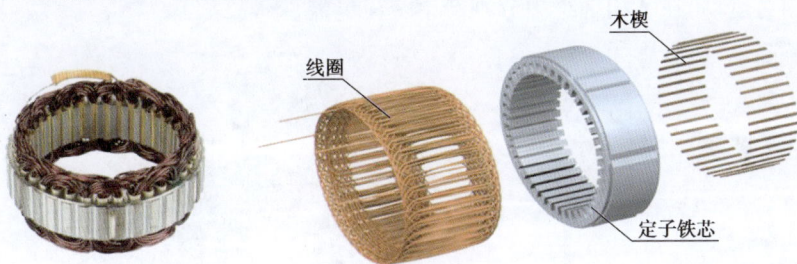

图 2-3-5 定子

定子铁芯则由相互绝缘的环状硅钢片叠成。定子槽内置有三相绕组,绕组是用高强度漆包线绕制呈星型连接,为使三相绕组中产生三对大小相等,相位相差 120° 电角度的对称电动势。

3. 整流器

整流器的作用是把定子绕组产生的三相交流电整流后变成直流电输出。整流器由 6 个二极管组成,有正二极管和负二极管两种,如图 2-3-6 所示。

图 2-3-6 整流器

图 2-3-7 电压调节器

4. 电压调节器

电压调节器的作用是在发电机转速变化时,自动控制发电机电压,使其保持恒定,防止发电机电压过高而烧坏用电设备和导致蓄电池过量充电,同时也防止发电机电压过低而导致用电设备工作失常和蓄电池充电不足,如图 2-3-7 所示。

(三) 发电机工作过程

1. 产生交流电

交流发电机产生交流电的基本原理是电磁感应原理,即利用产生磁场的转子旋转,使穿过定子绕组的磁通量发生变化,在定子绕组内产生感应电动势。

发电机发电原理

当励磁绕组通以直流电时,转子上的磁极会被磁化,磁力线从转子的 N 极出发,穿过转子和定子之间的细微气隙,进入定子铁芯,最后回到相邻的 S 极,通过磁轭构成一个完整的回路。当转子旋转时,磁力线切割定子线圈,在线圈内产生交变电动势,如图 2-3-8 所示。

交流发电机在转子外部采用三相对称绕组,当转子旋转时,旋转的磁场和三相绕组之间产生相对运动,在三相绕组中分别产生交流电流。

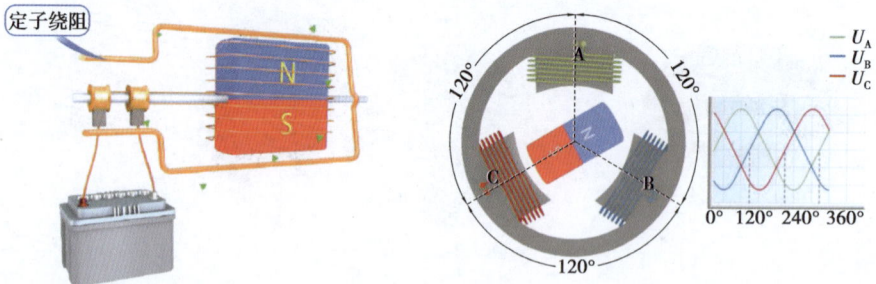

图 2-3-8　发电机工作原理

2. 整流器整流直流电

交流发电机定子的三相绕组中,感应产生的是交流电,靠 6 只二极管组成的三相桥式整流电路变为直流电。

其中,3 只二极管负极端相连,故正极端电位最高者导通。另外 3 只二极管正极端相连,故负极端电位最低者导通。如此不断循环,在 R 两端就得到较平稳的脉冲直流电压,如图 2-3-9 所示。

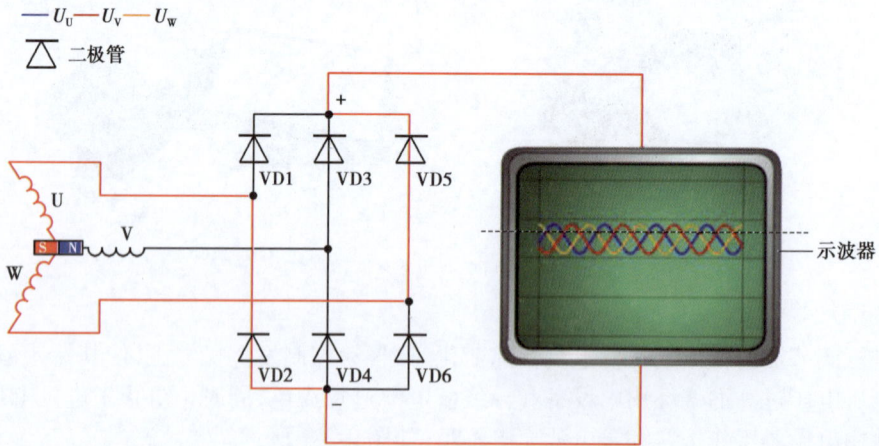

图 2-3-9　交流发电机组整流原理

3. 电压调节器调节电压

在发电机电压较低的情况下,稳压管处于截止状态,此状态经放大器放大,给 VT1 三极管的基极一个高电位信号,使 VT1 三极管导通,励磁电流可以通过 VT1 三极管流入发电机励磁绕组,使发电机电压上升。当电压上升到

调节器电压调整值时,稳压管被击穿,此信号经放大器放大后给 VT1 三极管的基极一个低电位信号,使 VT1 三极管截止,切断了励磁电流,发电机无励磁电流,电压便下降,使 VT1 三极管再导通。如此反复,使发电机的发电电压稳定在正常的范围内,如图 2-3-10 所示。

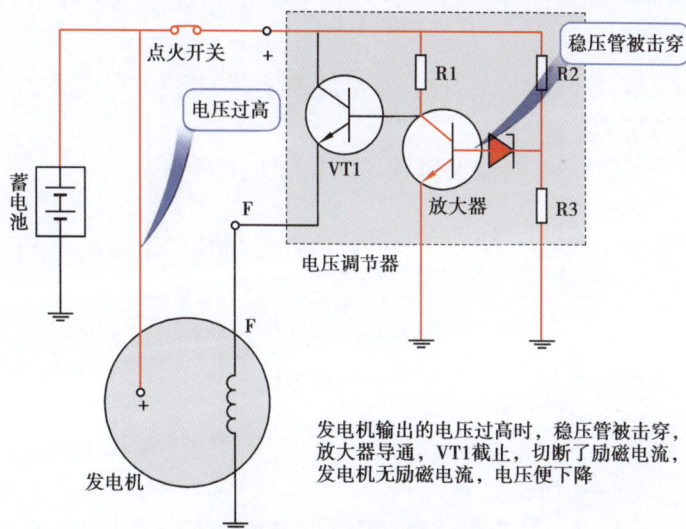

图 2-3-10　电压调节器工作原理

（四）检查发电机的方法

发电机若不发电,蓄电池电量有限,汽车很快就不能工作。当发现汽车发电机不发电或电量不足时,应首先判断故障是发生在发电机的内电路还是外电路。若初步确定故障在发电机内部,则应将发电机从汽车上拆下,对其进行检查、修理。

1. 检查传动带松紧度

①目视检查传动带有无脱落,皮带的表面是否磨损,是否有裂纹,是否有老化现象,如果发现局部有破损,应及时更换,如图 2-3-11 所示。

②检查传动带的张力。使用皮带张紧度测试尺来测量当用 100 N 的力作用于两带轮之间的传动带中央部位时,新传动带的挠度应为 5 ~ 10 mm,旧传动带(即装到车上随发动机转动超过 5 个月)为 7 ~ 14 mm,具体指标应以车型手册中的规定为准。用手侧方旋转皮带快速检查,如果能旋转不超过 45°左右,代表皮带并不松,如图 2-3-12 所示。

图 2-3-11　检查皮带外观

图 2-3-12　检查皮带张紧度

2.检查导线连接

①检查各导线端头的连接部位是否正确、可靠。

②发电机输出端子 B+必须加弹簧垫圈紧固接线。

3.检查有无噪声

发电机异响原因:发电机 V 带打滑、发电机轴承损坏、转子和定子之间发生摩擦,风扇叶片与前端盖碰撞。

①如果间歇性出现异响,且发电机转速变化时异响严重,应检查并调整发电机皮带偏转。

②如果异响持续,应观察风扇叶片和前盖是否有摩擦。用听诊器仔细听发电机的前端、中间和后端。

③如果发电机前后噪声严重,则是发电机轴承损坏或润滑不良。

④如果噪声在发电机中间,有振动感,那就是转子和定子之间的摩擦。发电机应拆卸,相应零件应润滑或更换。

⑤如果发电机旋转一次出现异常噪声,故障原因多发生在与曲轴相关的部位,如活塞、活塞销、活塞环、连杆轴承等。

⑥如果异响不断出现,异响有一定的规律性,其故障部位多出现在转动部件上,如连续敲击声多出现在飞轮、正时齿轮等部件上。

⑦如果异常声音间歇性出现,噪声不规则,故障的主要部位应是发电机的附件安装松动等。

4.检查输出电压

①在发动机停转且不使用车上电气设备的情况下,测量蓄电池电压应在 12 V 左右。

②起动发动机,并将其转速提升到中高速(2 000 r/min 左右),观察万用表读数,对于 12 V 系统,正常充电电压应在 13.5 ~ 14.5 V。如果读数在上述正常范围内,则表明发电机工作正常。如果电压低于蓄电池电压,可能是发电机故障、调节器失效、转速不足、内部零部件损坏(如整流二极管击穿)等原因;如果电压过高,可能是电压调节器失调或其他电路问题。

5.检查机械总成

(1)检查转子总成

①目视检查:集电环表面应光洁平整,两集电环之间的槽内不得有油污和异物。转子表面不得有刮痕,否则表明轴承松旷,应更换前后轴承。

②检查转子绕组是否搭铁:用万用表测量集电环与转子之间的电阻,其数值应为∞,否则有搭铁故障,如图 2-3-13 所示。

③检查转子绕组是否断路及短路:用万用表测量两集电环之间的电阻,其数值应为 2.3 ~ 2.7 Ω。大于 2.7 Ω 时,表明有断路故障;小于 2.3 Ω 时,说明有短路故障,如图 2-3-14 所示。

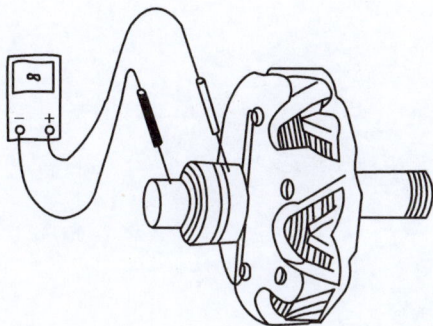

图 2-3-13　检查励磁绕组搭铁

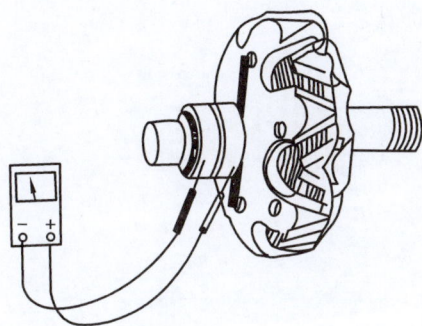

图 2-3-14　检查励磁绕组短路、断路

④检查转子轴：检查其弯曲程度和轴颈磨损情况。用外径百分表检查，轴外圆与滑环的径向跳动误差不应大于 0.1 mm，如图 2-3-15 所示。

图 2-3-15　检查转子轴径向摆差

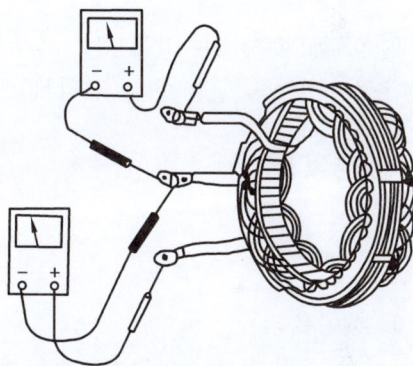

图 2-3-16　检查定子绕组是否断路

（2）检查定子总成

①目视检查：定子表面不得有刮痕，导线表面不得有碰伤、绝缘漆剥落现象。

②检查定子绕组是否断路：用万用表测量绕组引线之间的导通性，如果不通，则应更换定子，如图 2-3-16 所示。

③检查定子绕组是否搭铁：用万用表测量绕组引线和定子铁心之间的导通性，如果导通，则应更换定子，如图 2-3-17 所示。

图 2-3-17　检查定子绕组是否搭铁

（3）检查整流器

二极管电阻测试：使用万用表的二极管测试挡，对整流器中的二极管进行测试，如图 2-3-18 所示，验证二极管的工作状态，正常的二极管测试结果应该是有 0.3～0.8 V 压降。

（4）检查电刷组件

①目视检查：电刷及电刷架应无破损或裂纹，电刷在电刷架中应能活动自如，不应出

现卡滞现象。

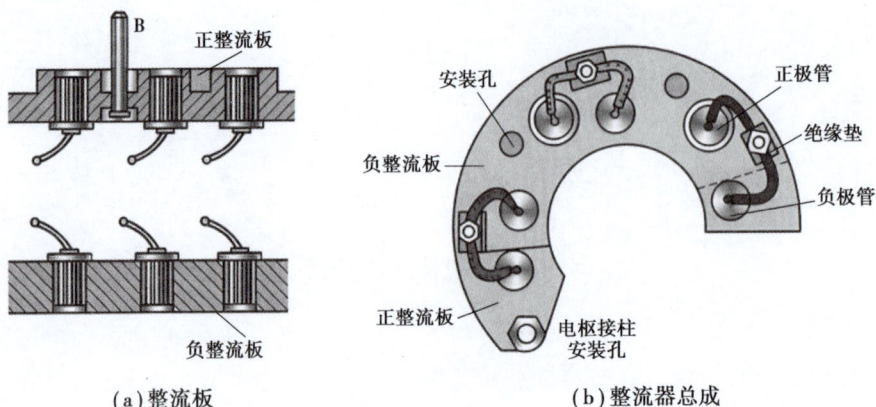

（a）整流板　　　　　　　　　　（b）整流器总成

图 2-3-18　检查整流器

②电刷高度的测量：电刷高度是指电刷露出电刷架的长度，电刷磨损不得低于原高度的 1/2。当外露长度低于发电机规定的极限值时，应当更换新的电刷。

四、任务实施

（一）实施方案

1. 质量要求

参照厂家的质量标准和维修手册要求。

2. 组织方式

每 6 位同学 1 组，按照企业岗位的操作标准，参照厂家维修手册，依据"1+X"证书考核标准，规范地完成发电机的检查与更换作业，每组作业时间为 120 min。

3. 技术要求与标准

①车辆安全：确保车辆处于驻车状态，挡位处于 P 挡（自动挡）或空挡（手动挡），拉起手刹，熄火并关闭所有用电设备。

②环境安全：在通风良好的环境下作业，远离易燃易爆物品，防止电气火花引燃。

③断电操作：如果需要拆卸发电机，应先断掉蓄电池负极，断开或脱开驱动皮带，防止发电机意外转动。

④操作安全：拆卸发电机断开连接器时，要规范操作，不能借用外力直接拔下。

⑤设备安全：使用万用表时，不要将红黑表笔接反，严禁使用电阻挡测量电压。

4. 设备器材

①场地设施：理实一体化教室。

②设备设施：实训车辆、汽修工具套装、工具车、万用表、发电机、垃圾桶等。

③安全防护：车轮挡块、室内"三件套"、车外保护垫、灭火器等。

④耗材:干净抹布。

（二）操作步骤

1.准备工作

①检查工作环境安全,安装车轮挡块,做好个人安全防护。

②打开车门,做好车内防护,罩好"三件套"。打开机舱盖,铺设翼子板防护垫。换挡杆置于P挡,拉紧驻车制动手柄。

2.检查发电机充电线路

①目视检查发电机的外壳是否有裂缝、破损或严重磨损迹象,皮带轮、固定支架、接线端子的状态是否良好,是否完整无损。

检查发电机充电电路

②检查并确认发电机连接线缆和接头连接器情况是否松动,皮带张紧程度是否合适,保证连接牢靠,如图2-3-19所示。

③检查发电机是否有异响,测量B+端子输出电压是否正常,如图2-3-20所示。

④检查充电警告灯电路。

图 2-3-19　检查发电机外围　　　　　　　　　　图 2-3-20　检查发电机外围

3.拆卸发电机总成

①断开电源:确保车辆已熄火并断开电池负极,以避免短路。

②断开B+端子:断开发电机线束,选用合适的套筒、接杆和棘轮扳手,拧松发电机B+端子固定螺栓并断开连接电缆,使用适当的工具放松或移除皮带张紧器,然后取下发电机皮带。

拆卸发电机总成

③拆卸固定螺栓:选用12 mm套筒,卸下固定发电机上部和下部支架固定螺栓。

④取下发电机。

4.分解发电机总成

①拆卸发电机皮带轮。

②拆卸发电机端盖。

③拆卸电刷架总成。

④拆卸发电机线圈总成。

⑤拆卸发电机转子总成。

⑥拆卸轴承挡片。

分解发电机总成

5. 检查发电机

检查发电机

（1）检查发电机离合器皮带轮

①检查离合器皮带轮外观有无破损。

②固定皮带轮外圈，使用专用工具转动皮带轮外圈，皮带轮内圈顺时针打滑，逆时针打滑，如图 2-3-21 所示。

图 2-3-21　检查发电机离合器皮带轮

图 2-3-22　检查电刷的外露长度

（2）检查电刷总成

①目测电刷架表面有无破损。

②推入两个电刷，检查回位有无卡塞。

③使用游标卡尺测量电刷架内壁到电刷顶部的长度，读取测量值，如图 2-3-22、表 2-3-1 所示。如果外露长度小于最小值，需更换电刷架总成。

表 2-3-1　电刷外露长度标准数据

检查内容	检查条件	标准数据
电刷架外露长度	20 ℃	标准：9.5 ~ 11.5 mm
		最小：4.5 mm

（3）检查发电机转子总成

①检查发电机转子绕组电阻：使用万用表测量转子绕组之间的电阻，如图 2-3-23、表 2-3-2 所示。如果不符合规定，则更换发电机转子总成。

表 2-3-2　转子绕组电阻标准数据

检查内容	检查条件	标准数据
滑环-滑环	20 ℃	2.3 ~ 2.7 Ω

图 2-3-23　检查发电机转子绕组电阻

图 2-3-24　检查滑环与转子电阻

②检查发电机转子搭铁电阻：使用万用表测量其中一个滑环与转子之间的电阻，如图 2-3-24、表 2-3-3 所示。如果结果不符合规定，则更换发电机转子总成。

表 2-3-3　滑环与转子间的电阻标准数据

检查内容	检查条件	标准数据
滑环-转子	—	1 MΩ 或更大

③检查发电机转子外观：检查并确认转子滑环有无脏污，如有，应及时清洁。观察发电机转子轴承有没有变粗糙或磨损。如有必要，应更换发电机转子总成。

检查滑环表面有无沟槽，如有，应打磨掉沟槽。用游标卡尺测量滑环直径，如图 2-3-25、表 2-3-4 所示，如果直径小于最小值，应更换总成。

图 2-3-25　测量滑环直径

表 2-3-4　滑环直径标准数据

检查内容	检查条件	标准数据
滑环直径	—	标准：14.2～14.4 mm
		最小：14.0 mm

（4）检查发电机定子

①检查定子三相绕组电路：万用表的一个表笔接三相绕组的中性点，另一个表笔分别接绕组的 3 个首端。电阻值应接近 0 Ω 且相等。如果有一相电阻值为∞，则该相断路。

②检查三相绕组与铁芯绝缘情况：将万用表的一个表笔接定子铁芯，另一个表笔依次接三个绕组首端，如指示为∞，说明绕组绝缘情况良好。如指示为零或电阻很小，说明至少有一相绕组搭铁，需进一步检查。

将中性点烫开，使三相绕组导线分离。然后按照上一步检查方式重新检查，若测得某一相电阻为 0 或电阻极小，说明该相绕组已搭铁或绝缘不良。对搭铁绕组仔细观察，发现搭铁部位，可做应急包扎处理。如不能处理，或定子绕组已烧坏发黑，应拆除重绕。

③检查三相绕组之间绝缘情况：烫开三相绕组的中性点，将万用表的一支表笔接一相绕组的首端，另一支表笔分别接其余两个绕组的首端，正常值为∞。如测得的阻值为 0 Ω 或有一定数值，说明该两相绕组短路或绝缘不良。

（5）检查发电机整流器

①检查二极管：万用表置于二极管测试档进行检测。将万用表的正负表笔分别接触整流器中二极管的两端，与表 2-3-5 所示标准数据进行比对。如果万用表显示导通电压（通常为几百毫伏），则说明二极管正向导通正常；然后将表笔对调，再次测量，如果万用表显示无穷大，则说明二极管反向截止正常。

表 2-3-5　二极管电阻标准数据

检查内容	检查条件	标准数据
二极管正向导通性	正向	400～600 mV
二极管反向截止	反向	∞

将万用表置于 R×10 挡,黑表笔接元件板,红表笔分别接三根管子的引线,检查并记录电阻值,与表 2-3-6 所示标准数据进行比对。

表 2-3-6　二极管反向电阻标准数据

检查内容	检查条件	标准数据
二极管电阻	—	10 kΩ 以上

图 2-3-26　检查发电机驱动端端盖轴承

若二极管正反向测试中均显示导通或截止,则说明二极管已损坏,需要更换。

②检查二极管连线:检查整流管引线与三相绕组焊接处是否松动,如有,应焊接牢固。

(6)检查发电机驱动端端盖轴承

①检查发电机驱动端端盖表面有无破损。

②用手旋转轴承内圈,确认轴承旋转有无异响,如图 2-3-26 所示。

6. 组装发电机

①安装驱动端端盖挡片。

②安装发电机转子总成。

③安装发电机线圈总成。

④安装发电机电刷架总成。

⑤安装发电机后端盖。

⑥安装发电机皮带轮。

7. 安装发电机总成

详见右侧二维码。

8. 复检

检查车辆是否能正常起动。

9. 工位复位

①收起机舱翼子板防护垫,盖好机舱罩盖,收起车内防护套。

②整理工位和工具,清扫场地,实施"6S"管理。

组装发电机

安装发电机总成

（三）作业工单

专　业		班　级	
姓　名		学　号	
小组成员		组长姓名	

　　汽车发电机作为车辆电源系统的核心组件，其重要性不言而喻。它不仅为汽车的起动和运行提供必要的电力，还负责在行驶过程中为蓄电池充电，确保车辆电力系统的稳定和持续供应。因此，对汽车发电机的正确使用、精心维护以及对常见故障的及时诊断，对于保障车辆性能，延长其使用寿命以及避免潜在的安全隐患至关重要。

　　请结合"1+X"职业技能等级证书考核标准，完成对汽车发电机性能的检查，以及更换发电机。

图示	信息获取
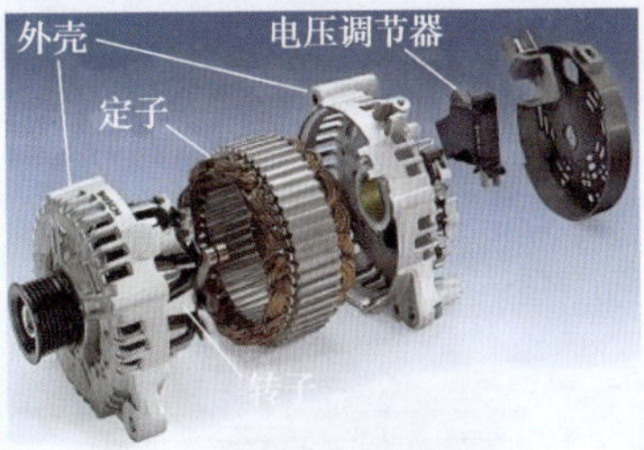	发电机主要由转子、定子、整流器、电压调节器和外壳等组成。
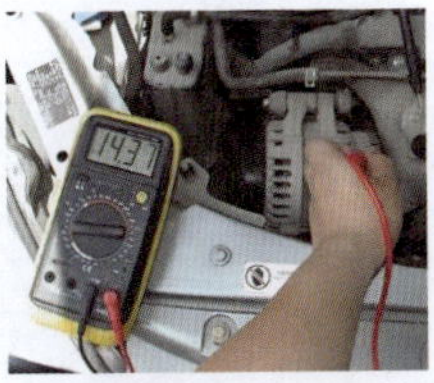	使用万用表检查发电机"B+"端子与发电机壳体间的电压，发动机未起动时，蓄电池的电压为 12 V 左右；发动机起动后，电压应在 13.5～14.5 V。
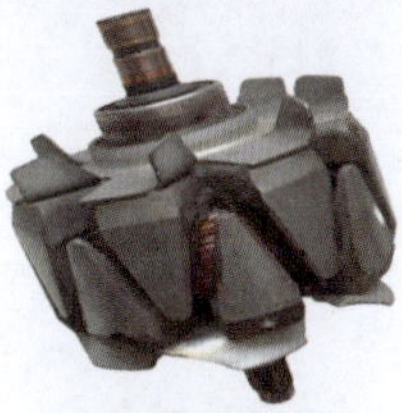	使用万用表欧姆挡检查转子总成，两滑环之间电阻为 3～4 Ω，任一滑环与转子轴之间的电阻为 ∞。
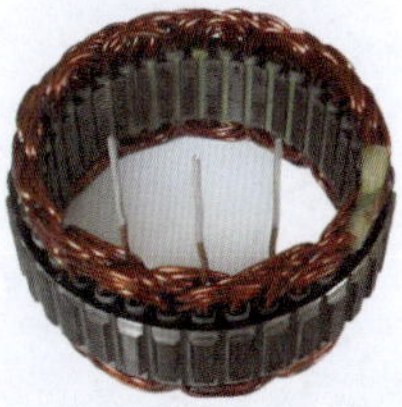	使用万用表欧姆挡检查定子线圈阻值，任意两个端子间的电阻小于 2 Ω，任一线圈端子与铁芯间的电阻应为 ∞。

使用万用表二极管档检测正负整流板上的二极管是否符合正向导通，反向截止特性。

三、任务实施

检查与更换发电机

序号	作业项目	是否完成		作业记录
1	工位安全检查、车辆安全处置	是□	否□	正常□_____不正常□_____
2	个人防护、车辆内外防护	是□	否□	
3	检查发电机外观	是□	否□	正常□_____不正常□_____
4	检查发电机 B+端子电压	是□	否□	正常□_____不正常□_____
5	检查发电机电刷	是□	否□	正常□_____不正常□_____
6	检查发电机转子	是□	否□	正常□_____不正常□_____
7	检查发电机定子	是□	否□	正常□_____不正常□_____
8	检查发电机整流器	是□	否□	正常□_____不正常□_____
9	更换发电机	是□	否□	
10	起动检查	是□	否□	正常□_____不正常□_____
11	规范操作、落实"6S"制度	是□	否□	

五、任务评价

（一）技能评价表

序号	作业项目	考核内容	分值	得分
1	准备工作	检查施工环境安全	10	
		车辆防护	5	
		人员防护	5	
2	目视检查	检查外壳	5	
		检查皮带	5	
		检查接线端子	5	
3	检查电压	检查B+端子电压	5	
4	检查总成	检查电刷	5	
		检查转子	5	
		检查定子	5	
		检查整流器	5	
5	更换发电机	拆卸发电机	5	
		安装发电机	5	
6	施工复检	起动发动机检查工作性能	5	
7	作业记录	正确填写工单	5	
8	工位整理	"6S"检查	10	
9	安全生产	遵守安全操作规程	5	
		安全用电，无人身、设备事故	5	
总分			100	

注：操作规范即得分，操作错误或未进行操作得0分。

（二）知识测评

1. 判断题

（1）检查发电机时，可以用碰铁刮火法检查发电机是否发电。　　　　（　　）

（2）在发动机运行过程中，由发电机向用电设备供电，这时切断发电机与蓄电池之间

的导线,用电设备仍然可以正常工作。 （　　）

（3）起动发动机,使发动机转速保持在 2 000 r/min,在不使用车上电气设备的情况下,测量蓄电池电压,这个电压称为空载充电电压,它比在发动机停转且不使用车上电气设备情况下的蓄电池电压要高 2 V 以上。 （　　）

（4）起动发动机,充电指示灯亮,说明发电机发电正常。 （　　）

（5）汽车上目前广泛采用的硅整流交流发电机,因此汽车用电设备都使用交流电。 （　　）

（6）无刷式交流发电机不必整流。 （　　）

（7）交流发电机电刷磨损过度将会导致发电机电压不稳甚至不发电的故障。 （　　）

（8）当发电机皮带过松打滑时,将导致发电机发电量小甚至不发电。 （　　）

（9）交流发电机是汽车上的主要电源,其主要作用是发动机正常运转时向车上所有的用电设备供电,同时向蓄电池充电。 （　　）

（10）交流发电机使用的硅二极管可用普通整流二极管代替。 （　　）

2. 选择题

（1）交流发电机的磁场绕组安装在（　　）上。

A. 定子　　　　　　B. 转子　　　　　　C. 电枢　　　　　　D. 整流器

（2）交流发电机自身具有限制（　　）,以防过载的能力。

A. 阻值变化　　　　B. 输出电压　　　　C. 输出电流　　　　D. 输出功率

（3）整流器的作用是把三相同步交流发电机产生的（　　）电转换成（　　）电输出,它用 6 个硅二极管接成三相桥式全波整流电路。

A. 交流　　　　　　B. 直流　　　　　　C. 低压　　　　　　D. 高压

（4）下列不是发电机组成部件的是（　　）。

A. 转子　　　　　　B. 整流器　　　　　C. 定子　　　　　　D. 电磁开关

（5）发电机的组成中,（　　）可用来产生交流电。

A. 转子　　　　　　B. 定子　　　　　　C. 整流器　　　　　D. 电刷

（6）硅整流交流发电机中改变输出电压大小的构件是（　　）。

A. 硅二极管　　　　B. 转子　　　　　　C. 调节器　　　　　D. 定子

（7）交流发电机的转子线圈断路会导致（　　）故障。

A. 充电电流过大　　B. 充电电流过小　　C. 不发电　　　　　D. 发电机异响

（8）汽车行驶时,充电指示灯由亮转灭,说明（　　）。

A. 发电机处于他励状态　　　　　　　　B. 发电机处于自励状态
C. 充电系统有故障　　　　　　　　　　D. 蓄电池放电

（9）发电机电压检查电路的检查点在（　　）上。

A. 调节器　　　　　　B. 发动机　　　　　C. 蓄电池　　　　　D. 起动机

（10）三相交流发电机至少需要（　　）个二极管进行整流。

A. 5　　　　　　　　B. 6　　　　　　　　C. 4　　　　　　　　D. 3

六、任务总结

（1）发电机组成

交流发电机主要由转子、定子、整流器、电刷、端盖和皮带轮等组成，整体式发电机还包括电压调节器。

（2）交流发电机工作原理

交流发电机产生交流电的基本原理是电磁感应原理，即利用产生磁场的转子旋转，使穿过定子绕组的磁通量发生变化，在定子绕组内产生感应电动势。

（3）交流发电机整流原理

交流发电机定子的三相绕组中，感应产生的是交流电，靠 6 只二极管组成的三相桥式整流电路变为直流电。

（4）发电机就车检查项目

①检查传动带松紧度。

②检查导线连接。

③检查有无噪声。

④发电机电压测试。

⑤B+接线柱电流测试。

（5）发电机的不解体检查

①检查发电机各接线柱之间的阻值。

②检查皮带轮轴承轴向及径向间隙。

③检查轴承阻力、噪声以及转子与定子之间有无摩擦及异响。

④检查皮带轮的摆差（摇头）大小。

⑤检查外壳、挂脚等处有无裂纹及损坏。

（6）发电机解体后检修

①检查二极管。

②检查转子总成：检修磁场绕组断路、检查磁场绕组绝缘、检查滑环、检查转子轴。

③检查定子总成。

④检查电刷组件。

七、知识拓展

随着能源组成性短缺、气候变化、环境污染等问题更加突出，全球各主要经济体积极推动清洁能源转型。绿色电力是我国能源绿色低碳转型的主要方向，风电、光伏、水电的发电装机容量均居世界首位。2023 年 8 月 3 日，《关于做好可再生能源绿色电力证书全覆盖工作　促进可再生能源电力消费的通知》发布，推动绿色电力证书对可再生能源电力全覆盖。

（一）绿色电力的概念

绿色电力指风电、太阳能发电、水电、生物质发电、地热能发电、海洋能发电等可再生能源电力。可再生能源发电过程中不产生或很少产生对环境有害的排放物（如二氧化碳、二氧化硫、氮氧化物等），且不需要消耗化石燃料，相较常规的化石能源发电更有利于环境保护和可持续发展，因此被称为绿色电力，简称"绿电"，如图 2-3-27 所示。

图 2-3-27　绿色电力

图 2-3-28　绿色电力优势

（二）绿色电力的优势

相较传统化石能源，绿电具有以下 3 个方面优势，如图 2-3-28 所示。

①可持续性：可再生能源资源由自然循环不断提供，能够实现永续利用。

②高普及性：全球绝大部分国家和地区，不管地理位置、气候条件如何，都可以发展可再生能源。

③环境友好：可再生能源发电低碳或零碳排放，全生命周期对环境影响小，减污降碳效果显著。

（三）发展绿色电力的意义

大力发展可再生能源，推动绿电消费已成为全球应对气候变化、推动绿色低碳转型的一致行动，是保障国家能源安全、减少能源对外依存度的重要措施，是我国践行应对气候变化自主贡献承诺的主导力量，是减排不减生产力的重要支柱，是培育战略性新兴产业、加速技术进步的重要途径，对调整产业组成、促进转型升级、拉动有效投资等具有重要意义。

（四）我国绿色电力发展的现状

在党中央坚强领导下，通过全行业的共同努力，我国可再生能源实现了从小到大到强、从跟跑到并跑再到领跑的跨越式发展，技术水平、装备制造、装机规模、利用水平等均达到全球领先水平，为能源绿色低碳转型注入澎湃动能。

实现"碳中和"，能源是主战场，可再生能源是主力军。2021 年，我国可再生能源装机达 11 亿千瓦，煤炭消费比重年均下降 1.4 个百分点，是历史上下降最快的时期，清洁能源消费比重支撑能源消费增长 6.2%,同期国民经济增长 16.9%,占能源消费增量的 60% 以上,超过全球可再生能源装机的 1/3,水电、风电、太阳能发电装机稳居世界第一,如图 2-3-29 所示。

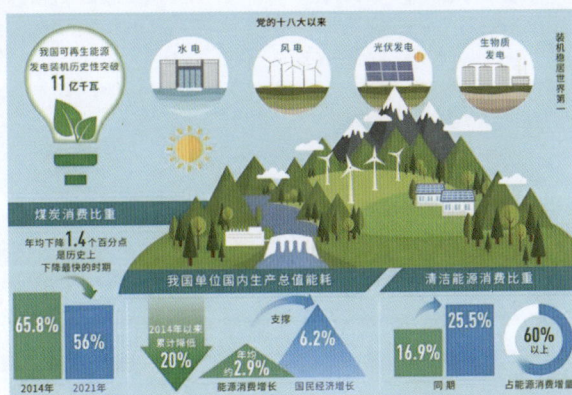

图 2-3-29　中国能源绿色低碳转型

任务四　检修汽车电源系统

一、任务案例

刘先生驾驶着他的长城牌汽车在行驶途中车辆突然熄火,仪表盘上的蓄电池故障指示灯随之亮起,他尝试多次起动车辆,起动机最终也停止了响应。刘先生选择通过车辆道路救援服务,将汽车运送到附近的汽车4S店,进行专业的检修和维修。

作为汽车维修技术人员,请你根据车辆维修手册的指导和维修的基本原则,结合车辆的故障现象,对汽车电源系统进行详细的检修。

二、任务要求

通过本任务的学习,应能:

1. 阐述汽车电源系统的基本组成和工作原理。
2. 通过查阅车辆维修手册,使用工具对汽车电源系统故障进行诊断和维修。
3. 提高自主学习和问题解决能力,深入理解汽车电源系统的维护技术。
4. 培养专业素养和良好的工作习惯、故障诊断思维,提升学习能力。

学习重点:

1. 汽车电源系统常见故障和检修方法。
2. 汽车电源系统检修作业流程和安全规程。

三、知识准备

（一）电源系统电路的组成

汽车电源系统由蓄电池、发电机、调节器、电源状态指示装置、继电器、保险装置和线束等组成,如图2-4-1所示。其作用是向全车用电设备提供低压直流电能。电源状态指示装置用来指示蓄电池的充放电情况。

1. 发动机不工作时

蓄电池与发电机并联相接,这时如果接通用电设备,由蓄电池向外输出电流。如果接通点火开关(未起动发动机),充电指示灯电路通路(蓄电池"+"→点火开关→充电指示灯→充电指示灯继电器触点→搭铁),充电指示灯亮。这时,发电机磁场绕组也形成通路。内搭铁发电机的激磁电流通路为:蓄电池"+"→点火开关→调节器B接线柱→调节器F接线柱→发电机F接线柱→发电机磁场绕组→搭铁。外搭铁发电机的激磁电流通路为:蓄电池"+"→点火开关→发电机F接线柱→发电机磁场绕组→发电机E接线柱→调

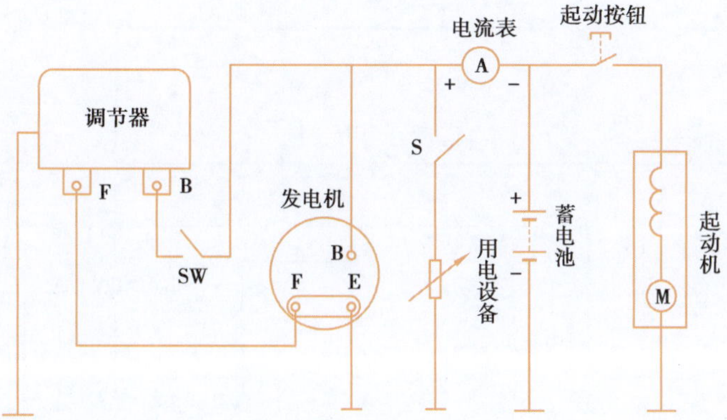

图 2-4-1 汽车电源电路原理图

节器 F 接线柱→调节器 E 接线柱→搭铁。

2. 发动机工作、发电机正常发电时

发电机中性点电压使充电指示灯继电器线圈通电,产生磁力将触点吸开,充电指示灯熄灭,指示发电机工作正常。发电机磁场绕组的激磁电流受调节器控制,使发电机的端电压保持稳定。发电机通过电枢接线柱向蓄电池充电、向用电设备供电。

3. 发动机工作、发电机不能正常发电时

充电指示灯继电器线圈失去电流或电流过小,其触点闭合,充电指示灯亮起,指示发电机、调节器和相关线路组成的充电电路有故障。

汽车电源系统电路主要有 3 个部分:电源主供电电路、发电机励磁电路及充电指示灯控制电路。

(二)汽车电源主供电电路

电源主供电电路包括蓄电池和发电机正常发电后经输出端子对全车电气设备供电电路,如图 2-4-2 所示。

①在起动发动机期间,蓄电池向起动系统、点火系统、电子燃油喷射系统等其他用电设备供电,同时还向交流发电机提供励磁电流。

②当发动机中高速运转(发电机端电压高于蓄电池电压,而蓄电池又存电不足)时,由发电机向全车用电设备供电,其电流的走向为:发电机输出端子"B+"→点火开关→用电设备→搭铁→"-"。

③当发电机停转或怠速运转(发电机端电压低于蓄电池电压)时,由蓄电池向用电设备供电。

④当出现用电需求大于电源系统输出(即发电机超载)时,由蓄电池协助发电机供电。

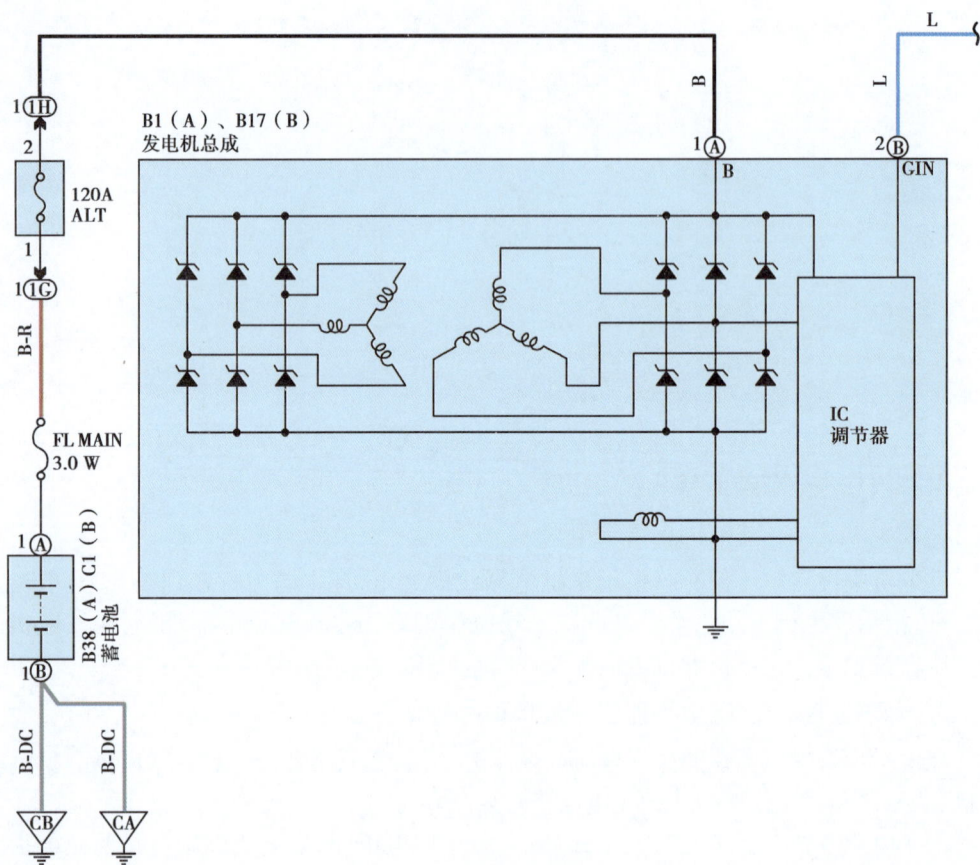

图 2-4-2　汽车电源电路图

（三）汽车发电机励磁电路

发电机励磁电路是维持发电机磁场绕组产生电磁场的供电电路，包括他励和自励两种励磁方式。发电机的励磁电路根据其控制方式的不同可分为调节器控制和微机控制两种。

交流发电机励磁方法

1. 调节器控制励磁电路

调节器控制励磁过程是先他励后自励。由蓄电池供给磁场电流而发电的方式称为他励发电。发电机转速较低时，自身不能发电，需蓄电池供给发电机励磁绕组电流，他励绕组产生磁场来发电。他励励磁电流的走向为：蓄电池"+"→点火开关→调节器→发电机 F→励磁绕组→搭铁→"−"，如图 2-4-3 所示。

随着转速的提高（在发动机转速达到怠速时），发电机定子绕组的电动势逐渐升高并能使整流器二极管导通。当发电机的输出电压大于蓄电池电压时，发电机就能对外供电。当发电机能够对外供电时，就可以将自身发的电供给励磁绕组，这种自身供给磁场电流发电的方式称为自励发电。自励励磁电流的走向为：发电机"B+"→点火开关→调节器→发电机 F→励磁绕组→搭铁→"−"，如图 2-4-4 所示。

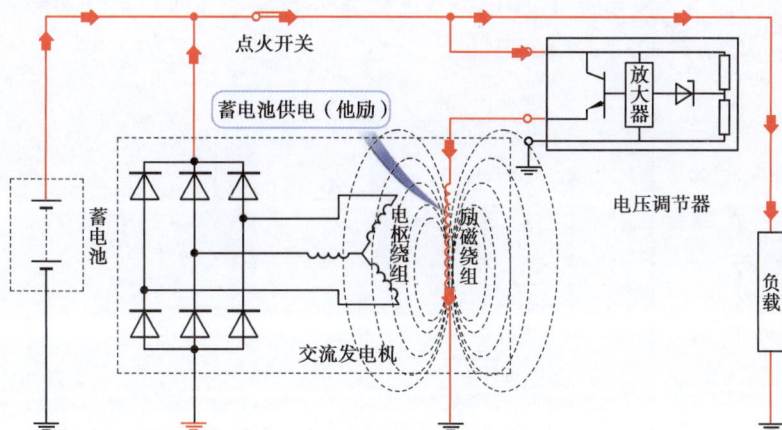

给交流发电机转子绕组供电使之产生磁场，称为励磁，励磁有他励和自励两种方式

图 2-4-3　他励发电

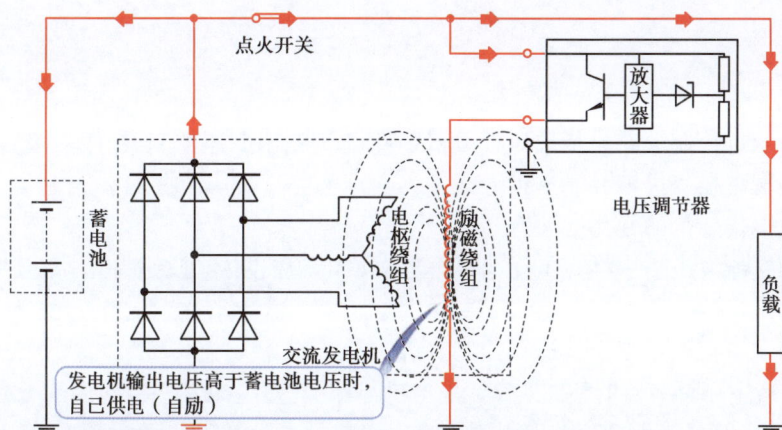

给交流发电机转子绕组供电使之产生磁场，称为励磁，励磁有他励和自励两种方式

图 2-4-4　自励发电

不同的汽车励磁电路各不相同,但有一个共同特点是,励磁电路都必须由点火开关控制。

2.微机控制励磁电路

微机控制的交流发电机的输出电压由微机进行控制,不但限制发电机最高电压,而且还可以避免怠速时发电机电压过低。交流发电机由点火开关、自动切断继电器和电子控制单元 ECU 共同控制。如图 2-4-5 所示,发电机励磁绕组的一端 B 接自动切断继电器(即 ASD 继电器)的常开触点 87,由自动切断继电器控制实现与电源正极的连接与断开。励磁绕组的另一端 C 接电子控制单元 ECU,由 ECU 控制搭铁。点火开关不是直接串联在励磁电路中控制励磁电路,而是与 ASD 继电器的线圈串联,通过 ASD 继电器间接控制励磁电路。发电机的输出端 A 与蓄电池正极及 ECU 均相连。ECU 上与电源系统有关的连接点有 5 个:3 个检查点和 2 个控制点。3 个检查点分别是蓄电池电压检查点 3、ASD

检查点 57 和发动机转速检查点（图中未画出）。2 个控制点分别是 ASD 继电器控制点 51 和发电机励磁控制点 20。

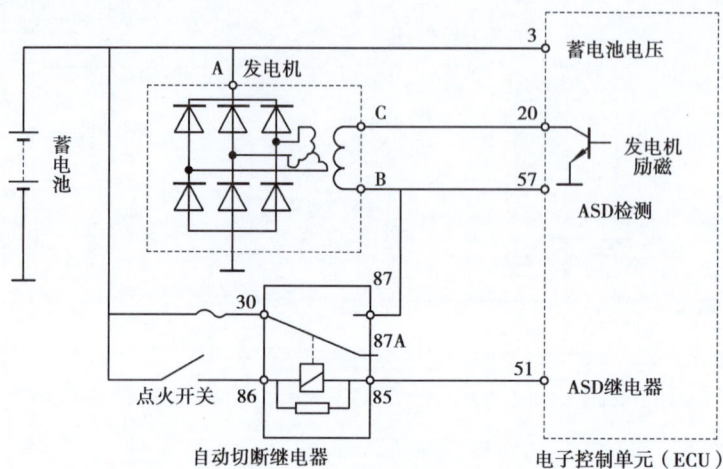

图 2-4-5　微机控制电磁电路

（四）充电指示灯控制电路

充电指示灯控制电路包括采用发电机中性点 N 输出电压控制、利用二极管直接控制和发电机磁场二极管进行控制 3 种方式。

控制充电指示灯的常用方法有 3 种：

①利用交流发电机中性点电压通过继电器或电子控制器进行控制。

②利用二极管进行控制。

③利用发电机磁场二极管进行控制。

带有集成电路调节器的整体式交流发电机与外部（蓄电池、线束）连接端子通常用 B+、IG、L、S 和 E 等符号表示。这些符号通常在发电机端盖上标出，其代表含义如下：

①B+（或+B、BATT）为发电机输出端子，用一根粗导线连接至蓄电池正极或起动机上。

②IG 通过线束连接至点火开关，在有的发电机上无此端子。

③L 为充电指示灯连接端子，通过线束接充电指示灯或电源指示继电器。

④S（或 R）为调节器的电压检查端子，通过导线直接连接蓄电池的正极。

⑤E（或-）为发电机和调节器的搭铁端子。

1. 利用中性点电压通过继电器控制充电指示灯

利用发电机三相绕组的中性点电压控制指示灯亮、灭，指示发电机的工作情况，如图 2-4-6 所示。

①未起动发动机时，发电机不发电，中性点未输出电压，蓄电池电压经蓄电池"+"→点火开关→充电指示灯→继电器 L 接线柱→继电器触点→搭铁→蓄电池"-"，指示灯亮，指示发电机不发电。

中性点电压控制充电指示灯电路

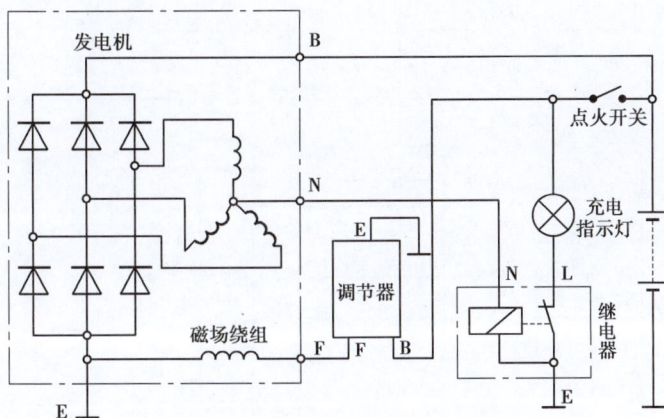

图 2-4-6　中性点电压控制充电指示灯电路

②发电机正常运转后,发电机发电,中性点输出电压,经发电机中性点接线柱 N→继电器 N 接线柱→继电器线圈→搭铁。线圈通电产生吸力,将继电器触点断开,充电指示灯无搭铁回路,灯熄灭,指示发电机工作正常。

2.利用二极管进行控制

利用二极管控制指示灯的亮、灭,指示发电机的工作情况。接通点火开关,电流经蓄电池"+"→点火开关→充电指示灯→调节器"B"→调节器"F"→励磁绕组→搭铁→蓄电池"-"。构成回路,充电指示灯亮,指示发电机不发电。发动机起动后,发电机电压高于蓄电池电压时,二极管导通,充电指示灯被二极管短路,不亮,如图 2-4-7 所示。

二极管控制
充电指示灯电路

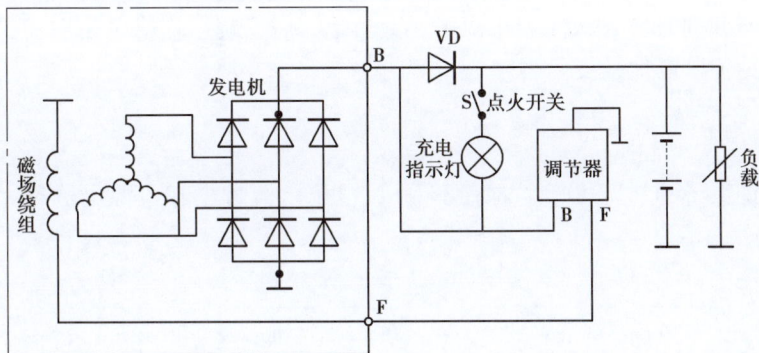

图 2-4-7　二极管控制充电指示灯电路

3.利用发电机磁场二极管控制充电指示灯

如图 2-4-8 所示,该电压控制充电指示灯的特点是具有 3 只磁场二极管(发电机为 9 管或 11 管)的发电机中性点 N 端不引出外线,而且配用电子调节器。利用发电机中 3 只小功率磁场二极管输出电压与蓄电池的电压差来控制充电指示灯,使充电指示灯熄灭,表示发电机发电,并同时进行励磁。

发电机磁场
二极管控制充电指示灯

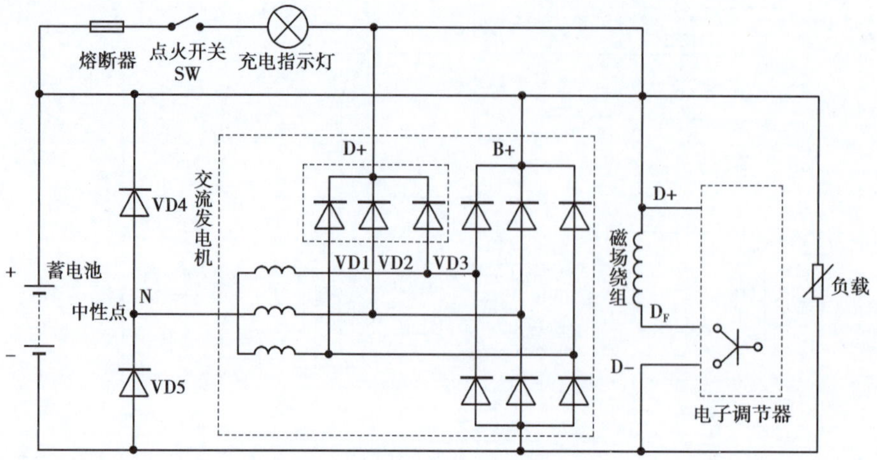

图 2-4-8 二极管控制充电指示灯电路

接通点火开关,发电机未运转或系统故障时,电流从蓄电池"+"→熔断器→点火开关→充电指示灯→电子调节器 D+端、发电机磁场绕组→电子调节器 DF 端→调节器内一级开关三极管→调节器 D−端→搭铁→蓄电池"−"。这时,充电指示灯在蓄电池电压的作用下点亮,表示发电机不发电。同时,发电机磁场绕组的励磁电流经调节器后构成回路,开始给磁场组励磁。

当发电机运转并达到一定的转速时,发电机的电枢 B+端向蓄电池充电,并且向汽车上其他用电设备供电。这时,3 只小功率励磁二极管(VD1、VD2、VD3)也输出电压,加在充电指示灯右端,与充电指示灯左端的蓄电池电压形成等电压,充电指示灯熄灭,表示发电机发电。与此同时,二极管(VD1、VD2、VD3)也给磁场绕组提供励磁电流,即磁场绕组的励磁方式由原来的他励变为自励。

(五)汽车电源系统电路常见故障

汽车电源系统的常见故障主要有不发电、电源电流过小和电源电流过大等故障,如表 2-4-1 所示。

表 2-4-1　汽车电源系统故障

故障现象	可能故障部位	排除方法
不发电(汽车行驶时,充电指示灯亮)	熔断器	检查或更换
	调节器	检查或更换
	发电机	检查或更换
	线束(导线连接处)	检修
充电电流过小(蓄电池经常存电不足、灯光暗淡、喇叭沙哑)	调节器	检查或更换
	发电机	检查或更换
	线束(导线连接处)	检修

故障现象	可能故障部位	排除方法
充电电流过大（蓄电池电解液消耗过快、灯泡易烧损）	调节器	检查或更换

（六）故障排除方法

1. 电压检查

①在如下情况时，检查点有电压，如图 2-4-9 所示。例如，［A］—点火开关打开；［B］—点火开关和 SW1 打开；［C］—点火开关、SW1 和继电器打开（SW2 关闭）。

②用电压表将负极导线连接到正常的搭铁点或蓄电池负极端子上，正极导线连接到连接器或零部件端子上；也可使用测试灯代替电压表检查电压。

2. 查找短路电路

①拆下熔断的保险丝并断开保险丝的所有负载。

②在保险丝的位置连接测试灯，如图 2-4-10 所示。

③在如下情况下，测试灯亮。例如，［A］—点火开关打开；［B］—点火开关和 SW1 打开；［C］—点火开关、SW1 和继电器打开（连接继电器）和 SW2 关闭（或断开 SW2）。

④查看测试灯时，断开并重新连接连接器。测试灯仍点亮的连接器和测试灯熄灭的连接器之间短路。

⑤沿车身轻微晃动故障线束，以准确找出短路部位。

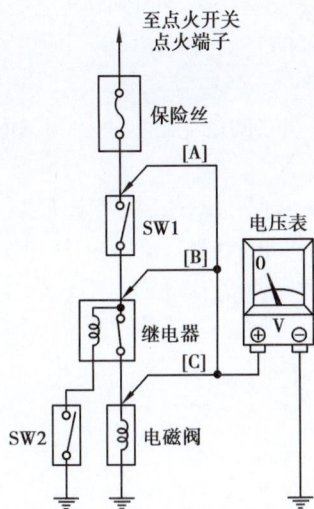

图 2-4-9　电压检查

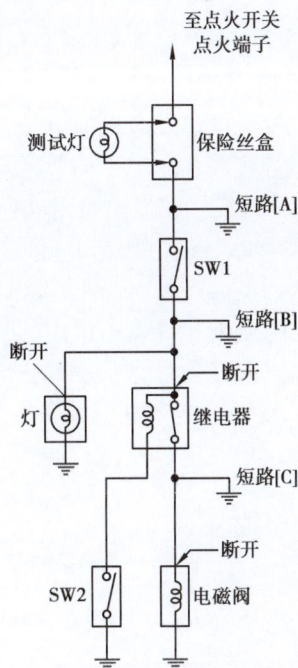

图 2-4-10　短路检查

3.导通性和电阻检查

①断开蓄电池端子或配线,使检查点间没有电压。

②用欧姆表的两根导线接触检查点两端,如图 2-4-11 所示。

③如果电路有二极管,则反接两根导线,再次进行检查;将负极导线接触二极管正极侧、正极导线接触负极侧时,应显示导通;如果将两根导线反接,则应显示不导通,如图 2-4-12 所示。

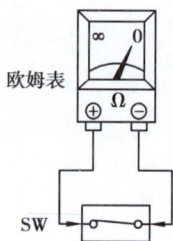

图 2-4-11　导通检查

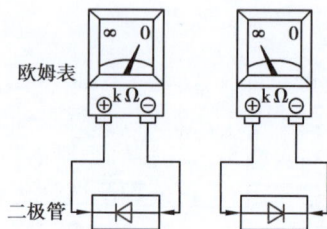

图 2-4-12　二极管检测

（七）检查汽车电路要点

1.发电机电枢接线柱 B+

发动机不工作时,测发电机电枢接线柱 B+与搭铁之间的电压,应为蓄电池电压。如果电压低或为 0,则说明发电机与蓄电池之间的电路有断路或接触不良。发动机运转时,测发电机电枢接线柱与搭铁之间的电压,应为 13.5 ~ 14.5 V。如果电压偏低或过高,说明发电机或调节器有故障。

2.发电机磁场接线柱 F

整体式发电机将发电机的电压调节器置于发电机内,发电机无磁场接线柱,但有一个充电指示灯接线柱。由于调节器及相应的电路都在发电机内部,因而其电源电路相对比较简单。L 接线柱在发电机内部连接提供激磁电流的整流器输出端。因此,发电机正常发电时,L 接线柱的电压与 B+接线柱相同。

①未接通点火开关时,测量发电机接线柱 L 与搭铁之间的电压,应为 0。如果接线柱 L 电压不为 0,则要检查发电机内的整流二极管是否有短路。

②接通点火开关时,测量发电机接线柱 L 与搭铁之间的电压,应有较低的电压。如果电压为 0,则要检查充电指示灯与发电机接线柱 L 之间的线路。如果电压过高(蓄电池电压),则要拆检发电机,检查发电机内部的调节器、磁场绕组及电刷与滑环的接触等。

四、任务实施

（一）实施方案

1.质量要求

参照厂家的质量标准和维修手册要求。

2.组织方式

每6位同学1组,按照企业岗位的操作标准,参照厂家维修手册,依据"1+X"证书考核标准,规范地完成对电源系统的检查作业。每组作业时间为40 min。

3.技术要求与标准

①车辆安全:确保车辆处于驻车状态,挡位处于P挡(自动挡)或空挡(手动挡),拉起手刹,熄火并关闭所有用电设备。

②环境安全:在通风良好的环境下作业,远离易燃易爆物品,防止电气火花引燃。

③断电操作:检查电源系统电路故障时,先断开蓄电池负极电缆,防止短路。

④操作安全:严格按照厂家推荐的操作流程进行电源系统故障检查,遵循维修手册指导。

⑤设备安全:使用万用表,遵守操作规范,如不将红黑表笔接反、电阻挡严禁测量电压,避免误操作导致仪表损坏。

4.设备器材

①场地设施:理实一体化教室。

②设备设施:实训车辆、汽车工具套装、工具车、万用表、充电机、垃圾桶等。

③安全防护:车轮挡块、室内"三件套"、车外保护垫等。

④耗材:干净抹布。

(二)操作步骤

1.准备工作

①检查工作环境安全,安装车轮挡块,做好个人安全防护。

②打开车门,做好车内防护,罩好"三件套"。打开机舱盖,铺设翼子板防护垫。拉紧驻车制动手柄,换挡杆置于P挡。

2.目视检查

①检查蓄电池、发电机线束端子连接。

②检查发电机皮带松紧度。

③检查仪表盘蓄电池警告灯是否亮起。

3.检查蓄电池电压

①关闭车辆点火开关,将万用表调至电压挡,正极引线连接至蓄电池的正极端子,负极引线搭铁。

②读取蓄电池电压应为11.8~12.8 V。如果读数不在正常区间,说明蓄电池可能存在放电过度、老化或者其他故障,需要进一步检查蓄电池的健康状况,必要时予以更换。若蓄电池电压正常,则问题可能出现在发电机或相关充电电路,需要对这部分进行排查。

4.检查电源保险

使用万用表的电压挡进行测试,确认保险丝两端电压为11.8~12.8 V。如果测量结果显示电压异常,则保险丝已损坏。若主保险丝确实有问题,应使用相同规格的新保险丝进行更换,确保新保险丝的额定电流与原保险丝一致,如图2-4-13所示。

图 2-4-13　蓄电池保险丝

图 2-4-14　检查发电机输出电压、电流

5. 检查发电机

(1)检查发电机输出电压

起动发动机,逐渐升高发动机转速并将转速保持在 2 000 r/min。读取万用表数值,如图2-4-14所示,并与表2-4-2所示的标准数据进行对比。

表 2-4-2　发电机输出电压标准数据

检查内容	检查条件	标准数据
发电机输出电压	发动机转速 2 000 r/min	13.2 ~ 14.8 V
		小于 10 A

若电流大于 10 A,注意检查蓄电池是否亏电,应将电池充满后再测量。

若上述条件不符合要求,应及时更换发电机。

(2)检查发电机输出电流

继续保持发动机转速 2 000 r/min,打开远光前大灯并将加热器鼓风机开关转至 HI 位置,读取万用表数值,并与表2-4-3所示的标准数据进行对比。

表 2-4-3　发电机输出电流标准数据

检查内容	检查条件	标准数据
发电机输出电流	发动机转速 2 000 r/min	大于 30 A

如果蓄电池电流读数小于 30 A,则运行雨刮器电动机和车窗除雾器以增加负载,然后再查充电电路。若输出电流仍达不到 30 A,则继续打开其他用电设备以增加负荷使之超过 30 A。

若以上条件都不符合,则应更换发电机。如果发电机正常,则应检查其相关线路。

6. 检查连接线路

查阅维修手册,查询电源系统电路,如图2-4-15所示。

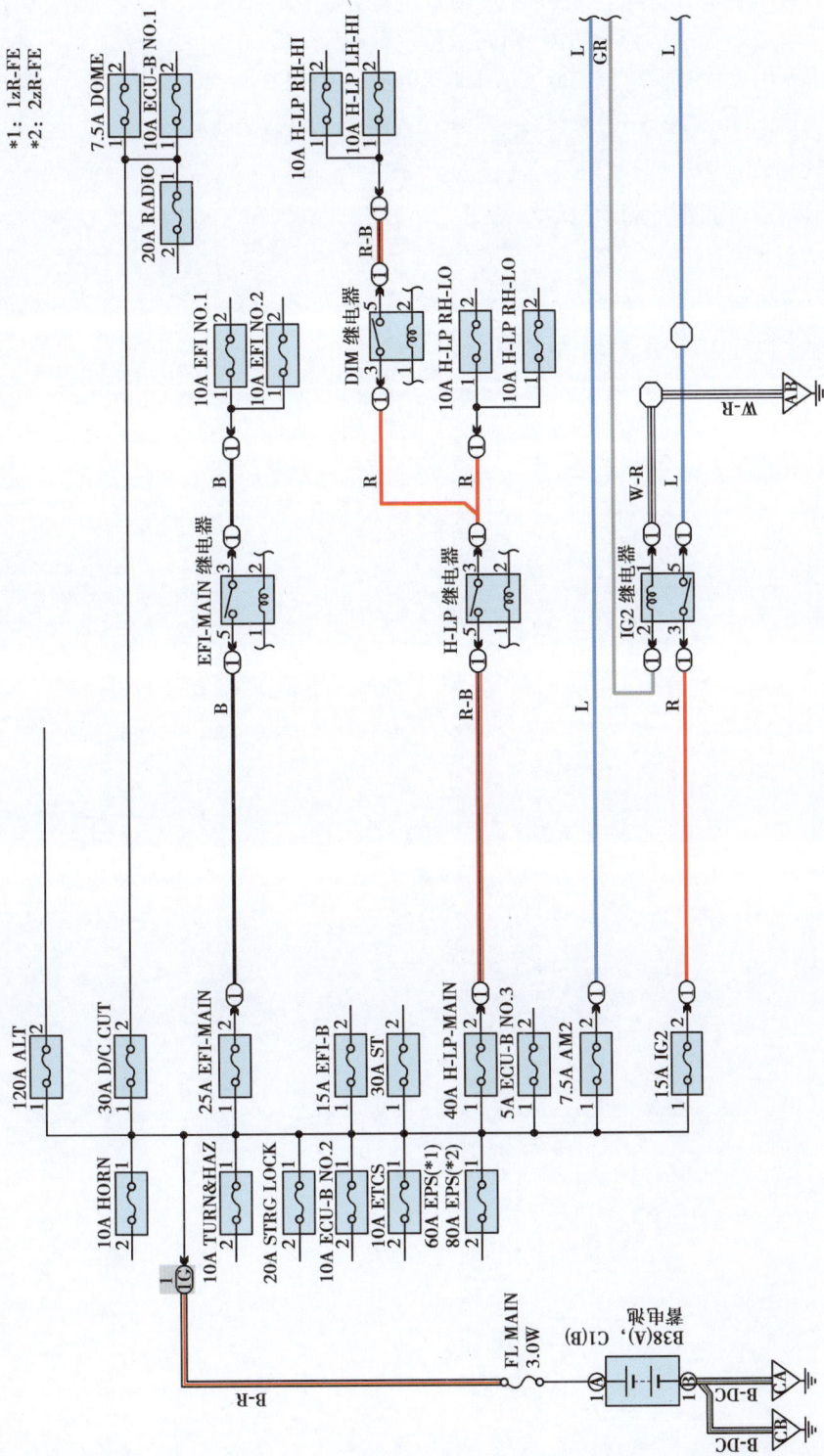

图 2-4-15 电源系统电路图

①使用万用表检查保险丝 FL MAIN 两端电压,应为 11.8～12.8 V。否则,应检查蓄电池与主保险之间线路是否有短路、断路故障。

②使用万用表检查保险丝 120 A A LT 端电压,应为 11.8～12.8 V。否则,应检查保险丝 FL MAIN 与保险丝 A LT 两端之间线路是否有短路、断路故障。

7. 复检

检查车辆是否能正常起动。

8. 工位复位

①收起机舱翼子板防护垫,盖好机舱罩盖,收起车内防护套。

②整理工位和工具,清扫场地,实施"6S"管理。

（三）作业工单

专　业		班　级	
姓　名		学　号	
小组成员		组长姓名	

汽车电源系统作为车辆重要组成系统，其稳定性直接关系到车辆能否正常运作。定期对汽车电源系统的维护和检修，是车辆维护中不可或缺的一环。通过这样的措施，能够及时发现并解决潜在的电源系统故障，这不仅确保了车辆运行的可靠性，也有助于延长整个电气系统的使用寿命，对于提升车辆性能和保障行车安全具有重大意义。

请结合"1+X"职业技能等级证书考核标准，完成对汽车电源系统故障的检查和修复。

图示	信息获取
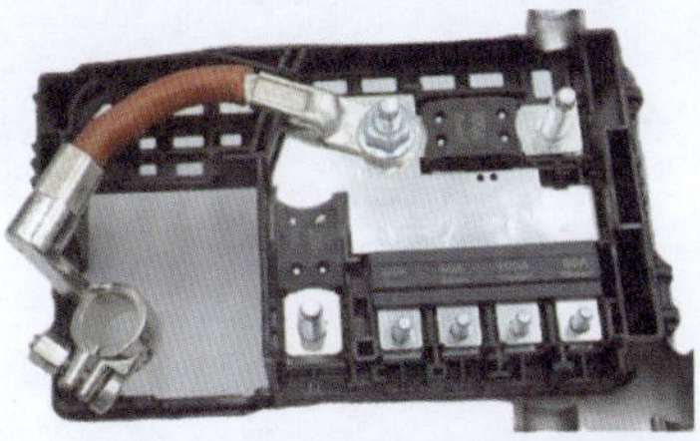	汽车蓄电池主保险丝是汽车电路系统中至关重要的保护元件，主要防止过大的电流对电路中的元件造成损害。当电路中电流异常增大，超出保险丝额定承受值时，保险丝就会熔断，切断电流流动，从而保护电路和用电设备不受损坏。在汽车电源系统中，主保险丝通常位于蓄电池附近的保险丝盒内。
	汽车电源系统中蓄电池出现故障时，可能会出现以下3种现象： ①车辆无法起动：这是最常见的蓄电池故障现象。仪表盘警告灯亮起：现代汽车的仪表盘通常设有电池警告灯；当蓄电池出现问题时，该警告灯会亮起，提醒驾驶员可能存在电源系统故障。 ②蓄电池外观异常：蓄电池壳体出现鼓胀、漏液、腐蚀、极柱松动或氧化等现象，这些都可能预示着蓄电池存在故障。 ③起动时发出咔嗒声：起动机转动声音微弱或只听到咔嗒一声响，但发动机并未起动，这也常常是由蓄电池电量不足或内部损坏导致的。
	汽车电源系统中发电机出现故障时，可能会出现以下5种现象： ①充电指示灯常亮：大部分汽车在仪表盘上都有充电系统指示灯或电池警告灯。当发电机不能正常向蓄电池充电时，该灯通常会亮起。 ②蓄电池电量持续下降：在发动机正常运转的情况下，蓄电池电量也无法得到有效补充，在行驶一段时间后，因电量耗尽而导致车辆无法起动。

③电气设备工作异常：车辆行驶中，灯光变暗，空调制冷效果减弱，音响系统音量减小，这可能是发电机输出电压不足或不稳造成的。

④发电机出现异常噪声：发电机在运行过程中发出异响。

⑤蓄电池过度充电或过热：发电机电压调节器失效，可能会导致蓄电池过度充电，造成蓄电池发热、电解液蒸发快、壳体鼓胀变形等现象。

三、任务实施

检查汽车电源系统

序号	作业项目	是否完成		作业记录
1	工位安全检查、车辆安全处置	是□	否□	正常□_____不正常□_____
2	个人防护、车辆内外防护	是□	否□	
3	检查蓄电池电压	是□	否□	正常□_____不正常□_____
4	检查蓄电池保险	是□	否□	正常□_____不正常□_____
5	检查发电机	是□	否□	正常□_____不正常□_____
6	查阅维修手册	是□	否□	
7	检查电源系统线路	是□	否□	正常□_____不正常□_____
8	故障确认、修复	是□	否□	正常□_____不正常□_____
9	故障复检	是□	否□	正常□_____不正常□_____
10	规范操作、落实"6S"制度	是□	否□	

五、任务评价

（一）技能评价表

序号	作业项目	考核内容	分值	得分
1	准备工作	检查施工环境安全	5	
		车辆防护	5	
		人员防护	5	
2	目视检查	检查线路连接	5	
		检查皮带张紧度	5	
		检查仪表盘指示灯	5	
3	检查蓄电池	检查静态电压	5	
		检查起动电压	5	
4	检查发电机	检查发电机输出电压	5	
		检查发电机输出电流	5	
5	检查保险丝	检查蓄电池保险	5	
		检查线路保险丝	5	
6	检查线路	检查线路	5	
7	故障修复	故障确认	5	
		故障修复	5	
8	施工复检	起动发动机检查工作性能	5	
9	作业记录	正确填写工单	5	
10	工位整理	"6S"检查	5	
11	安全生产	遵守安全操作规程	5	
		安全用电，无人身、设备事故	5	
	总分		100	

注：操作规范即得分，操作错误或未进行操作得0分。

（二）知识测评

1. 判断题

（1）发动机中高速运转时，只有发电机向全车用电设备供电。 （　　）

（2）发电机转速较低时，自身不能发电，需蓄电池供给发电机励磁绕组电流。 （　　）

（3）起动发动机，充电指示灯亮，说明发电机发电正常。 （　　）

（4）汽车电源系统电路主要由电源主供电电路、发电机励磁电路及充电指示灯控制电路组成。 （　　）

（5）汽车充电指示灯亮，表明蓄电池处于充电状态，发电机处于自励发电状态。

（　　）

2. 选择题

（1）下列关于调节器控制励磁电路的说法，不正确的是（　　）。

A. 调节器控制励磁过程是先他励后自励

B. 使发电机的输出电压保持在规定值

C. 发电机能够对外供电时，就可以将自身发的电供给励磁绕组

D. 调节器能够调节电流量，以免怠速时蓄电池放电

（2）汽车行驶过程中，充电指示灯亮，原因是（　　）。

A. 保险丝熔断　　　　　　　　　　B. 调节器故障

C. 发电机与蓄电池间线束连接不良　　D. 以上三项都有可能

（3）蓄电池和发电机在汽车上的连接方式是（　　）。

A. 串联连接　　　B. 并联连接　　　C. 独立连接　　　D. 以上都不是

（4）交流发电机采用的整流电路是（　　）。

A. 单相半波　　　B. 单相桥式　　　C. 三相半波　　　D. 三相桥式

（5）判断一个整流二极管好坏时，红表笔接其管壳，黑表笔接中心引线，测得的电阻值约为 9 Ω。对换表笔测得电阻为 ∞。请判断该二极管是否损坏及二极管是正极管还是负极管。（　　）

A. 否，负极管　　B. 是，正极管　　C. 否，正极管　　D. 是，负极管

（6）整流器的作用是把三相同步交流发电机产生的交流电转换成直流电输出，它一般用（　　）个硅二极管接成三相桥式全波整流电路。

A. 6　　　　　　B. 7　　　　　　C. 8　　　　　　D. 9

六、任务总结

（1）电源系统电路组成

①电源主供电电路。

②发电机励磁电路。

③充电指示灯控制电路。

（2）汽车电源主供电电路

①蓄电池供电：发动机起动时，蓄电池向全车供电。当发电机端电压低于蓄电池电压时，蓄电池向用电设备供电。当发电机出现超载时，蓄电池协助供电。

②发电机供电：发电机中高速运转（发电机端电压高于蓄电池）时，发电机向全车用电设备供电。

（3）汽车发电机励磁电路

①调节器控制励磁电路：他励电路、自励电路。

②微机控制励磁电路。

（4）充电指示灯控制电路

①利用交流发电机中性点电压通过继电器或电子控制器进行控制。

②利用二极管进行控制。

③利用发电机磁场二极管进行控制。

（5）汽车电源系统电路常见故障

汽车电源系统的常见故障主要有不发电、电源电流过小和电源电流过大等。

七、知识拓展

随着人们对汽车舒适性的追求，汽车电气设备及汽车电子控制系统的应用与日俱增，汽车线路的使用量也逐步增大。实践证明，50%以上的汽车电气（包括汽车电子控制系统）故障都与线路短路、断路有关。尤其是汽车线路短路故障，不只造成汽车电气设备无法正常工作，更是发生汽车自燃的最大诱因，给用车造成极大的安全隐患。

（一）汽车电路故障分析

汽车电路由电源（蓄电池）、熔断器、控制开关、用电设备（继电器视为用电设备）以及连接导线等组成。汽车线路短路是指汽车电路中的电流未流经用电设备而直接搭铁，因导线电阻很小可忽略不计，使得电路中的电流非常大，从而损坏电源或使导线过热发生火灾。

开关对电气设备的控制位置分两类：一类是开关控制用电设备电源线；另一类是开关控制用电设备搭铁线，如图 2-4-16 所示。

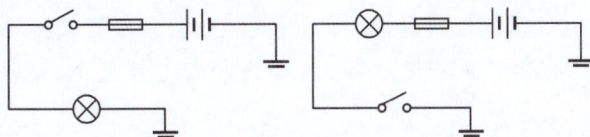

图 2-4-16　汽车主流电路控制类型

汽车电路中的短路故障主要分为 4 种，如图 2-4-17、表 2-4-4 所示。

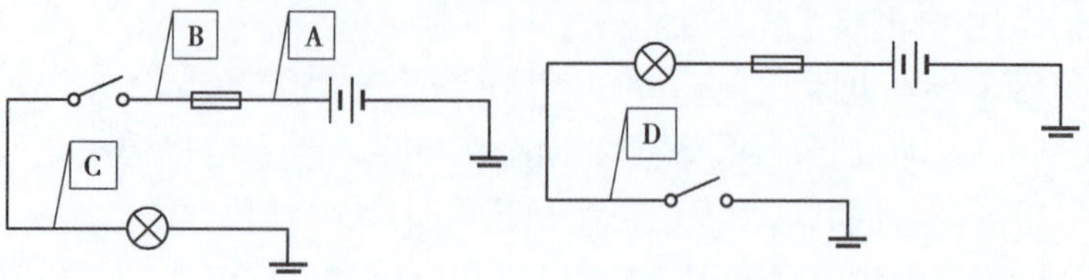

图 2-4-17　汽车线路短路故障分类

表 2-4-4　汽车线路短路故障分类

图注点	线路短路类型	常见故障现象
A	电路在熔断器前短路,A点对地短路	该用电设备不工作,且A点到蓄电池正极之间导线过热烧焦或烧毁
B	电路在熔断器后,控制开关或用电设备之前短路,B点对地短路	该用电设备不工作,且熔断器总烧断
C	电路在控制开关之后用电设备前短路,C点对地短路	开关一闭合,熔断器即烧断
D	电流流过用电设备,但尚未流过控制开关发生的短路,D点对地短路	用电设备不受开关控制,处于工作不停的状态

（二）线路短路

①车龄长的车辆或者距离高温零件较近的导线,容易因线路绝缘胶皮老化剥落,导致金属导线搭铁。

②线束固定不牢与金属车身或零件刮擦,破坏绝缘层。

③导线或插头进水,造成短路。

④加装或改装不当、使用截面积过小的导线,造成线路超负荷,电流过大引发过热、烧坏绝缘层,造成短路。

⑤外加电源(车上电焊)不当,造成半导体元件损坏,导致短路。

⑥酸碱等化学物质腐蚀,造成导线绝缘层损坏导致短路。

⑦导线插接器接触不良、搭铁点固定螺栓松动,造成局部过热烧坏绝缘层导致短路。

⑧进行汽车组装、装饰或维修时,挤破线路绝缘层会直接造成短路。

⑨随意使用加大限制电流的熔断器,造成线路中电流过大,烧坏线路绝缘层引发短路。

⑩事故造成汽车线束绝缘层的机械损坏等。

（三）故障诊断检查规律

当车辆出现用电设备工作不停,驾驶者嗅到橡胶焦煳味、看到冒烟等异常现象时,必须立即停车,关闭点火开关,并尽快断开蓄电池负极线,检查焦煳味的来源。如果发现产生明火,立即使用车载灭火器实施灭火,做好相关的事故预防工作。

当故障车辆进厂维修时,应按以下方法进行诊断和排除:

①对驾驶员进行问诊,确认故障现象。了解故障发生前的维修历史,判断是否因其他维修、加装改装不当造成本故障现象的可能性。

②遇到故障 A 时,应根据熔断器盒上的标识,判断是哪条线路出现故障。使用万用表欧姆挡,测量"熔断器至蓄电池正极"之间的导线与搭铁之间的电阻,应该为∞。否则,原因是该线路短路,应进行维修或更换。

③遇到故障 B 时,应根据熔断器盒上的标识,判断是哪条线路出现故障。确认"熔断器至蓄电池正极"之间导线没有烧焦痕迹。使用万用表欧姆挡,测量"控制开关至熔断器"之间的导线与搭铁之间的电阻,应该为∞。否则,原因是该线路对地短路,应进行维修或更换。

④遇到故障 C 时,应根据熔断器盒上的标识,判断是哪条线路出现故障。使用万用表检查用电设备电阻阻值,若过小,应更换该用电设备后,再进行故障确认。若阻值正常,则使用万用表欧姆挡,测量"控制开关至熔断器"之间的导线与搭铁之间的电阻,应该为 0。否则,原因是该线路短路,应进行维修或更换。

⑤遇到故障 D 时,使用万用表欧姆挡,检查"用电设备至控制开关"之间的导线与搭铁之间的电阻,应该为 0。否则,原因是该线路短路,应进行维修或更换。

维修之后,进行维修质量检查,确认故障彻底排除。多电路之间相互短路会影响对应的用电设备的工作,应根据以上方法,结合故障现象、车型电路图和线束布局图,找到汇合点,方能找到故障。

项目三　检修汽车起动系统

传统汽车发动机由静止状态到工作状态,必须使用外力转动发动机。使气缸内的可燃混合气燃烧膨胀,工作循环才能自动运行。曲轴在外力作用下开始转动,到发动机自动怠速运转的过程,被称为发动机的起动。现代混合动力汽车有别于传统车辆,起动机和发电机通常整合在一起,为一个电机总成,而且功率大,既可以起动车辆同时也可以发电。

学习目标

知识目标:

1. 能阐述汽车起动系统的组成和工作原理。
2. 能阐述起动系统电路的常规检修流程。

技能目标:

1. 能熟练使用工具和仪器,按照规范进行起动机部件的测量、故障诊断和更换。
2. 能在规定时间内完成汽车起动系统的检测,准确填写作业工单,执行规范的检查和修复作业。

素养目标:

1. 培养严谨、细致、系统的工作态度,通过实践操作积极践行工匠精神,提高专业素养。
2. 发展团队合作能力,确保作业过程的安全和高效,同时遵守安全操作要求,树立安全操作意识。
3. 培养爱国情怀、科技创新精神和社会责任感。

项目任务

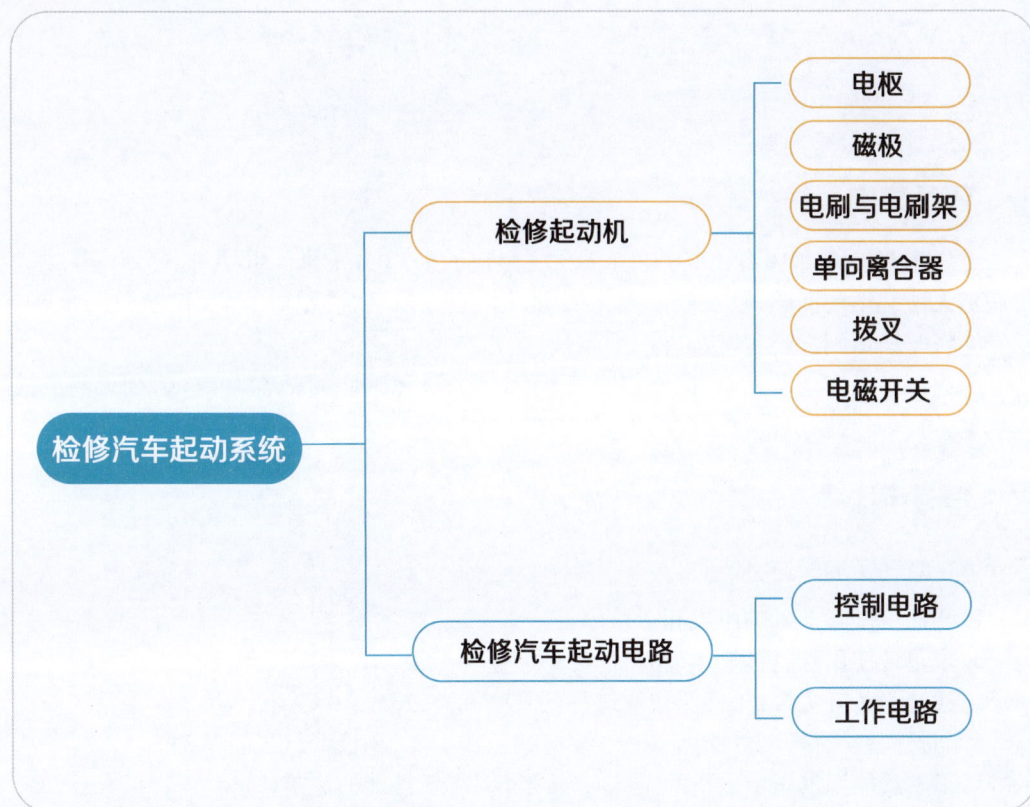

检修汽车起动系统
- 检修起动机
  - 电枢
  - 磁极
  - 电刷与电刷架
  - 单向离合器
  - 拨叉
  - 电磁开关
- 检修汽车起动电路
  - 控制电路
  - 工作电路

任务一　检修起动机

一、任务案例

王先生有一辆2016年买的汽车,至今已行驶了16.2万千米。近期,他遇到汽车发动机偶尔无法起动的问题,且在故障发生时起动机也没有任何反应。为了解决这一问题,王先生将车辆送到汽车4S店进行专业的检查和维修。

作为汽车维修技术人员,请你根据车辆维修手册和维修的基本原则,结合车辆的故障现象,对汽车起动机进行全面的检修。

二、学习目标

通过本任务的学习,应能:

1. 阐述汽车起动机的组成和工作原理。
2. 规范地使用工具,进行起动机部件的测量和更换。
3. 通过团队分工合作,确保作业过程的安全和高效。
4. 通过实践操作,培养严谨、细致、系统的工作态度,积极践行工匠精神。
5. 了解新能源汽车中电机的不同布局及其对车辆性能的影响。

学习重点:

1. 汽车起动机的常见故障和检查方法。
2. 汽车起动机规范检修和更换作业。

三、知识准备

（一）汽车起动系统的组成

汽车起动系统由蓄电池、起动机、点火开关、起动继电器、导线等元件组成,如图3-1-1所示。起动机是起动系统的核心部件。

（二）起动机的作用

起动机的作用就是将蓄电池的电能转化为机械能,通过飞轮齿圈带动发动机曲轴转动,从而起动发动机,完成起动任务后立即停止工作。

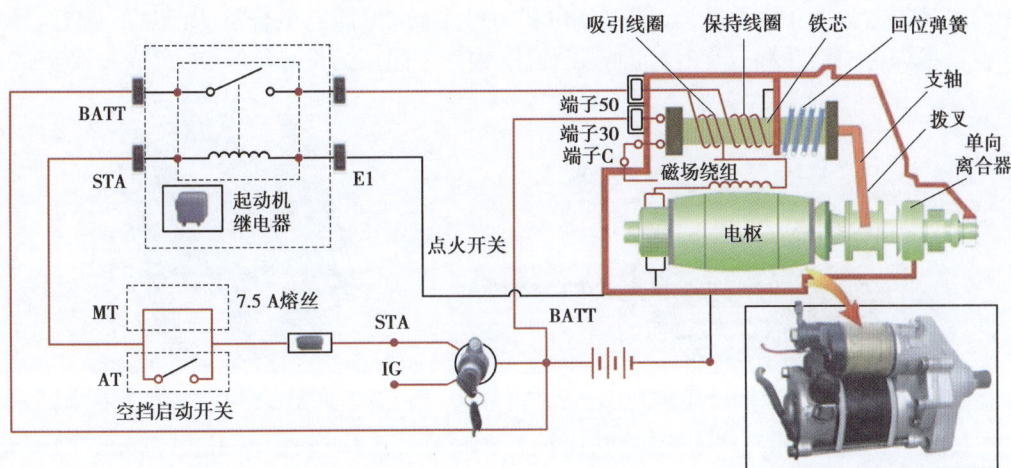

图 3-1-1　汽车起动系统

（三）起动机的结构

起动机由串励直流电动机、传动机构和控制装置 3 个部分组成,如图3-1-2 所示。

起动机结构

1. 串励直流电动机

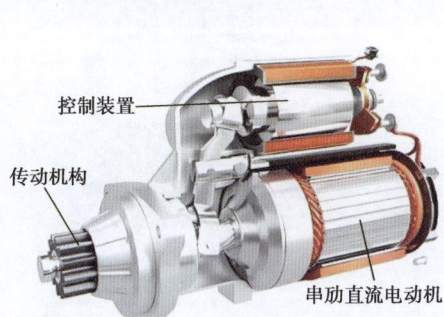

串励直流电动机是起动机最主要的组成部件,其作用是将蓄电池的电能转换为机械能,产生转矩。起动机就是由传动机构、控制装置、直流电动机等构成,如图 3-1-3 所示。

串励直流电动机

图 3-1-2　起动机结构示意图

图 3-1-3　串励直流电动机组成

①电枢:主要由电枢轴、电枢绕组、换向器、铁芯等组成,其作用是产生电磁转矩,如图 3-1-4 所示。电枢铁芯由硅钢片叠成后固定在轴上,铁芯外围均开有线槽,用以放置电枢绕组。为了得到较大的转矩,需尽可能提高电枢电流(200～600 A),因此,电枢绕组都是用较粗的矩形裸铜线绕制而成,在铜线与铁芯之间、铜线与铜线之间用绝缘纸隔开。电枢绕组的两端均匀地焊在换向片上。电枢绕组用波绕法,与每一绕组两端相连接的换向片相隔 90°。这种绕法的电阻较低,有利于提高转矩。

由电动机的工作原理可知,换向器的作用是改变电流方向,在直流电机中,电枢绕组中的电流方向需要不断改变,才能保证电机持续运转,保证电枢绕组所产生的转矩方向不变。换向器由铜片和云母片相间叠压而成,铜片之间用云母片绝缘。

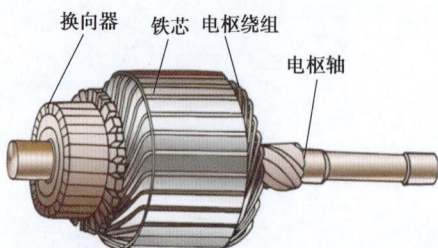

图 3-1-4　电枢

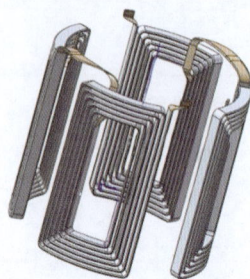

图 3-1-5　磁极绕组

②磁极绕组:作用是产生磁场,它由铁芯和励磁绕组构成,如图 3-1-5 所示。为增大磁场强度,大多数起动机采用 4 个磁极。通过螺栓将磁极铁芯固定在电动机的外壳上。励磁绕组也是采用矩形粗铜线绕制而成的(电流达到 200 ~ 600 A)。由于励磁绕组与电枢绕组串联,故这种电动机称为串励直流电动机。

③电刷与电刷架:作用是将电流引入电动机,使电枢产生定向转矩。电刷用铜和石墨粉压制而成,有利于减小电阻及增加耐磨性。电刷装在电刷架中,借弹簧压力压在换向器上。电动机内装有 4 个电刷,其中 2 个电刷直接搭铁,称为搭铁电刷,如图 3-1-6 所示。

图 3-1-6　电刷与电刷架

图 3-1-7　单向离合器

2.传动机构

起动机的传动机构由驱动齿轮、单向离合器、拨叉、啮合弹簧等组成,安装在起动机轴的花键部分。起动时,传动机构使驱动齿轮沿起动机轴花键槽外移与飞轮齿圈啮合,将电动机产生的力矩通过飞轮传递给发动机曲轴,使发动机起动。起动后,飞轮转速提高,将通过驱动齿轮带动电动机轴高速旋转,引起电动机超速。因此,在发动机起动后,传动机构应使驱动齿轮与电动机脱开,防止电动机超速。

传动机构

常用的传动机构有滚柱式、弹簧式和摩擦片式等。

①单向离合器:传动机构中,组成和工作情况比较复杂的是单向离合器,它的作用是传递电动机转矩,起动发动机,而在发动机起动后自动打滑,保护起动机电枢,从而不致于超速"飞车",如图 3-1-7 所示。

单向离合器

②拨叉:作用是使离合器做轴向移动,将驱动齿轮啮入和脱离飞轮齿环,如图 3-1-8 所示。汽车上采用的拨叉有机械式拨叉和电磁式拨叉两种。

图 3-1-8　拨叉传动机构

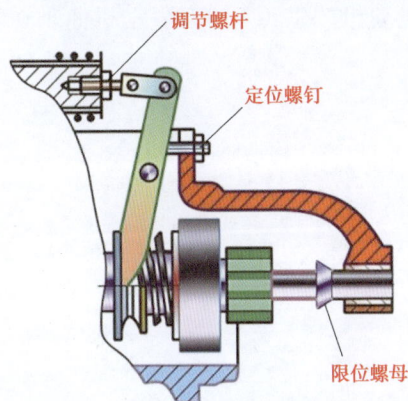

图 3-1-9　控制装置

3. 控制装置

控制装置也称电磁开关,其作用是接通或切断电动机与蓄电池之间的电路,控制起动机驱动齿轮与发动机飞轮齿圈啮合,控制起动机主电路(电流为 200 ~ 600 A)的导通,如图 3-1-9 所示。在有些汽车上,还具有接入和隔除点火线圈附加电阻的作用。

①电磁开关:主要由吸引线圈、保持线圈、活动铁芯、接触片等组成,如图 3-1-10 所示。其中,吸引线圈与电动机串联,保持线圈与电动机并联,直接搭铁。活动铁芯一端通过接触盘控制主电路的导通,另一端通过拨叉控制驱动齿轮与飞轮的啮合。在起动机电磁开关上有三个接线柱:主接线柱(接蓄电池的起动电缆线)、起动接线柱(接点火开关起动挡或起动继电器)、点火线圈附加电阻短路接线柱(接点火线圈)。

电磁开关

图 3-1-10　电磁开关组成

②电磁开关工作原理。

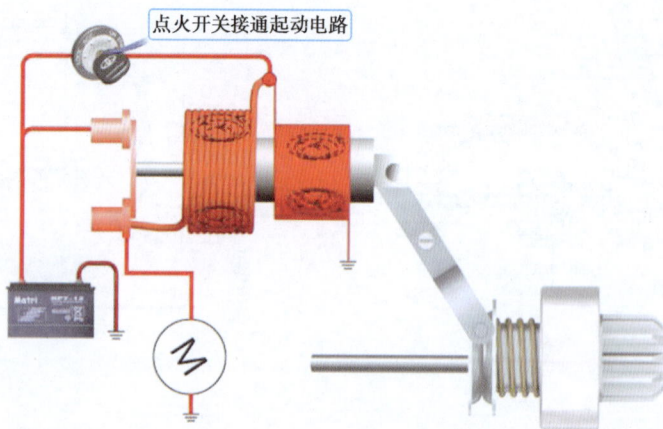

起动瞬间：当点火开关置于"START"位置时，接通吸引线圈和保持线圈电路。此时吸引线圈和保持线圈产生的磁场方向相同，活动铁芯在电磁力的作用下克服弹簧的作用被吸入，同时带动拨叉将驱动齿轮推出，使驱动齿轮与发动机飞轮齿圈啮合。在它们完全啮合时，接触片与各触点接触，电动机主电路接通，将蓄电池的电引向电动机马达，电动机产生转矩带动发动机曲轴运转，如图 3-1-11 所示。

图 3-1-11 电磁开关起动瞬间工作状态

起动过程：主电路接通后，接触片将吸引线圈短路，而保持线圈仍有电流，且回路不变。此时在保持线圈的作用下，电磁开关仍保持在吸合位置上，起动机继续通电运转，如图 3-1-12 所示。

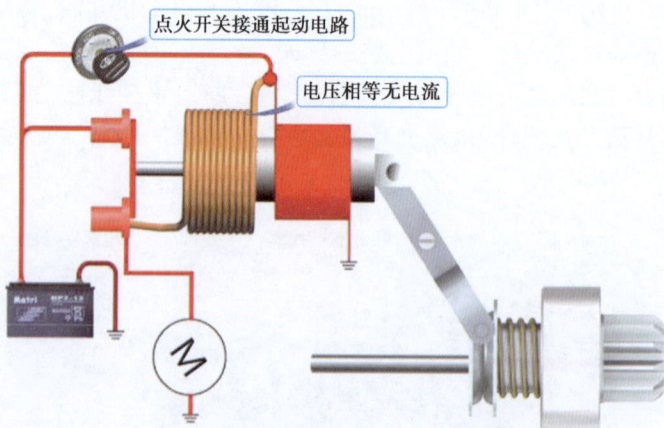

图 3-1-12 电磁开关起动过程工作状态

起动后：点火开关回到"ON"位置，吸引线圈和保持线圈中的电流方向相反，所以吸引线圈和保持线圈产生的磁场方向相反而相互抵消。活动铁芯在复位弹簧的作用下退回原位。接触片退回时切断了起动机的主电路，拨叉将处于打滑状态的离合器拨回原位，齿轮脱离啮合，起动机停止工作，如图 3-1-13 所示。

起动电路断开

反向电流消磁

M

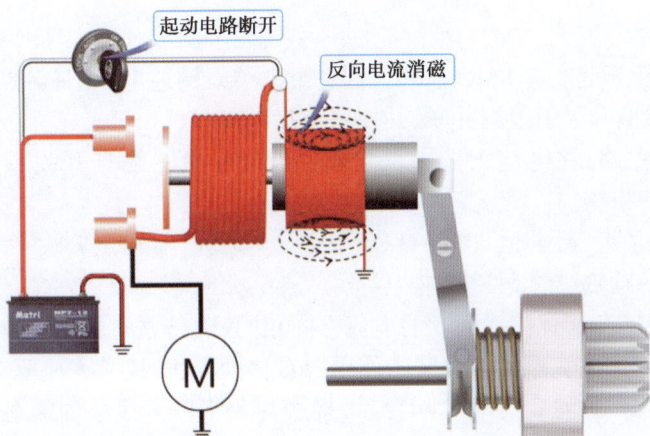

图 3-1-13　电磁开关起动后工作状态

（四）起动机工作原理

当点火开关置于"START"位置时,拨叉推动驱动齿轮与发动机的飞轮啮合,接触片接通,蓄电池为起动机供电。直流电动机中有电流通过,磁极产生磁场,转子部分在磁场作用下,将电能转变为机械能,即产生电磁转矩,起动发动机。

起动机工作原理

当点火开关置于"ON"位置时,电磁开关中电磁吸力相互抵消,接触片断开,电动机电路断开,停止起动,如图 3-1-14 所示。

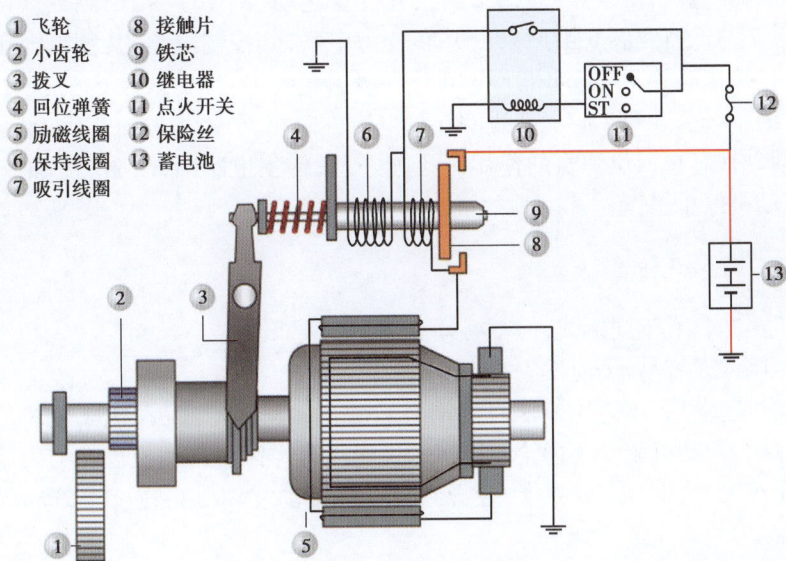

① 飞轮　　⑧ 接触片
② 小齿轮　⑨ 铁芯
③ 拨叉　　⑩ 继电器
④ 回位弹簧　⑪ 点火开关
⑤ 励磁线圈　⑫ 保险丝
⑥ 保持线圈　⑬ 蓄电池
⑦ 吸引线圈

图 3-1-14　起动机工作原理

1. 起动前

将点火开关置于起动"START"位置,起动继电器线圈通电,使其触点开关闭合,电磁开关通电,保持线圈和吸引线圈并联,其控制电路为:

①保持线圈电路:蓄电池正极→保险丝→起动继电器触点开关→起动机 50 接线柱→保持线圈 6→搭铁。

②吸引线圈电路:蓄电池正极→保险丝→起动继电器触点开关→起动机 50 接线柱→吸引线圈 7→励磁线圈 5→搭铁。

此时,吸引线圈 7 与保持线圈 6 的电流方向相同、磁场方向相同,活动铁芯在两个线圈磁场力的共同作用下克服回位弹簧的作用向右移动,通过拨叉 3 使驱动齿轮 2 与发动机飞轮啮合。当驱动齿轮 2 与飞轮啮合后,接触片 8 将主接线柱内侧触头接通,于是起动机的主电路接通(电流为 200~600 A)。

③起动主电路:蓄电池正极→起动机 30 接线柱→接触片 8→起动机 C 接线柱→串励直流电动机 5→搭铁。此时,直流电动机产生电磁转矩,通过单向离合器带动曲轴旋转,起动发动机。

2. 起动中

在接触片 8 接通主电路之前,由于电流经吸引线圈 7 到励磁绕组与电枢绕组,所以电枢产生了一个较小的电磁转矩,使驱动齿轮 2 在缓慢旋转状态下与飞轮平稳啮合。主电路接通后,吸引线圈 7 被短路,活动铁芯的位置由保持线圈 6 产生的磁吸力来保持。

3. 起动后

单向离合器打滑,松开点火开关,点火开关从起动(START)挡回到点火(ON)挡,这时吸引线圈 7 与保持线圈 6 由原来的并联变为串联,其控制电路为:蓄电池正极→起动机 30 接线柱→接触片 8→起动机 C 接线柱→吸引线圈 7→保持线圈 6→搭铁。

此时,由于吸引线圈 7 与保持线圈 6 的电流方向相反,磁场方向相反,磁吸力相互抵消,因此,活动铁芯在回位弹簧的作用下迅速左移,使主电路断开,驱动齿轮 2 与飞轮脱离啮合,起动机停止工作。

（五）对起动机的要求

起动机虽然具有不同形式,但都必须满足下列要求。

①齿轮啮入要容易,不应发生冲击。

②发动机起动后,小齿轮应能自动滑转或脱出,不得再与发动机飞轮齿环啮合。在发动机工作时,起动机驱动小齿轮不能啮入飞轮齿环。因为起动机齿轮与发动机飞轮齿环的转速比很大,为 15:1 或更大,会导致发动机带动起动机高速旋转,造成起动机"飞车"事故。

③组成简单,工作可靠。能否带动发动机迅速、方便、可靠地起动,是评价起动机性能好坏的重要指标。

（六）起动机常见故障

①接通起动机开关后，起动机高速旋转而发动机曲轴无反应。这种现象表明故障发生在起动机的传动机构上，这有可能是传动齿轮或单向离合器磨损造成的。

②起动机无法正常工作，驱动齿轮不转。引发这种现象的原因有很多，如电源线出现问题、起动开关接触盘烧蚀以及发动机阻力过大等。

③起动机动力输出不足，无法带动曲轴。励磁线圈短路和蓄电池亏电均可引发起动机动力不足。

④起动机运转声音刺耳。这有可能是单向离合器卡死或起动机安装不当造成的。

⑤起动机开关时有"嗒嗒"的声音，但是不工作。保持线圈断线或蓄电池严重亏电都会导致这种现象。

（七）检查起动机

起动机的检查分为解体检查和不解体检查两种，解体检查随解体过程一同进行，不解体检查可以在拆卸之前或装复以后进行。

1.起动机不解体检查

在进行起动机的解体之前，最好进行不解体检查，通过不解体的性能检查大致可以查找故障。起动机组装完毕之后应进行性能检查，以保证起动机正常运行。

起动机不解体检查步骤如下：

①吸引线圈性能测试。

②保持线圈性能测试。

③驱动小齿轮复位测试。

④空载测试。

2.起动机解体检查步骤

①检查直流电动机。

②检查传动机构。

③检查电磁开关。

四、任务实施

（一）实施方案

1.质量要求

参照厂家的质量标准和维修手册要求。

2.组织方式

每6位同学1组，按照企业岗位的操作标准，参照厂家维修手册，依据"1+X"证书考核标准，规范地完成汽车起动机检查作业。每组作业时间为120 min。

3.技术要求与标准

①车辆安全:确保车辆处于驻车状态,挡位处于P挡(自动挡)或空挡(手动挡),拉起手刹,熄火并关闭所有用电设备。

②环境安全:在通风良好的环境下作业,远离易燃易爆物品,防止电气火花引燃。

③断电操作:在检查电路或拆装电起动机时,应先断开蓄电池负极,防止短路或意外起动。

④操作安全:进行汽车起动机空载测试检查时,应严格遵守安全操作规程,防止出现短路,确认起动机固定良好。

⑤设备安全:起动机空载测试中,让起动机连续运转的时间不宜过长,以免过热导致电机或轴承损坏,通常建议每次测试持续时间不超过15 s。

4.设备器材

①场地:理实一体化教室。

②设备:实训车辆、汽修工具套装、工具车、万用表、垃圾桶等。

③安全防护:车轮挡块、室内三件套、车外保护垫、灭火器等。

④耗材:干净抹布。

（二）操作步骤

1.准备工作

①检查工作环境安全,安装车轮挡块,做好个人安全防护。

②打开车门,做好车内防护,罩好"三件套"。打开机舱盖,铺设翼子板防护垫。拉紧驻车制动手柄,换挡杆置于P挡(自动挡)或空挡(手动挡)。

2.拆卸起动机

①断开蓄电池负极电缆,如图3-1-15所示。

拆卸起动机

图3-1-15 断开蓄电池负极电缆

②拆卸散热器上空气导流板。

③分离线束卡夹,拆下发动机上部固定螺栓。

④断开线束连接器,拆下端子盖,如图3-1-16所示。

⑤拆下起动机端子30固定螺母,并断开端子30,如图3-1-17所示。

⑥拆下起动机下部固定螺栓并取下起动机总成。

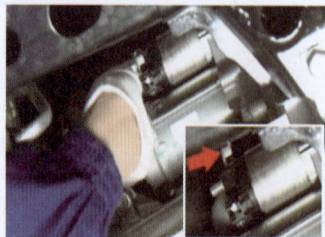

图3-1-16 拆下端子盖

图3-1-17 拆下固定螺栓

3. 检查起动机总成

（1）起动机吸引测试

①从端子 C 断开励磁线圈引线。

②将蓄电池正极连接至电磁开关端子 50，将端子 C 及壳体连接蓄电池负极，检查并确认小齿轮向外移动，如图 3-1-18 所示。

如果离合器小齿轮不移动，则更换磁力开关总成。

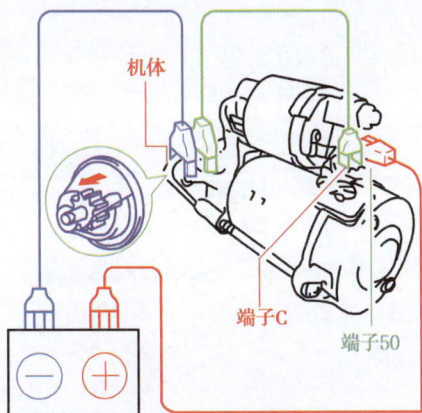

图 3-1-18　吸引测试

图 3-1-19　保持测试

（2）起动机保持测试

在吸引测试的基础上将电缆从端子 C 断开后，检查并确认小齿轮不朝内回位，如图 3-1-19 所示。

若离合器小齿轮回位，则更换磁力开关总成。

（3）起动机无负载操作测试

①连接励磁线圈引线至端子 C，紧固扭矩为 10 N·m。

②将起动机夹在台钳中。

③将蓄电池、电流表连接到起动机上，如图 3-1-20 所示。记录检查数据并与标准数据比对，如表 3-1-1 所示。

图 3-1-20　无负载操作测试

表 3-1-1　标准电流

检查端子	检查条件	标准数据
蓄电池正极端子—端子 30、端子 50	11.5 V	小于 90 A

若检查结果不符合标准，则更换起动机总成。

4.拆解起动机

（1）拆卸电磁开关总成

①拆下螺母，断开电磁开关总成引线。

②从起动机驱动端壳总成上拆下固定螺母。

③拉出电磁开关总成，并在提起电磁开关总成前部时，从驱动杆和磁力起动机开关总成上松开铁芯挂钩，如图 3-1-21 所示。

（2）拆卸磁轭总成

①拆下起动机磁轭固定螺钉，将起动机磁轭和起动机换向器端架总成一起拉出。

②从起动机换向器端架总成上拉出起动机磁轭总成，如图 3-1-22 所示。

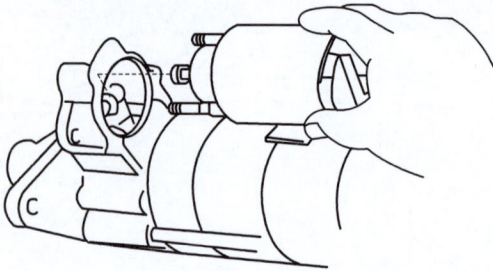

图 3-1-21　拉出电磁开关总成

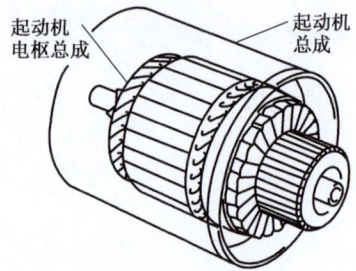

图 3-1-22　拉出起动机磁轭总成

（3）拆卸电枢总成

从起动机磁轭总成上拆下起动机电枢总成，如图 3-1-23 所示。

（4）拆卸起动机电枢板

从起动机驱动端壳总成或起动机磁轭总成上拆下电枢板。

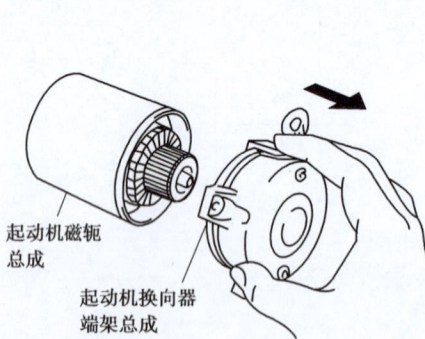

图 3-1-23　拆卸电枢总成

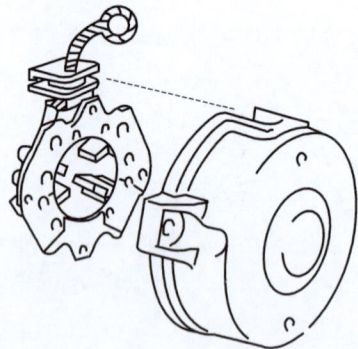

图 3-1-24　拆卸电刷架总成

（5）拆卸电刷架总成

①从起动机换向端架总成上拆下固定螺钉。

②拆下卡夹卡爪，然后从起动机换向器端架总成上拆下电刷架总成，如图 3-1-24 所示。

（6）拆卸行星齿轮

从起动机中间轴承离合器分总成上拆下 3 个行星齿轮，如图 3-1-25 所示。

起动机小齿轮驱动杆

橡胶密封件

起动机中间轴承离合器分总成

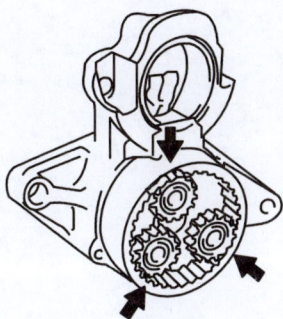

图 3-1-25　拆卸行星齿轮

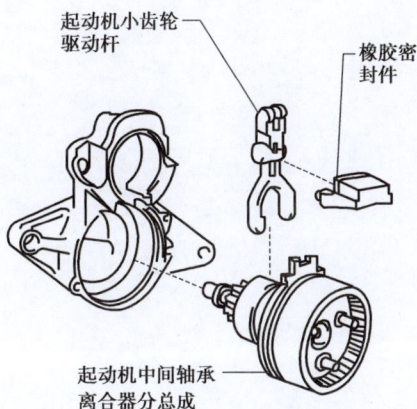

图 3-1-26　拆卸单向离合器总成

（7）拆卸单向离合器分总成

①从起动机驱动端壳总成上拆下带起动机小齿轮驱动杆的起动机单向离合器。

②拆下起动机单向离合器分总成、橡胶密封件和起动机小齿轮驱动杆，如图 3-1-26 所示。

5.检查起动机单元

（1）检查电磁开关

①检查铁芯：推入铁芯，检查并确认其是否能够迅速回位到初始位置。如有必要，更换电磁开关总成，如图 3-1-27 所示。

②检查吸引线圈：将万用表置于欧姆挡，检查端子之间的电阻，如图 3-1-28 所示。记录检查数据并与表 3-1-2 所示的标准数据比对，若不符合标准要求，则需更换电磁开关总成。

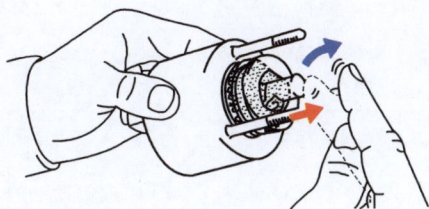

端子C

端子50

图 3-1-27　检查电磁开关

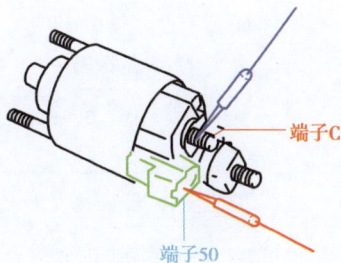

图 3-1-28　检查并吸引线圈短路

表 3-1-2　标准电阻

检查端子	检查条件	标准数据
端子 50—端子 C	—	小于 1 Ω

③检查保持线圈：将万用表置于欧姆挡，检查端子之间的电阻，如图 3-1-29 所示。记录检查数据并与表 3-1-3 所示的标准数据比对，若不符合标准要求，则需更换电磁开关总成。

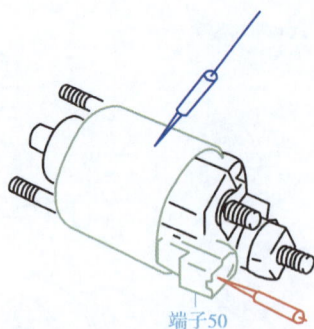

图 3-1-29　检查保持线圈断路　　　　　图 3-1-30　检查云母片

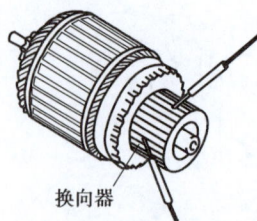

端子50

换向器

表 3-1-3　标准电阻

检查端子	检查条件	标准数据
端子50—电磁开关壳体	—	小于 2 Ω

（2）检查电枢总成

①检查换向器是否断路。

使用万用表检查换向器云母片间的电阻,如图 3-1-30 所示。记录检查数据并与表 3-1-4 所示的标准数据比对,若不符合标准要求,则需检修或更换起动机电枢总成。

表 3-1-4　标准电阻

检查端子	检查条件	标准数据
云母片—云母片	—	小于 1 Ω

②检查换向器是否搭铁短路。

使用万用表检查换向器和电枢铁芯间的电阻,记录检查数据并与表 3-1-5 所示的标准数据比对,若不符合标准要求,则需检修或更换起动机电枢总成。

表 3-1-5　标准电阻

检查端子	检查条件	标准数据
换向器—电枢	—	10 kΩ 或更大

③检查外观。

如果表面脏污或烧坏,用砂纸（400 号）在车床上修复表面。

④检查换向器的径向跳动。

换向器放在 V 形块上,使用百分表,测量换向器径向跳动,记录检查数据并与表 3-1-6 所示的标准数据比对,如果径向跳动大于最大值,则更换起动机电枢总成。

表 3-1-6　换向器径向跳动标准

检查端子	检查条件	标准数据
换向器径向跳动	—	标准:0.02 mm
		最大:0.05 mm

⑤测量换向器直径。

使用游标卡尺测量换向器的直径,记录检查数据并与表 3-1-7 所示的标准数据比对,如果检查数据小于最小值,则更换起动机电枢总成。

表 3-1-7　换向器直径标准

检查端子	检查条件	标准数据
换向器直径	—	标准:29.0 mm
		最小:28.0 mm

(3)检查起动机电刷架总成

①拆下弹簧卡爪,然后拆下 4 个电刷。

②测量电刷长度。

使用游标卡尺测量电刷长度,如图 3-1-31 所示。记录检查数据并与表 3-1-8 所示的标准数据比对,如果检查数据小于最小值,则更换起动机电刷架总成。

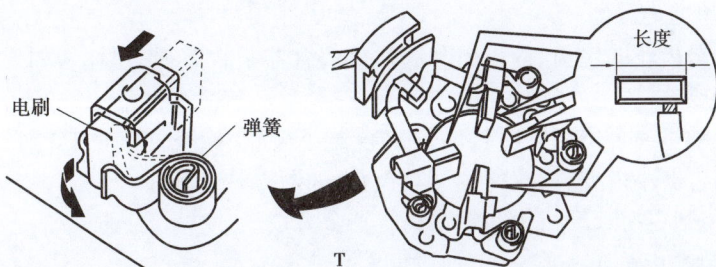

电刷　　弹簧　　长度

T

图 3-1-31　测量电刷

表 3-1-8　电刷长度标准

检查端子	检查条件	标准数据
电刷长度	—	标准:14.4 mm
		最小:9.0 mm

③检查电刷架。

使用万用表分别测量电刷架 A、B、C、D 4 个端子间的电阻,如图 3-1-32 所示。记录检查数据并与表 3-1-9 所示的标准数据比对,如果检查数据不符合标准,则更换起动机电刷架总成。

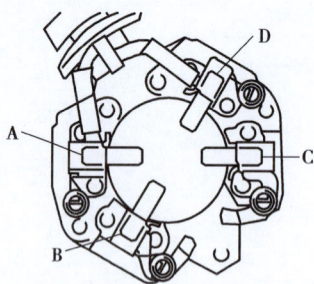

图 3-1-32　检查电刷架

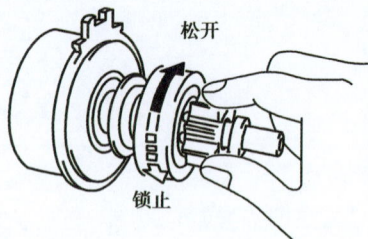

图 3-1-33　检查起动机离合器

表 3-1-9　标准电阻

检查端子	检查条件	标准数据
A—B		10 kΩ 或更大
A—C		10 kΩ 或更大
A—D		小于 1 Ω
B—C	—	小于 1 Ω
B—D		10 kΩ 或更大
C—D		10 kΩ 或更大

（4）检查单向离合器

①检查行星齿轮的轮齿、内齿轮和起动机离合器是否磨损、损坏。如果损坏，更换齿轮或离合器总成。

②检查起动机离合器。顺时针转动离合器小齿轮，检查并确认其能自由转动；尝试逆时针转动离合器小齿轮，检查并确认其锁止，如图 3-1-33 所示。

如有必要，则更换起动机中间轴承离合器分总成。

6. 组装起动机总成

（1）安装单向离合器分总成

图 3-1-34　安装行星齿轮

①将润滑脂涂抹到起动机小齿轮驱动杆与起动机小齿轮驱动杆的起动机枢轴的接触部分。

②将起动机小齿轮驱动杆和橡胶密封件安装至起动机单向离合器分总成。

③将起动机单向离合器和起动机小齿轮驱动杆一起安装至起动机驱动端壳总成。

（2）安装行星齿轮

①在行星齿轮和行星轴销部位涂抹润滑脂。

②安装 3 个行星齿轮，如图 3-1-34 所示。

（3）安装起动机电刷架总成

①安装电刷架。

②用螺丝刀抵住电刷弹簧，并将4个电刷安装到电刷架上。

③将密封垫插在正极（+）和负极（-）之间。

（4）安装起动机换向器端盖总成

①将电刷架卡夹装配到起动机换向器端架总成上。

②用固定螺钉安装换向器端架，紧固扭矩：1.5 N·m。

（5）安装起动机电枢总成

①将橡胶件对准起动机磁轭总成的凹槽。

②将带电刷架的起动机电枢安装到起动机磁轭总成上。

注意事项

支撑起动机电枢，以防起动机磁轭总成的磁力将其从起动机电刷架中拉出。

（6）安装电枢板

①将起动机电枢板安装至起动机磁轭总成。

②安装起动机电枢板，使键槽位于键A和键B之间，如图3-1-35所示。

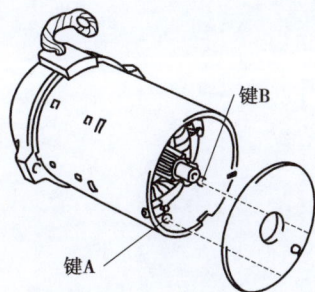

图3-1-35 安装起动机电枢板

图3-1-36 将磁轭键对准键槽

（7）安装磁轭总成

①将起动机磁轭键对准位于起动机驱动端壳总成上的键槽，如图3-1-36所示。

②用固定螺钉安装起动机磁轭总成，紧固扭矩：6.0 N·m。

（8）安装磁力起动机开关总成

①在铁芯挂钩上涂抹润滑脂。

②将磁力起动机开关总成的铁芯从上侧接合到驱动杆上。

③用固定螺母安装磁力起动机开关总成，紧固扭矩：7.5 N·m。

④将引线连接至磁力起动机开关，然后用螺母紧固，紧固扭矩：10 N·m。

7. 安装起动机总成

①安装起动机总成:

a. 用固定螺栓安装起动机总成,扭矩:37 N·m,如图 3-1-37 所示。

b. 连接起动机连接器,用螺母连接端子 30,合上端子盖。螺母紧固扭矩:9.8 N·m。

c. 用螺栓安装线束支架,安装线束卡夹。螺栓紧固扭矩:8.4 N·m。

安装起动机

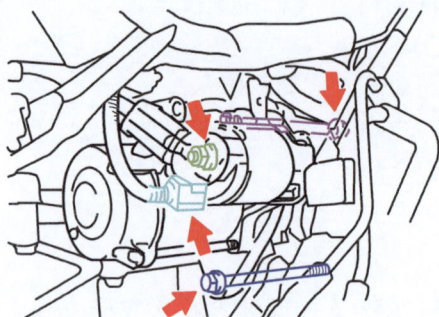

图 3-1-37　安装起动机总成

②安装散热器上空气导流板。

③连接蓄电池负极端子。

8. 复检

通过以上步骤的检查与维修,工作结束时,进行维修质量的验证,起动车辆,检查车辆运行是否正常。

9. 工位复位

①收起机舱翼子板防护垫,盖好机舱罩盖,收起车内防护套。

②整理工位和工具,清扫场地,实施"6S"检查。

（三）作业工单

专　业		班　级	
姓　名		学　号	
小组成员		组长姓名	

　　汽车起动机是汽车起动系统的核心组件，它的主要职责是向发动机提供初始动力，帮助发动机从静止状态顺利过渡到能够自行运转的状态。起动机的性能直接影响到车辆是否能够顺利起动。作为汽车维修专业人员，必须掌握起动机的结构组成、工作原理等相关知识，能准确地检查常见故障和更换起动机。

　　请结合"1+X"职业技能等级证书考核标准，完成对汽车起动机故障的检查，以及更换起动机。

二、获取信息

图示	信息获取
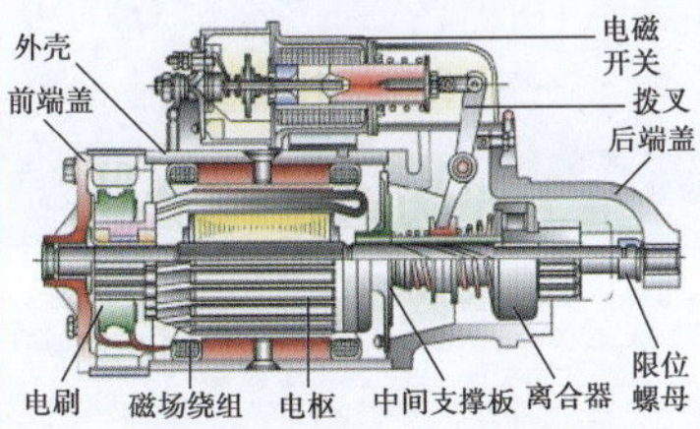	包括外壳、前端盖、后端盖、拨叉、电磁开关、电枢、磁场绕组、电刷、中间支撑板、离合器和限位螺母。
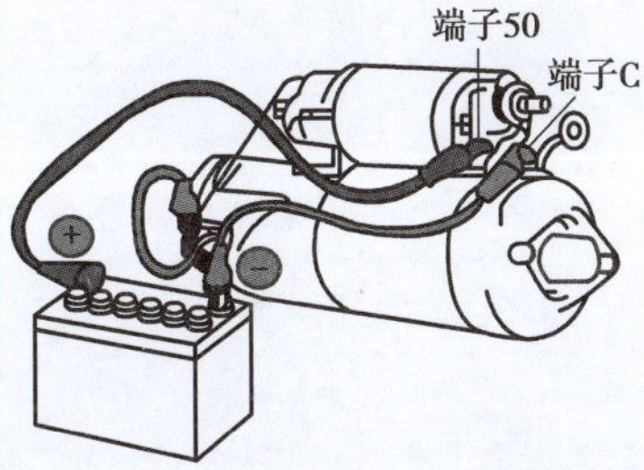	吸引线圈性能测试： ①断开"C"端子引线。 ②蓄电池"+"与50端子连接。 ③"C"端子与壳体连接蓄电池"−"端子。 ④观察起动机驱动齿轮是否推出。
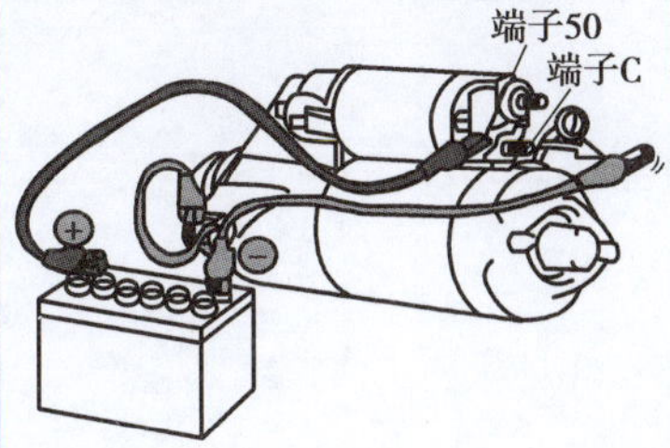	保持线圈性能测试： ①在吸引线圈性能测试基础上，断开"C"端子与蓄电池"−"端子连接。 ②观察驱动齿轮是否保持推出状态。 ③"C"端子与壳体连接蓄电池"−"端子。

空载测试：
①固定起动机。
②连接导线。
③检查起动机并确定其平稳运转，同时驱动齿轮应移出。
④读取安培表的数值，确定其符合标准值。
⑤断开端子 50 后，起动机应立即停止转动，同时驱动齿轮缩回。

(a) 检查励磁绕组两电刷之间　(b) 检查励磁绕组和定子外壳

检查磁场绕组：
①用万用表测量励磁绕组两电刷之间时，应导通。
②用万用表测量励磁绕组和定子外壳时，不应导通。

不导通　　导通

①检查电枢绕组是否对搭铁短路：使用万用表，测量换向器和电枢铁芯的电阻，若不符合 10 kΩ 或更大，就更换起动机电枢总成。
②检查换向器是否断路：使用欧姆档测量电枢绕组和云母片间的电阻，标准电阻小于 1 Ω，若不符合标准，则更换起动机。

三、任务实施

检查与更换起动机

序号	作业项目	是否完成	作业记录
1	工位安全检查、车辆安全处置	是□　否□	正常□_____不正常□_____
2	个人防护、车辆内外防护	是□　否□	
3	拆装起动机	是□　否□	正常□_____不正常□_____
4	起动机吸引测试	是□　否□	正常□_____不正常□_____
5	起动机保持测试	是□　否□	正常□_____不正常□_____
6	起动机空载测试	是□　否□	正常□_____不正常□_____
7	拆装起动机	是□　否□	
8	检查电磁开关	是□　否□	正常□_____不正常□_____
9	检查电枢总成	是□　否□	正常□_____不正常□_____
10	检查电刷	是□　否□	正常□_____不正常□_____
11	规范操作、落实"6S"制度	是□　否□	

五、任务评价

（一）技能评价表

序号	作业项目	考核内容	分值	得分
1	准备工作	检查施工环境安全	5	
		车辆防护	5	
		人员防护	5	
2	拆装起动机	拆卸起动机	5	
		安装起动机	5	
3	检查电磁开关	测试吸引线圈	10	
		测试保持线圈	10	
		测试空载性能	10	
4	检查电枢总成	检查外观	5	
		检查换向器	5	
5	检查起动机电刷架	检查电刷长度	5	
		检查电刷架	5	
6	施工复检	起动发动机检查工作性能	5	
7	作业记录	正确填写工单	5	
8	工位整理	"6S"检查	5	
9	安全生产	遵守安全操作规程	5	
		安全用电,无人身、设备事故	5	
总分			100	

注:操作规范即得分,操作错误或未进行操作得0分。

（二）知识测评

1.判断题

（1）起动机在主电路接通后,保持线圈短路。　　　　　　　　（　）

（2）起动机投入工作时,应先接通主电路,然后再使齿轮啮合。　（　）

（3）起动机的直流电动机的作用是将机械能转换为电能。　　　（　）

（4）发动机起动后应马上松开点火开关，切断起动挡。 （　　）

（5）起动机中换向器的作用是将直流电变为交流电。 （　　）

（6）起动机空载试验持续时间不得超过 5 s。 （　　）

（7）汽车起动机采用并励式直流电动。 （　　）

（8）起动系统主要包括起动机和控制电路两个部分。 （　　）

2. 选择题

（1）起动机中串励直流电动机所起的作用是（　　）。

A. 电能转化为机械能　　　　　　　　B. 机械能转化为电能

C. 电能转化为化学能　　　　　　　　D. 热能转化为电能

（2）串励直流起动机中的串励是指（　　）。

A. 吸引线圈和保持线圈串联连接　　　B. 励磁绕组和电枢绕组串联连接

C. 吸引线圈和电枢绕组串联连接　　　D. 励磁绕组和电枢绕组混联连接

（3）起动机控制机构，吸引线圈与起动机（　　），保持线圈与起动机（　　）。

A. 串联、并联　　　　　　　　　　　B. 并联、串联

C. 综合连接、综合连接　　　　　　　D. 混联、混联

（4）起动机的转子称为"电枢"，其作用是（　　）。

A. 产生磁场　　　B. 产生电磁转矩　　　C. 产生电能　　　D. 产生机械能

（5）（　　）的作用是利用驱动齿轮啮入发动机飞轮齿圈，将直流电动机的电磁转矩传递给曲轴并及时切断曲轴与电动机之间的动力传递，防止曲轴反转。

A. 直流电动机　　　　　　　　　　　B. 起动系统的传动机构

C. 起动系统的控制装置　　　　　　　D. 电枢

（6）在使用起动机时应注意每次起动时间应不超过（　　）s。

A. 15　　　　　　B. 5　　　　　　C. 10　　　　　　D. 60

（7）起动机的直流电动机是由定子、转子、换向器、电端盖等组成，其中产生电磁转矩的是（　　）。

A. 定子　　　　　B. 转子　　　　　C. 换向器　　　　D. 电端盖

（8）汽车起动机（　　）的作用是将蓄电池输入的电能转化为机械能，产生电磁转矩。

A. 直流电动机　　B. 传动机构　　　C. 控制装置　　　D. 电刷

（9）汽车起动机上（　　）的作用是接通或切断起动机与蓄电池之间的主电路，并驱动小齿轮进入或退出啮合。

A. 电动机　　　　B. 传动机构　　　C. 装置控制　　　D. 保险

（10）起动机空转的原因之一是（　　）。

A. 蓄电池亏电　　B. 单向离合器打滑　　C. 电刷过短　　　D. 电刷过长

（11）在判断起动机不能运转的过程中，在车上短接电磁开关端子 30 和端子 C 时，起动机不运转，说明故障在（　　）。

A. 起动机的控制系统中　　　　　　　B. 起动机本身

C. 不能进行区分　　　　　　　　　　D. 继电器

六、任务总结

(1)起动机的作用

起动机的作用就是将蓄电池的电能转化为机械能,通过飞轮齿圈带动发动机曲轴转动,从而起动发动机,完成起动任务后立即停止工作。

(2)起动机的组成

起动机由串励直流电动机、传动机构和控制装置3个部分组成。

(3)起动机工作原理

①起动时控制电路为:

保持线圈电路:蓄电池正极→保险丝→起动继电器触点开关→起动机50接线柱→保持线圈6→搭铁。

吸引线圈电路:蓄电池正极→保险丝→起动继电器触点开关→起动机50接线柱→吸引线圈7→励磁线圈5→搭铁。

起动主电路为:蓄电池正极→起动机30接线柱→接触片8→起动机C接线柱→直流串励式电动机5→搭铁。

②起动后控制电路为:蓄电池正极→起动机30接线柱→接触片8→起动机C接线柱→吸引线圈7→保持线圈6→搭铁。

(4)对起动机的要求

①齿轮啮入要容易,不应发生冲击。

②发动机起动后,小齿轮应能自动滑转或脱出,不得再与发动机飞轮齿环啮合。

③组成简单,工作可靠。

(5)起动机常见故障

①接通起动开关后,起动机高速旋转而发动机曲轴无反应。

②起动机无法正常工作,驱动齿轮不转。

③起动机动力输出不足,无法带动曲轴。

④起动机运转声音刺耳。

⑤起动机开关时有"嗒嗒"的声音,但是不工作。

(6)检查起动机

①起动机不解体检查:吸引线圈性能测试、保持线圈性能测试、驱动小齿轮复位测试、空载测试。

②起动机解体检查:检查直流电动机,检查传动机构,检查电磁开关。

七、知识拓展

在新能源汽车,特别是混合动力汽车(混动车)和纯电动汽车(纯电车)领域,我们经常能听到P0、P1、P2、P3、P4电机等术语,如图3-1-38所示。这些名词代表了电动机在车辆传动系统中的不同位置和功能。这个位置的标识是按照电机距离发动机的远近以及它在动力传递路线中的顺序来定义的。P0位于发动机前端,作为发电机使用;P1位于发动机和离合器之间,作为智能启动驱动发电机;P2是独立的电机,可单独驱动车辆;P3位于变速箱末端;P4 作为后轮驱动电机。不同架构的电机具有不同的功能和应用,混合利用技术可提高整车性能。

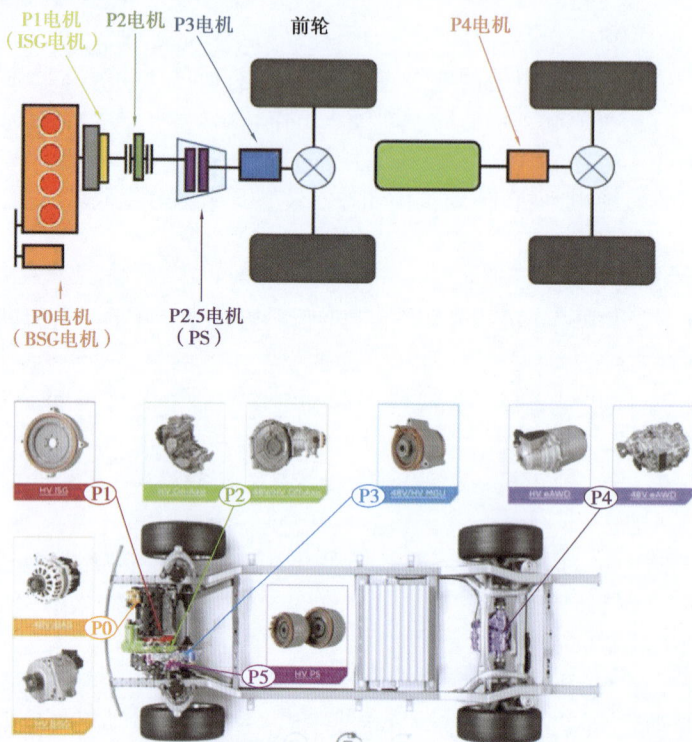

图 3-1-38　新能源汽车电机

（一）P0 电机

P0 电机,也被称为 BSG 电机,如图 3-1-39 所示。

①安装位置:在发动机的前端附件驱动系统上,通过皮带和发动机关联。

②主要作用:实现发电、发动机启动与自动启停功能,不参与驱动,P0 电机还具有制动能量回收发电的能力。

③工作原理:P0 电机代替了传统逆变器的位置,通过皮带和发动机曲轴联动,带动曲轴转动可以辅助发动机起动,带动空气压缩机转动。发动机运转时,P0 电机可以发电给电池充电。

图 3-1-39　新能源汽车 P0 电机

④优点:简化发动机配件,使发动机组成更紧凑,可以辅助发动机起动,越过低转速抖动区域打火,更省油,更平顺,更安全。

⑤缺点:因为通过皮带柔性连接发动机曲轴,所以电机的工作效率有限,能量损失较大,并且不能单独驱动汽车。

(二)P1电机

P1电机,也被称为ISG电机,如图3-1-40所示。

①安装位置:位于发动机和变速箱之间,离合器之前。

②主要作用:代替传统飞轮的位置,和发动机共用同一个曲轴,集成在发动机上。

③工作原理:P1和P0电机工作原理差不多,区别就是P1电机是和发动机共用同一个曲轴,将曲轴作为转子,集成在发动机上,通过曲轴机械刚性连接。

④优点:因为和发动机刚性连接,所以传输效率比较高,不仅可以辅助发动机起动,还可以给发动机提供动力辅助,提高动力扭矩,增加驾驶操控感,还可以实现更高的动能回收,更加安全。

⑤缺点:因为代替飞轮的位置,所以要做得很薄,并且因为P1电机都有比较好的扭矩输出,所以要做得比较大,制造成本会比较高,并且也不能单独驱动汽车。

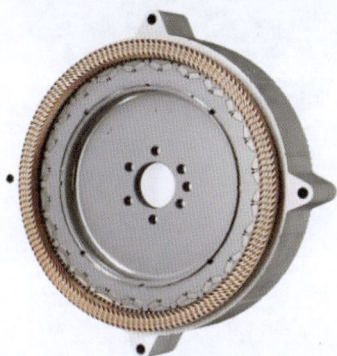

图 3-1-40　新能源汽车 P1 电机　　　　图 3-1-41　新能源汽车 P2 电机

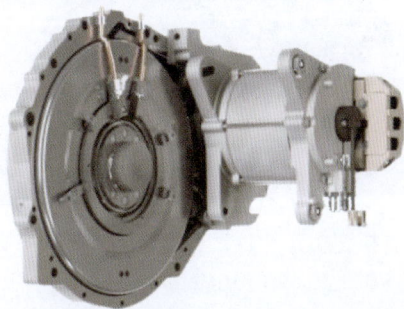

(三)P2电机

P2电机,如图3-1-41所示。

①安装位置:P2电机在位置上和P1电机其实很相似,也很接近,它是位于发动机和变速箱之间,不同的是,P2电机前后都有离合器,也就是发动机—离合器—P2电机—离合器—变速箱。

②主要作用:通过两个离合器,可以使P2电机和发动机实现并联,通过离合器分离实现P2电机单独驱动车辆,也可以对发动机起到辅助的作用。

③优点:可以实现单独驱动车辆,也可以切断发动机单独实现动能回收。因为发动机和P2电机可以单独转动,所以存在传动比,电机可以不需要太大的扭矩就可以实现对发动机提供动力辅助和驱动车辆的效果,所以电机的体积可以做得小一点儿,制造成本就会少很多。电机的工作效率相比P1、P0电机也高了很多,更省油。

④缺点：当 P2 电机纯电驱动车辆时，没办法做到动能回收，所以在工作效率上还有限制。

（四）P3 电机

P3 电机，如图 3-1-42 所示。

①安装位置：在变速箱后端，和发动机同一个输出轴，共同对车辆做功。

②工作原理：P3 电机在输出轴的末端，所以它是和发动机共同做功，因为在离合器后方，也是可以实现和发动机分离的效果，可以单独驱动车辆。

③优点：因为在输出轴末端，所以在动力驱动方面是最直接的，效率高于前面的几种电机，在动力输出和动能回收的效率上也很高。

④缺点：因为 P3 电机要和车轴连接，所以没办法作为起动发电机，而且 P3 电机没办法集成到变速箱里，所以要占用其余的空间。

图 3-1-42　新能源汽车 P3 电机

图 3-1-43　新能源汽车 P4 电机

（五）P4 电机

P4 电机，如图 3-1-43 所示。

①安装位置：一般和发动机不在同一个输出轴上，大部分是驱动无动力的轮子，在新能源汽车布局中，放在后桥上。

②工作原理：直接驱动车桥或者轮子。

这几种电机布局也是目前各大厂家会采用的布局，有的是 P0+P3 布局，有的是 P0+P4 布局，还有 P1+P3 布局。不同厂家会采用不同的布局，所以就会出现很多的混动组成，如丰田双擎混动 PHEV、比亚迪 DM 系统、吉利雷神混动等，每个厂家都有不同的组成布局。

任务二　检修汽车起动电路

一、任务案例

李先生准备驾驶自己的汽车去上班,出现了发动机无法起动的异常情况,起动机也没有任何反应。李先生简单地检查了车辆其他电气设备的功能,测试了汽车喇叭,确认是正常工作。于是李先生将车辆送到附近的汽车4S店,进行全面的检查和维修。

作为汽车维修技术人员,请你根据车辆维修手册和维修的基本原则,结合车辆的故障现象,对汽车起动系统进行全面的检修。

二、学习目标

通过本任务的学习,应能:

1. 阐述汽车起动系统电路的组成和工作原理。
2. 在规定时间内完成对汽车起动系统的检测,准确填写作业工单。
3. 掌握安全操作要求,养成严格遵守安全规章制度的习惯,树立安全操作意识。
4. 树立严谨的工作态度和工匠精神,提高专业素养。
5. 培养爱国情怀、科技创新精神和社会责任感。

学习重点:

1. 汽车起动系统电路的组成和工作原理。
2. 汽车起动系统的常见故障和检查方法。

三、知识准备

(一)起动系统电路的组成

汽车起动系统电路的基本组成主要有蓄电池、熔断器、继电器、点火开关、驻车/空挡开关、起动机等,如图3-2-1所示。

(二)识读起动系统电路

点火开关打到起动挡(START挡),电流从蓄电池正极出发分两路:一路是控制电路;另一路是工作电路。

1.控制电路

蓄电池正极→控制电路的电流经保险丝(7.5 A)→点火开关2#→点火开关1#→中间插接器→驻车与空挡位置开关→起动继电器1#→起动继电器线圈→起动继电器线圈

图中标注：

2　AM1　ST1　1　(*2)　(*2)　52　B31　START

AM1　AM1　ST1

AL T

7　AM2　ST2　8

点火开关E4

(*1)

4

L　B
P
N
5　B88
驻车挡/空挡
位置开关

FI MAIN

1　B8

5　3

2

B4　1　ST　1　离合器踏板
开关A5

1　2

(*1)

M

起动机

48　A50　START

蓄电池

*1：手动传动桥
*2：自动传动桥

ECM

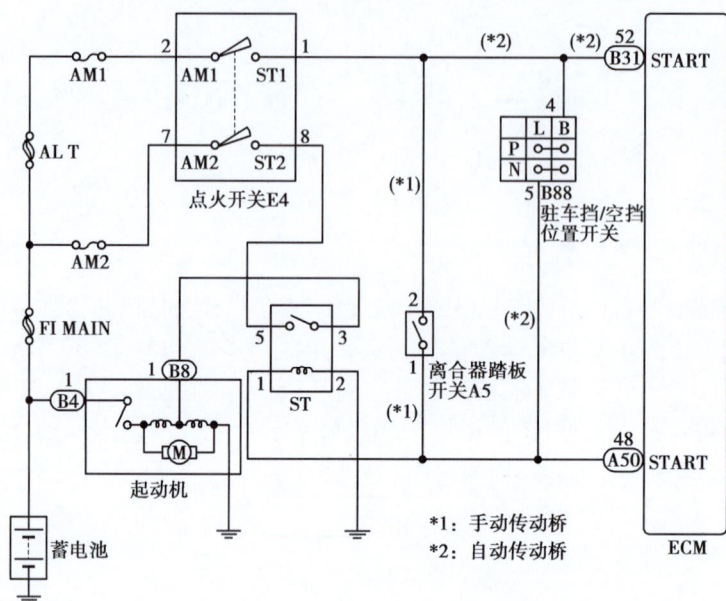

图 3-2-1　起动系统电路原理图

2#→接地 E1→蓄电池负极,形成回路。此时起动继电器线圈通电,电流产生磁场使继电器开关闭合,起动继电器3#与5#导通。

系统继电器开关闭合后:蓄电池正极→工作电路的电流经保险丝(30 A)→点火开关7#→点火开关8#→起动继电器5#→起动继电器3#→起动机 B8(一路:经吸引线圈→接地→蓄电池负极。另一路:经保持线圈→接地→蓄电池负极),形成回路,起动机运转。

2. 工作电路

蓄电池正极→起动机 B4→电磁开关→起动机→起动机接地→蓄电池负极。此时起动机得电起动。

（三）汽车电路故障的检修方法

请按照以下步骤检查电路故障。

①确认故障现象:为了正确进行维护,首先需要确认客户(车辆修理负责人)说明的故障现象,再现故障内容。仔细检查相关部件,确认并记录故障现象。在故障范围和故障原因尚未确定之前,请勿分解零件。

②电路图识读及原因分析:根据相关电气系统电路图分析、判断故障部件从电源到接地的整个电路,查找故障原因,了解电气系统的工作原理。可能需要检查与故障电路通用的其他电路,例如,在电路图中参考保险丝、接地、开关等通用系统电路。如果公共电路中的其他部件正常工作,则故障出在自己的电路上。公共电路上的部件全部故障时,公共保险丝或搭铁有问题。

③检查电路及部件:参考电路图时,请与维修手册结合使用,参考维修手册中的电气系统说明,了解系统的工作原理,并参考维修手册中的电路和部件检查步骤。对于有控

制模块的电路,可以首先使用诊断仪测试部件并给出结果,有效的故障诊断应该是一个逻辑分析过程。

④故障维修:找到故障原因后,参考电路图和维修手册中故障处理方法的描述维修故障电路和部件。

⑤确认电路的动作:修理结束后,为了确认故障已经排除,应再次进行检查。如果是保险丝熔断故障,则检查该保险丝的所有连接电路。

（四）起动系统常见故障现象

起动系统常见故障有:起动机不转动、运转乏力、空转。

1. 起动机不转动

(1)故障现象:点火开关转到起动位置或按下起动按钮,起动机不转动。

(2)故障原因分析:

①电源故障。蓄电池亏电或内部损坏,蓄电池导线与蓄电池接线柱接触不良,蓄电池火线与起动机接线柱连接松动,蓄电池搭铁线接触不良或连接松动,蓄电池导线断路等。

②控制线路故障。保险丝、起动继电器、空挡开关或点火开关故障,导线断路、短路、搭铁。

③起动机故障。电磁开关触点烧蚀引起接触不良,电磁开关线圈断路、短路、搭铁,电枢轴弯曲或轴承过紧,换向器脏污或烧坏,电刷磨损过短、弹簧过软、电刷在架内卡住与换向器不能接触,电枢绕组或励磁绕组断路、短路、搭铁。

④电子控制单元故障。

2. 起动机运转乏力

(1)故障现象:起动时,起动机能带动曲轴旋转,但表现出运转无力,起动转速低且不稳,发动机不能起动。

(2)故障原因分析:

①电源故障。蓄电池存电不足,电源导线接头松动、脏污,接触不良。

②起动机故障。电磁开关触点、接触盘烧蚀接触不良;电磁开关线圈局部短路;换向器表面烧蚀、脏污;电刷磨损过多,弹簧过软,使电刷与换向器接触不良;电枢绕组或磁场绕组局部短路,使起动机功率下降;电枢轴弯曲、轴承间隙过大,导致转子与定子碰擦;起动机轴承过紧,转动阻力过大。

3. 起动机空转

(1)故障现象:接通点火开关起动挡,起动机只是高速空转,不能带动发动机运转。

(2)故障原因分析:单向离合器打滑或损坏。拨叉变形或拨叉连动机构松脱。起动机驱动齿轮与飞轮齿圈之间的行程调整不当,或驱动齿轮不能自由活动。电磁开关铁芯行程太短。起动机驱动齿轮或发动机齿圈严重磨损或打坏。

四、任务实施

（一）实施方案

1. 质量要求

参照厂家的质量标准和维修手册要求。

2. 组织方式

每 6 位同学 1 组，按照企业岗位的操作标准，参照厂家维修手册，依据"1+X"证书考核标准，规范地完成汽车起动系统的检查作业。每组作业时间为 120 min。

3. 技术要求与标准

①车辆安全：确保车辆处于驻车状态，挡位处于 P 挡（自动挡）或空挡（手动挡），拉起手刹，熄火并关闭所有用电设备。

②环境安全：在通风良好的环境下作业，远离易燃易爆物品，防止电气火花引燃。

③断电操作：在检查电路或拆装电起动机时，应先断开蓄电池负极，防止短路或意外起动。

④操作安全：进行汽车起动机空载测试检查时，应严格遵守安全操作规程，防止出现短路，确认起动机固定良好。

⑤设备安全：起动机空载测试中，起动机连续运转的时间不宜过长，以免过热导致电机或轴承损坏，通常建议每次测试持续时间不超过 15 s。

4. 设备器材

①场地：理实一体化教室。

②设备：实训车辆、汽修工具套装、工具车、万用表、垃圾桶等。

③安全防护：车轮挡块、室内三件套、车外保护垫、灭火器等。

④耗材：干净抹布。

（二）操作步骤

1. 查阅维修手册

查阅维修手册，分析起动系统电路图，查找故障原因和可能出现故障的部件，如图 3-2-2 所示。

2. 前期准备

（1）检查工作环境安全，安装车轮挡块，做好个人安全防护。

（2）打开车门，做好车内防护，罩好"三件套"。打开机舱盖，铺设翼子板防护垫。拉紧驻车制动手柄，换挡杆置于 P 挡（自动挡）或空挡（手动挡）。

蓄电池　蓄电池

30 A AM2　7.5 A AM1

2　2

①　1(2F)

W

E4 点火开关

ACC IG1 ST1

1(AE1)

AM1　2　Y

AM2　IG2 ST2

1　11 W (AE3)　W

7　8

A45(A) A46(B) 连接器

6(B) 5(B) 2(A)

W (M/T)

W (M/T)　W (A/T)　W

2(AE3)　19(AE3)

W

启动继电器

5　5

5　1

3　2

5　5

L

2(AE3)

W (A/T)

4

B88 驻车挡/空挡位置开关

B　L

R

N

A5 离合器启动开关

4(AE1)

L

(BA2)

L

62(4A)

37(4A)

W-B

1(B)

B

①(A)

蓄电池

B4(A)、B8(B) 起动机

1(2S)

17(2E)

W-B

E1

W-B

LG

LG

LG

LG (M/T)

LG (A/T)

2(Ba2)

5

LG (A/T)

LG

10(AE3)

W

6(BA2)

W

52(B)

START

A50(A) B31(B) ECM START

48(A)

LG

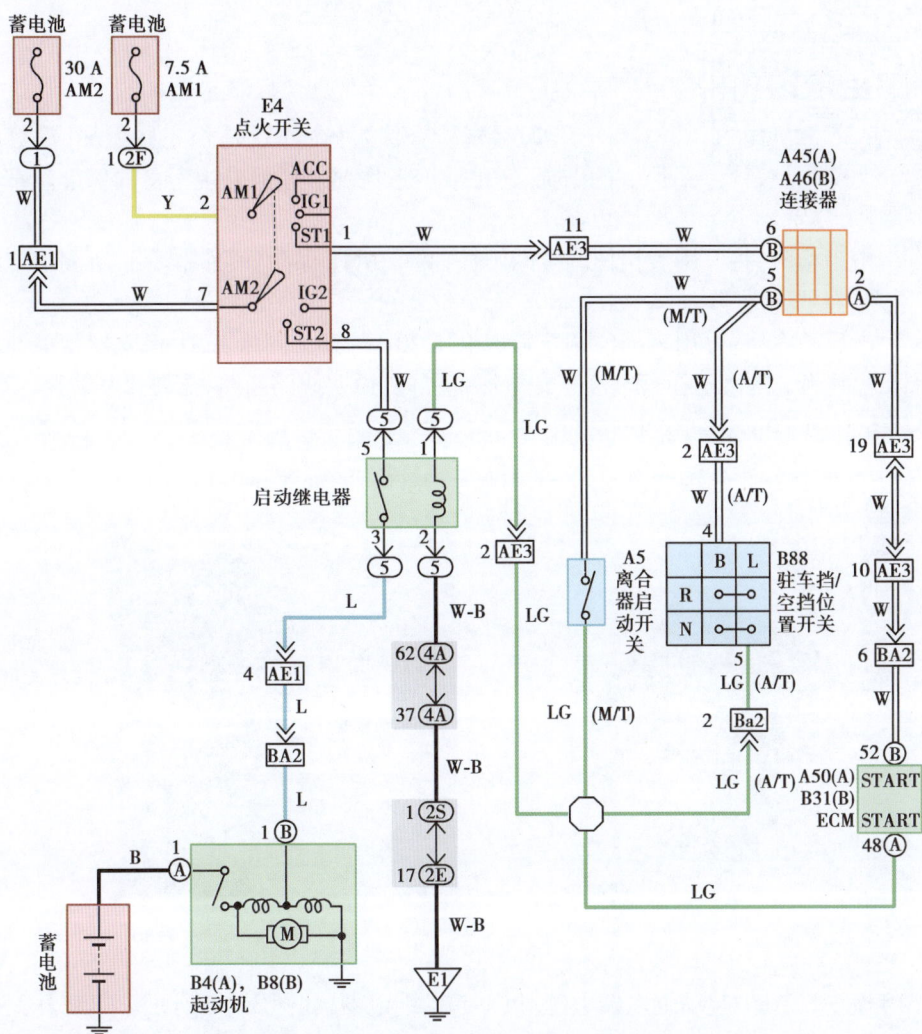

图 3-2-2　起动系统电路图

3. 检查蓄电池

（1）外观检查：打开发动机舱盖检查蓄电池壳体是否有裂纹、电解液渗漏现象，如果有，则更换蓄电池。检查蓄电池正负极柱是否有腐蚀物，如果有，用铜丝刷子清洁。检查蓄电池电缆接头与连接柱、连接导线有无松动，如有，应紧固或更换电缆接头。

（2）检查蓄电池电压：将万用表挡位调至直流电压 20 V 挡位，测量蓄电池电压，若所测电压值不在蓄电池正常电压范围内，则需要充电。蓄电池电压值正常为：11.8～12.8 V。

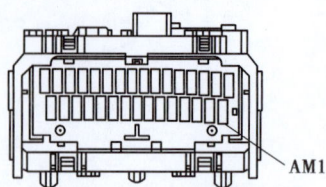

图 3-2-3　AM1 保险丝位置

4.检查 AM1 保险丝

从仪表板接线盒上拆下 AM1 保险丝,如图 3-2-3 所示。

(1)目视检查保险丝:外观是否完好无损,没有明显的破损、锈蚀或变形情况。任何外观不良的保险丝都需要更换。

(2)电阻检测:将万用表挡位调至欧姆挡,测量 AM1 保险丝两端电阻,所测值应小于 1 Ω,否则需要更换保险丝。

(3)电压检查:将万用表挡位调至直流电压 20 V 挡位,测量 AM1 保险丝蓄电池端插座电压,若所测电压值不在蓄电池正常电压范围内,说明线路断路,需要修复线路。

5.检查 START 起动继电器及电路

取下并安装在 5 号接线盒内的 START 起动继电器,如图 3-2-4 所示。

图 3-2-4　起动继电器

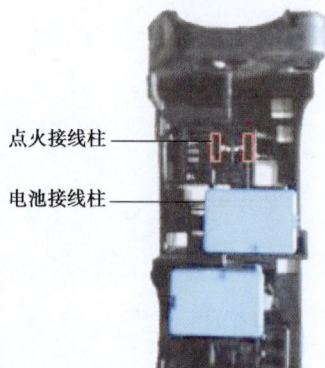

图 3-2-5　起动 START 继插座

(1)检查 START 起动继电器电源:拔下起动继电器,如图 3-2-5 所示。起动开关打到 START 挡位,测量 START 继电器 30 号端插座与车身搭铁电压,若所测电压值不在正常电压范围内,则应检查线束。蓄电池电压值正常为: 9 ～ 14 V。

(2)检查 START 起动继电器:用万用表测量 START 起动继电器端子 30、87 之间的电阻,如图 3-2-6 所示。参见表 3-2-1,如果电阻不符合规定,说明 START 起动继电器损坏,需要更换 START 起动机继电器。

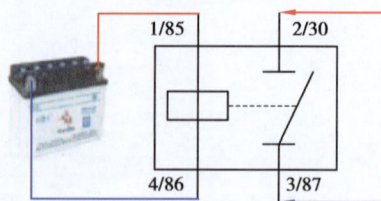

图 3-2-6　检查 START 继电器

表 3-2-1　标准数据

端子号	条件	规定状态
30—87	在端子 85 和 86 之间不施加蓄电池电压	10 kΩ 或更大

端子号	条件	规定状态
30—87	在端子 85 和 86 之间施加蓄电池电压	小于 1 Ω
85—86	—	79 Ω 左右

（3）检查 START 起动继电器线路：检查 START 起动继电器 87 号插座与车身搭铁线路电阻应在 1 Ω 左右。如果电阻不符合规定，说明线路断路，需要修复线路。

断开驻车/空挡位置开关连接器，如图 3-2-7 所示。

检查继电器 30 号插座与 B88-5 号端线路电阻应小于 1 Ω。如果电阻不符合规定，说明线路断路，需要修复线路故障。

检查继电器 30 号插座、B88-5 号端与车身搭铁之间线路电阻是否大于 10 kΩ。如果电阻不符合规定，说明线路短路，需要修复线路。

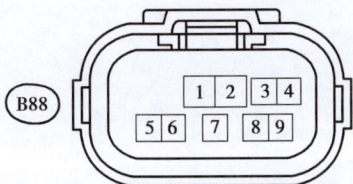

图 3-2-7　驻车/空挡位置开关连接器

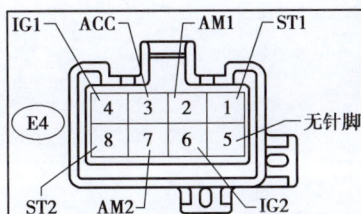

图 3-2-8　点火开关端插接器

6. 检查点火开关总成

（1）检查点火开关到继电器的线路：检查点火开关与蓄电池之间的线路和点火开关与起动继电器之间线路电阻是否小于 1 Ω。

（2）检查点火开关：点火开关上的插接器接头端子编号，如图 3-2-8 所示，测量该开关各端子间的电阻，应符合表 3-2-2 所示标准。若检查电阻不符合规定，则应更换点火开关总成。

表 3-2-2　标准数据

端子号	开关状态	规定状态
所有端子之间	LOCK	10 kΩ 或更大
AM1（E4-2）—ACC（E4-3）	ACC	小于 1 Ω
AM1（E4-2）—ACC（E4-3）	ON	小于 1 Ω
AM1（E4-2）—IG1（E4-4）		
IG2（E4-6）—AM2（E4-7）		

续表

端子号	开关状态	规定状态
ST1（E4-1）—AM1（E4-2）	START	小于 1 Ω
ST1（E4-1）—IG1（E4-4）		
IG2（E4-6）—AM2（E4-7）		
IG2（E4-6）—ST2（E4-8）		

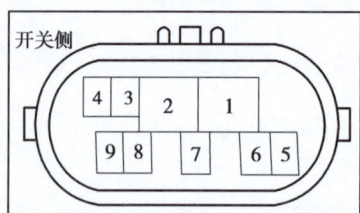

图 3-2-9　驻车/空挡开关端子

7. 检查驻车/空挡开关

（1）检查开关：驻车/空挡开关插接器开关侧的端子编号，如图 3-2-9 所示。断开驻车/空挡开关的插接器，检查端子 4、5 之间的情况，应符合表 3-2-3 所示标准。若检查电阻不符合标准，则应更换驻车/空挡开关。

表 3-2-3　标准数据

端子号	条件	规定状态
4—5	P/N	小于 1 Ω
4—5	非 P/N	大于 10 kΩ

（2）检查空挡开关到点火开关线路。

检查 B88-4 号端与 E4-1（ST1）端之间线路，电阻应小于 1 Ω，如图 3-2-10 所示。

检查 B88-4 号端与 E4-1（ST1）端与车身搭铁之间的阻值应大于 10 kΩ。

8. 复检

通过以上步骤的检查与维修，工作结束时，进行维修质量的验证，起动车辆，检查车辆运行是否正常。

9. 工位复位

（1）收起机舱翼子板防护垫，盖好机舱罩盖，收起车内防护套。

（2）整理工位和工具，清扫场地，实施"6S"管理。

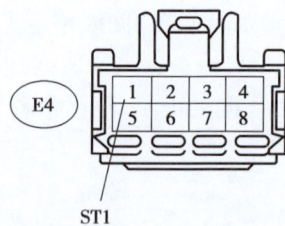

图 3-2-10　点火开关线束端插接器

（三）作业工单

专　　业		班　　级	
姓　　名		学　　号	
小组成员		组长姓名	

　　起动系统的作用是将蓄电池的电能转换为机械能，以驱动发动机顺利起动。这一系统涵盖了多个关键部件，任何一个部件的故障都可能阻断起动机的正常运作。因此，作为专业的汽车维修人员，需掌握起动电路的维修知识与技能，能够依据车辆维修手册迅速定位并解决故障，确保起动系统能够高效、可靠地运行。

　　请结合"1+X"职业技能等级证书考核标准，完成对汽车起动系统故障的检查和修复。

二、获取信息

图示	信息获取
 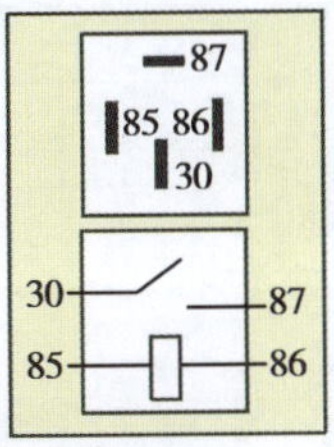	①测电阻：用万用表电阻挡检查继电器线圈（接线端子85与86端）的阻值，应导通，在80 Ω左右。检查继电器开关（接线端子30与87端）的电阻应为无穷大。 ②通电检查：在接线端子86与85间加12 V电压，用万用表测端子30与87，应导通。如果检查结果与上述不符，说明继电器已损坏。
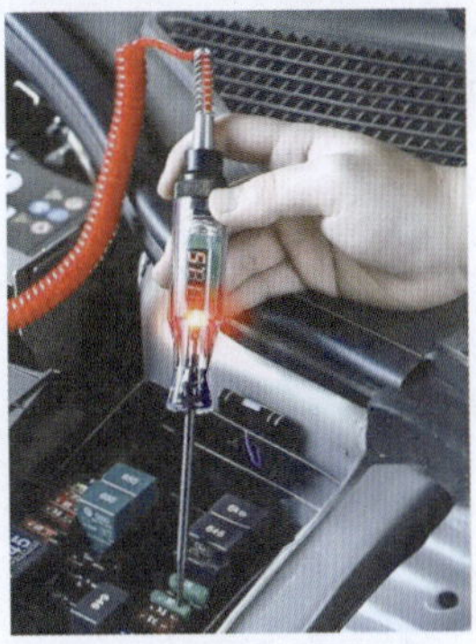	测量汽车保险丝的方法主要包括以下3种： ①直接观察法：打开汽车保险丝盒，直接用眼观察保险丝。如果发现保险丝中间断裂，则说明保险丝损坏，需要更换。 ②使用万用表测量：找到保险丝所在的位置，用尖嘴钳取出保险丝，然后用万用表测量。如果万用表测得阻值小于1 Ω，说明保险丝正常。 ③使用试灯检查：插入钥匙后让车辆通电，使用试电笔负极夹在车身的搭铁处，笔尖接触保险丝表面的金属触点。如果试灯亮，说明保险丝正常。如果不亮，则说明保险丝可能损坏。
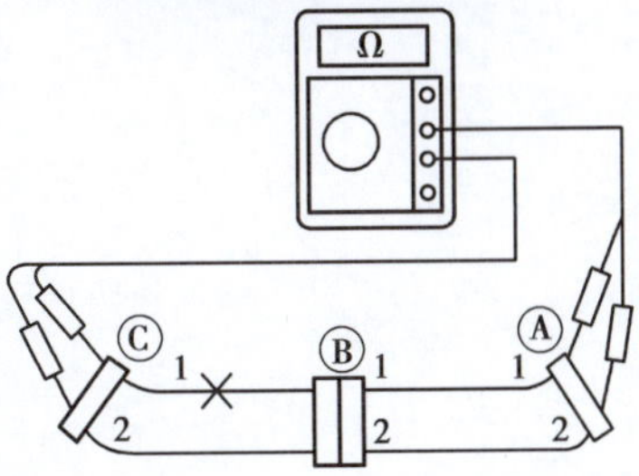	线路断路：检查线路电阻，若插接器A端子1与插接器C端子1之间的电阻值为∞，则它们之间的导线发生断路故障。若插接器A端子2端与插接器C端子2之间的导线电阻值为0 Ω，则它们之间导通（无断路），电路连接正常。

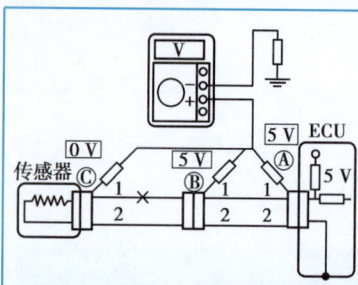

线路断路：检查电压，利用万用表检查线路各接点的电压大小来确定断路的部位。有一电子控制电路，ECU 输出电压为 5 V。在各插接器接通的情况下，依次测量插接器 A 的端子 1、插接器 B 的端子 1 和插接器 C 的端子 1 与车身搭铁之间的电压，测得的电压值分别为 5 V、5 V 和 0 V，则可以判定：在 B 的端子 1 与 C 的端子 1 之间的导线有断路故障。

三、任务实施

检查汽车起动系统电路

序号	作业项目	是否完成		作业记录
1	工位安全检查、车辆安全处置	是□	否□	正常□_____不正常□_____
2	个人防护、车辆内外防护	是□	否□	
3	目视线路检查情况	是□	否□	正常□_____不正常□_____
4	检查蓄电池电压	是□	否□	正常□_____不正常□_____
5	检查保险丝	是□	否□	正常□_____不正常□_____
6	检查继电器	是□	否□	正常□_____不正常□_____
7	检查点火开关	是□	否□	正常□_____不正常□_____
8	检查空挡开关	是□	否□	正常□_____不正常□_____
9	检查连接线路	是□	否□	正常□_____不正常□_____
10	规范操作、落实"6S"管理	是□	否□	

五、任务评价

（一）技能评价表

序号	作业项目	考核内容	分值	得分
1	准备工作	检查施工环境安全	5	
		车辆防护	5	
		人员防护	5	
2	检查蓄电池	目视检查线路连接情况	5	
		检查蓄电池电压	5	
3	检查保险丝	检查保险丝	5	
		检查保险丝端电压	5	
4	检查继电器	检查继电器插座端电压	5	
		检查继电器	10	
		检查保险丝插座线路	5	
5	检查点火开关	检查点火开关挡位	5	
		检查点火开关插座线束	5	
6	检查空挡开关	检查空挡开关	5	
		检查空挡开关线路	5	
7	施工复检	起动发动机检查工作性能	5	
8	作业记录	正确填写工单	5	
9	工位整理	"6S"检查	5	
10	安全生产	遵守安全操作规程	5	
		安全用电，无人身、设备事故	5	
		总分	100	

注：操作规范即得分，操作错误或未进行操作得0分。

（二）知识测评

1.判断题

（1）起动机"50"接线柱接点火开关，"30"接线柱接蓄电池正极。　　（　　）

(2)起动系统主要包括起动机和控制电路两个部分。　　　　　　　　(　　)

(3)从车上拆下起动机前应首先关断点火开关,拆下蓄电池搭铁电缆。　(　　)

(4)起动机工作时,应先接通主电路,再使小齿轮与飞轮圈啮合。　　　(　　)

(5)起动机的吸拉线圈只在吸拉过程中起作用。　　　　　　　　　　(　　)

2.选择题

(1)起动系统控制电路中的起动继电器的作用是(　　　)。

A.接通和切断起动机主电路　　　　　　B.接通和切断吸引线圈

C.接通和切断保持线圈　　　　　　　　D.接通和切断吸引线圈及保持线圈

(2)起动机转动无力的原因之一是(　　　)。

A.蓄电池没电　　　B.蓄电池亏电　　　C.蓄电池过充电　　　D.蓄电池充足电

(3)汽车供电线路中,(　　　)起到小电流控制大电流的作用。

A.点火开关　　　B.熔断器　　　C.继电器　　　D.连接器

(4)在汽车供电线路中起保护作用的是(　　　)。

A.点火开关　　　B.熔断器　　　C.继电器　　　D.连接器

(5)起动系统线路的检查顺序可为(　　　),依次选择各个节点进行检查。

A.从后向前　　　B.从前向后　　　C.从中间向前向后　　　D.以上都可以

(6)检查起动机(　　　),主要检查线路的通断情况。

A.控制线路　　　B.搭铁线路　　　C.供电线路　　　D.检查线路

(7)起动发动机时,接通点火开关至起动挡,起动机不转。技师甲说:"应检查蓄电池连接导线处有无松动,锈蚀,若松动应紧固。"技师乙说:"不用检查蓄电池连接导线处有无松动,锈蚀,只要蓄电池有电就行了。"正确的是(　　　)。

A.技师乙　　　B.两者都正确　　　C.技师甲　　　D.两者都错误

(8)用试灯判断照明系统线路断路故障,试灯一端搭铁,另一端接(　　　)。

A.搭铁　　　B.电池正极　　　C.灯泡供电线各点　　　D.灯泡搭铁线各点

(9)当起动机不工作时,应先检查(　　　)。

A.吸入线圈　　　B.吸住线圈　　　C.蓄电池状态　　　D.马达发卡

六、任务总结

1.起动系统电路的组成

汽车起动系统电路的基本组成主要有蓄电池、熔断器、继电器、点火开关、驻车/空挡开关、起动机等。

2.识读起动系统电路

(1)控制电路

蓄电池正极→控制电路的电流经保险丝(7.5 A)→点火开关2#→点火开关1#→中间插接器→驻车与空挡位置开关→起动继电器1#→起动继电器线圈→起动继电器线圈2#→接地 E1→蓄电池负极,形成回路。

系统继电器开关闭合后：蓄电池正极→工作电路的电流经保险丝（30 A）→点火开关7#→点火开关8#→起动继电器5#→起动继电器3#→起动机B1（一路：经吸引线圈→接地→蓄电池负极。另一路：经保持线圈→接地→蓄电池负极），形成回路，起动机运转。

（2）工作电路

蓄电池正极→起动机A1→电磁开关→起动机→起动机接地→蓄电池负极。此时起动机通电起动。

3. 汽车电路故障的检修方法

（1）电路故障诊断流程

①确认故障现象。

②电路图识读及原因分析。

③检查电路及部件。

④故障维修。

⑤确认电路的动作。

（2）检查电路方法

①检查电压。

②通电测试。

③短路测试。

④压降测试。

4. 起动系统常见故障现象

①起动机不转动。

②起动机运转乏力。

③起动机运转不停。

七、知识拓展

DM-i技术是最新推出的新能源汽车技术，旨在为用户提供更加高效、环保、节能的出行方式。DM-i技术采用了插电式混合动力系统，通过先进的动力分配技术和高效的发动机，实现了在保证动力性能的同时，降低油耗和排放，如图3-2-11所示。

图 3-2-11　DM-i 系统

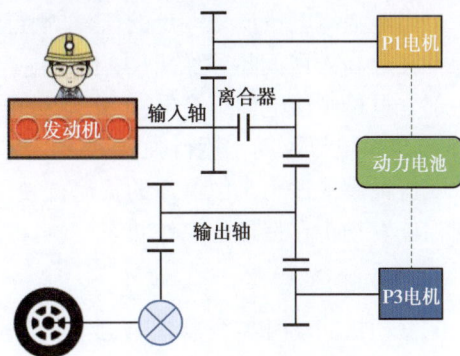

图 3-2-12　DM-i 系统组成

（一）DM-i 技术概述

DM-i 技术是一种先进的插电式混合动力系统，通过将电动机和发动机高效地结合在一起，实现了在多种行驶状态下的最佳能量分配和动力输出，系统组成如图 3-2-12 所示。在城市行驶时，车辆主要依靠电动机进行驱动，从而实现零排放、低噪声、低振动和低能耗的行驶。在高速行驶或需要更大动力时，发动机和电动机协同工作，提供更强的动力输出。

（二）DM-i 技术的工作原理

1.纯电模式

发动机不起动，离合器分离，驱动电机驱动车辆，如图 3-2-13 所示。

当电池组电量充足且行驶速度缓慢时，发动机和 P1 电机停止工作，车辆完全由 P3 电机进行驱动，此时的 DM-i 就像是一辆纯电动汽车，在动能回收时车轮还能直接拖动 P3 电机给电池充电，以此来提升车辆的纯电续航里程。

这种模式适用于市区内的低速行驶，可以节省油耗，降低排放，提高舒适性和静音性。

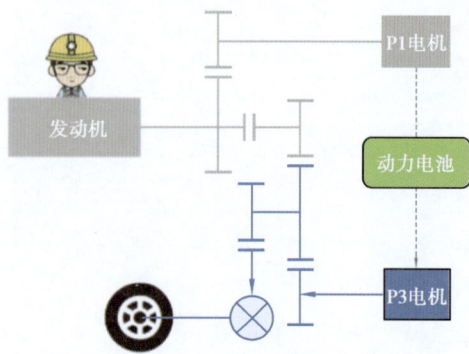

图 3-2-13　纯电模式　　　　　　　　　图 3-2-14　串联模式

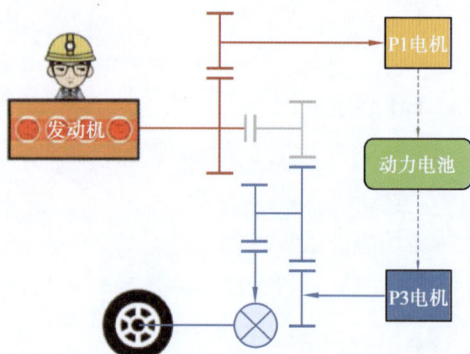

2.串联模式（增程模式）

发动机起动带动发电机发电供给电池，驱动电机驱动车辆，如图 3-2-14 所示。

当电池组电量低于一定的值，车辆行驶速度在 60 km/h 以下时，发动机开始运转，并保持在最高效区间持续给 P1 电机发电，其中一部分电量供给 P3 电机驱动车辆行驶，另一部分电量则给电池组充电，等电池组电量达到理想值后发动机停止工作，由电池组给 P3 电机供电以驱动车辆行驶。

这种模式适用于中低速的长途行驶，可以延长车辆的续航里程，提高能源利用率，同时保证发动机在最佳的工作状态。

3.并联模式

发动机起动且离合器耦合，此时发电机和驱动电机同时做功，共同驱动车辆，如图 3-2-15 所示。

当车辆需要更多的动力时，比如超车、爬坡或者急速加速时，发动机和 P3 电机同时输出动力,共同驱动车辆前行,此时 P1 电机仍然为电池组充电,保证电池组的电量不会过低。

这种模式适用于高功率的需求场景,可以充分发挥发动机和电机的优势,提供强劲的动力输出,同时保证车辆的平稳性和安全性。

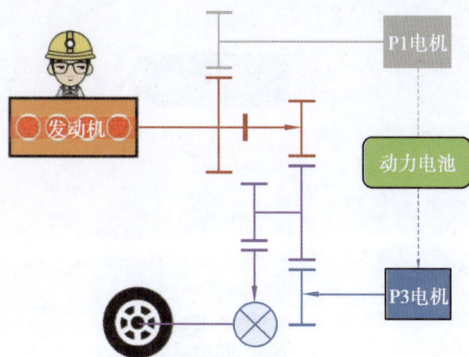

图 3-2-15　并联模式

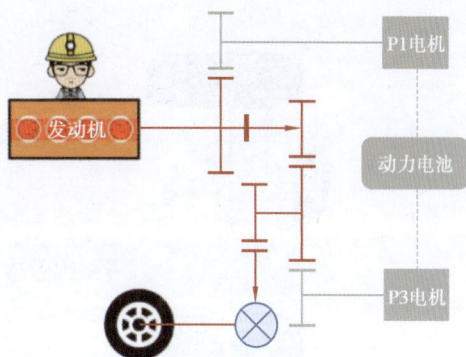

图 3-2-16　发动机直驱模式

4.发动机直驱模式

发动机起动且离合器耦合,发动机直驱车辆,发电机和驱动电机不做功,如图 3-2-16 所示。

当车辆行驶速度在 60 km/h 以上时,离合器闭合,发动机的动力直接作用于车轮,此时 P1 电机和 P3 电机随时待命,在发动机直驱功率有富余时,及时介入将能量转化为电能,存储在电池组中,提高系统的能量利用率。

这种模式适用于高速巡航的路况,由于发动机驱动的效率高于电机的驱动效率,所以可以节省油耗,同时保证车辆的动力性能。

5.动能回收模式

离合器断开,驱动电机回收动能,如图 3-2-17 所示。

当车辆进行减速或者制动的时候,P3 电机将转换为发电机,将车辆动能转化为电能储存起来,这些储存的电能可以用于下次起动和行驶时使用,从而最大限度地减少能源的浪费。

这种模式适用于任何需要减速或者制动的场景,可以提高车辆的能量回收效率,延长电池组的寿命,同时减少制动器的磨损。

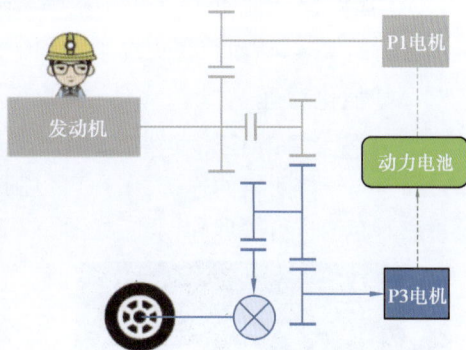

图 3-2-17　动能回收模式

（三）DM-i 技术的优势

1.高效节能

DM-i 技术通过先进的动力分配技术和高效的发动机,实现了在保证动力性能的同时,降低油耗和排放,如图 3-2-18 所示。在城市行驶时,车辆主要依靠电动机进行驱动,从而实现了零排放、低能耗的行驶。在高速行驶或需要更大动力时,发动机和电动机协同工作,提供更强的动力输出。这种模式适用于高速行驶或爬坡等需要更大动力的场景。此时,电池会释放一部分电量,为电动机提供能量,以辅助发动机工作。

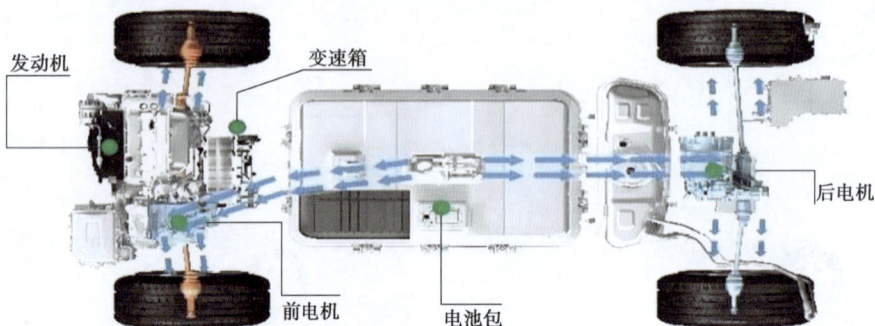

图 3-2-18　DM-i 系统高效节能

图 3-2-19　长续航

2. 长续航里程

DM-i 技术采用了大容量的电池组,可以在纯电模式下提供较长的续航里程,如图 3-2-19 所示。同时,通过先进的能量管理系统和智能化的充电策略,确保了车辆在不同行驶状态下的最佳能量分配和续航能力。

3. 丰富的驾驶体验

DM-i 技术为用户提供了多种驾驶模式的选择,用户可以根据自己的需求和驾驶习惯选择合适的模式,从而获得更加丰富和个性化的驾驶体验,如图 3-2-20 所示。

4. 智能化管理

DM-i 技术采用了先进的智能化管理系统,可以对车辆的各项参数进行实时监测和控制。通过与智能手机的连接,用户可以随时了解车辆的电量、油耗、行驶里程等信息,方便用户对车辆进行管理和调整,如图 3-2-21 所示。

图 3-2-20　多种驾驶模式

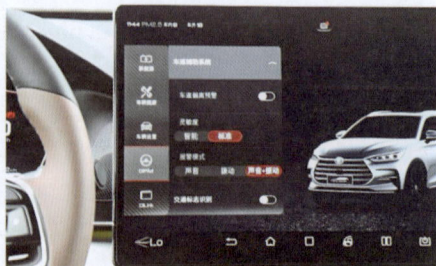

图 3-2-21　智能化管理系统

项目四 检修汽车照明系统

汽车照明系统对保障行车安全至关重要,它为驾驶员提供照明并发出车辆信号。随着技术进步,汽车照明系统从传统卤素灯发展到LED和激光技术,提高了照明效率和安全性。新能源汽车在照明系统上集成了智能化和电动化创新,如自适应前照灯系统(ADB)和基于DLP的投影大灯,它们能智能调节光束,减少眩光,提升夜间行车安全。未来,汽车照明将更智能化,提供个性化体验,增强车辆交互性,成为车辆与外界沟通的重要媒介。

学习目标

知识目标:

1. 能阐述汽车照明系统的组成、作用和工作原理。
2. 能阐述汽车前照灯电路的组成、分类和常见故障。

技能目标:

1. 能熟练查阅车辆用户手册和车辆维修手册,精准查找检修所需的电路图和操作指南。
2. 能在规定时间内完成汽车照明系统的检测,准确填写作业工单。

素养目标:

1. 培养爱国情怀和科技创新精神。
2. 培养法治意识,树立遵守法律、尊重法律、维护法律权威的价值观。
3. 树立精益求精的职业精神和工匠精神。

项目任务

```
                                         ┌─ 前照灯
                                         ├─ 雾灯
                                         ├─ 倒车灯
                          认识汽车照明系统 ─┼─ 牌照灯
                          │              ├─ 阅读灯
                          │              ├─ 梳妆灯
检修汽车照明系统 ──┤              ├─ 储物箱灯
                          │              └─ 行李箱灯
                          │
                          │              ┌─ 蓄电池
                          │              ├─ 熔断器
                          │              ├─ 开关电路
                          检修汽车前照灯 ──┼─ 继电器
                                         ├─ 电源电路
                                         └─ 前照灯
```

任务一　认识汽车照明系统

一、任务案例

王先生的新能源汽车已经使用了 8 年,按照规定汽车需要到汽车检测站进行年检,鉴于年检对汽车照明系统有严格要求,王先生将车辆开到 4S 店进行保养,对汽车照明系统进行深度检查,以确保车辆照明系统完全符合年检标准,汽车年检能顺利通过。

作为汽车维修技术人员,请你根据车辆维修手册和法律法规的要求,对全车照明灯具的功能、照射角度及硬件完整性做细致排查与调试。

二、学习目标

通过本任务的学习,应能:

1.阐述汽车照明系统的组成和工作原理。

2.在规定时间内完成对汽车照明系统的检测,准确填写作业工单。

3.掌握安全操作要求,养成严格遵守安全规章制度,树立安全操作意识。

4.树立严谨的工作态度和工匠精神,提高专业素养。

5.培养爱国情怀、科技创新精神和社会责任感。

学习重点:

1.汽车照明系统的组成、作用和分类。

2.汽车照明系统性能检查的方法和法规要求。

三、知识准备

（一）汽车照明系统的作用

汽车照明系统的主要作用是夜间道路照明、车厢内部照明、车辆宽度标示、仪表与夜间检修等。

（二）汽车照明系统的组成

汽车照明系统由电源、照明灯具、控制装置等组成。

（三）汽车照明系统的分类

按照明灯的安装位置,可以分为外部照明灯和内部照明灯,如图 4-1-1 所示。

(a)外部照明灯　　　　　　　　　(b)内部照明灯

图 4-1-1　汽车照明系统分类

（四）汽车外部照明灯

汽车外部照明灯又分为前部照明灯和后部照明灯,如图 4-1-2 所示。

右远光灯 右近光灯 左近光灯 左远光灯　　　牌照灯

右前雾灯　　　左前雾灯　后雾灯　　　倒车灯

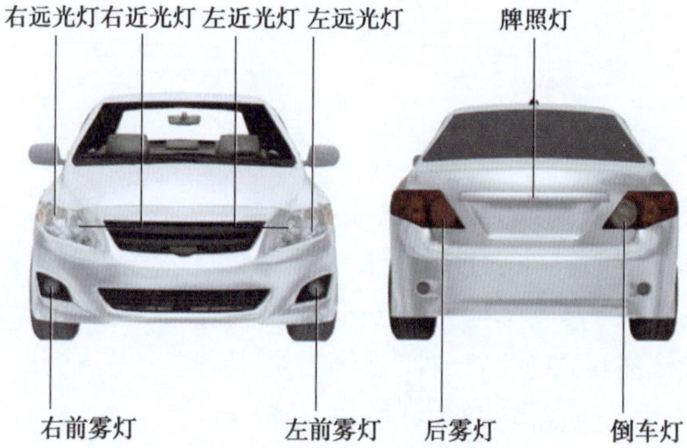

图 4-1-2　汽车外部照明灯

汽车外部照明灯

1.汽车前部照明灯

前部照明灯主要有前照灯、雾灯等,目前汽车普遍采用组合式外部照明灯。

（1）前照灯

位置:前照灯(俗称前大灯)装在汽车头部两侧。

分类:前照灯分为远光灯和近光灯,如图 4-1-3 所示。按灯泡数量可分为两灯制和四灯制,每侧大灯里只有一个大灯灯泡的是两灯制,每侧有两个大灯灯泡的则是四灯制。远光灯功率为 40～60 W,近光灯功率为 20～35 W。

（a）近光灯　　　　　　　　　（b）远光灯

图 4-1-3　汽车近光灯和远光灯照射效果

汽车光学系统由光源(灯泡)、反射镜和配光镜3个部分组成,如图4-1-4所示。

图 4-1-4　汽车光学系统

作用:照亮前方道路,并给对面来车提供识别信号,同时前照灯还能使驾驶员监视路面情况,看清障碍物并及时作出反应;其照明距离为 200~250 m,如图 4-1-5 所示。

前照灯作用

图 4-1-5　汽车前照灯作用

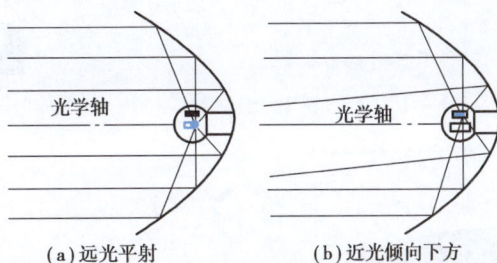

(a)远光平射　　(b)近光倾向下方

图 4-1-6　前照灯基本要求

基本要求:前照灯光色为白色,强制安装。应保证汽车前有明亮而均匀的光照,能辨明车前 100 m 以内路面上的任何障碍物。现代高速汽车照明距离应达到 200~250 m,具有防眩目的装置,防眩目大灯采用双丝灯泡的方式,远光灯丝安装在反射镜焦点上,近光灯丝安装在焦点上方,如图 4-1-6 所示。另外,在近光灯丝下装配光屏遮住近光丝射向反射镜下半部的光线,减少反射后射向道路上方引起眩目的光线,以防止夜间两车迎面相遇时,使对方驾驶员眩目而造成交通事故,如图 4-1-7 所示。光束在横向应有一定的散射宽度。满载时,照明效果不因车灯高度降低而下降。会车时应使用近光灯,如图 4-1-8 所示。

前照灯防眩目措施

(2)雾灯

位置:前雾灯安装在汽车前部比前照灯稍低的位置。

分类:雾灯安装于车头和车尾,有前雾灯和后雾灯两种,前雾灯和后雾灯在仪表盘的指示灯符号也不一样,如图 4-1-9 所示。

作用:用于在雨雾天气行车时照明道路和为来车提供信号,如图 4-1-10 所示。

基本要求:雾灯的光色规定为光波较长的黄色、橙色或红色。前雾灯为明亮的黄色,功率为 45 W,后雾灯则为红色,功率为 21 W,标准色温为 3 000~3 500 K。公安部要求机动车必须安装符合国家标准的雾灯,未按规定安装后雾灯的机动车不准进入高速公路。

具体的规定是:能见度在 200～500 m 时,必须开启近光灯、示宽灯和尾灯,时速不得超过 80 km/h,与同一车道行驶的前车必须保持 150 m 以上的行车间距;能见度在 100～200 m 时,必须开启雾灯、近光灯、示宽灯和尾灯,时速不得超过 60 km/h,与前车保持距离为 100 m 以上;能见度在 50～100 m 时,要开启雾灯、近光灯、示宽灯和尾灯,时速不得超过 40 km/h,与前车的间距在 50 m 以上;能见度低于 50 m 时,交通管理部门将依照规定采取局部和全路段封闭高速公路的交通管制措施。

① 反射镜
② 近光灯丝
③ 配光屏

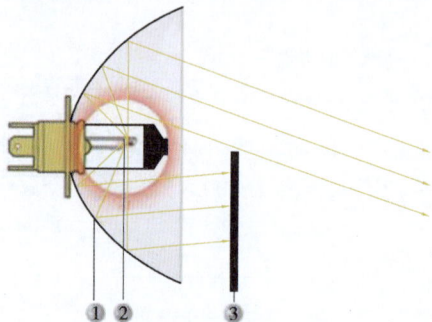

图 4-1-7　前照灯防眩目

图 4-1-8　会车使用近光灯

前雾灯　　后雾灯

图 4-1-9　仪表盘指示灯

雾灯在有雾、下雪等恶劣条件下提高能见度,并对对面来车警示车辆位置

图 4-1-10　汽车前照灯作用

2.汽车后部照明灯

汽车后部照明灯主要有倒车灯、牌照灯和雾灯等。

（1）倒车灯

位置:安装在汽车尾部。

汽车后部照明灯

作用:用于照亮车后路面,并警告车后的车辆和行人,表示该车正在倒车。

基本要求:倒车灯强制安装,灯光是白色。对于 M1 类和长度不大于 6 m 的车辆,应配备 1 只或 2 只,离地高度为 250～1 200 mm,横向位置上则无特殊要求。有些厂家基于成本考虑,只配备 1 只后雾灯和 1 只倒车灯,就会习惯性地设计为"左雾右倒",如图 4-1-11 所示。

后雾灯采用单边设计，另一侧为倒车灯

雾灯　　　倒车灯

图 4-1-11　汽车倒车灯

图 4-1-12　汽车牌照灯

（2）牌照灯

位置：安装于汽车牌照的上方或两侧。

作用：起到照明与装饰的作用，用于配合警方在夜间跟踪和监视工作。

基本要求：强制安装，光色为白色，功率为 5 ～ 15 W。按照有关规定，所有车辆夜间行驶时，都必须打开车后的牌照灯。后牌照灯的亮度，夜间正常视力在 20 m 之内，必须能看清牌照号码。按规定要求，牌照灯必须与位置灯（小灯）同一个开关控制，如图 4-1-12所示。

（五）汽车内部照明灯

汽车内部照明包括车顶区域、行李箱、脚部空间和车门内侧照明装置，如图 4-1-13 所示。汽车内部照明灯主要有阅读灯、梳妆灯、储物箱灯、行李箱灯等。

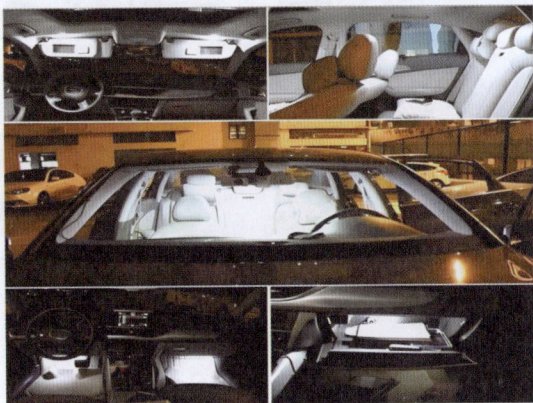

汽车内部照明灯

图 4-1-13　汽车内部照明灯

1.阅读灯

位置：安装在汽车内部、驾驶座顶和后座中间顶部，便于车内阅读之用，一般前排 2个灯、后排 2 个灯，如图 4-1-14 所示。

作用：车内灯光昏暗时，可按压点亮，照亮视野。

基本要求：光色为白色，为降低灯的厚度，多采用 5 ～ 15 W 的管球灯泡。为在行驶中不影响驾驶员开车,不给驾驶员和其他乘员以眩晕感,在布置上,阅读灯配光成点状,只照射在需要的部位上。

图 4-1-14　阅读灯

图 4-1-15　梳妆灯

2.梳妆灯

位置:有的车在主驾驶位置有化妆镜灯,有的车没有。副驾驶位置一定会有化妆镜灯。在遮阳板内面,灯是与遮阳板联动的,如图 4-1-15 所示。

作用:化妆或者需要照镜子时,可以增加亮度,起到照明的作用。

基本要求:光色为白色,灯泡的功率为 5 ~ 8 W。

3.储物箱灯

位置:在储物箱内侧,如图 4-1-16 所示。

作用:起到照明的作用,方便车主取放东西。

基本要求:灯泡功率为 5 ~ 8 W。

图 4-1-16　储物箱灯

图 4-1-17　行李箱灯

4.行李箱灯

位置:汽车后备箱内,如图 4-1-17 所示。

作用:起到照明的作用,方便车主取放东西。

基本要求:灯泡功率为 5 ~ 10 W。通过感应装置来控制,后备箱灯开关和后备箱开关都设置在后备箱门的卡槽附近。车门关闭时,这个传感器将被触动,行李箱灯将被关闭。

（六）车灯的类型

车灯主要分为卤素灯、氙气灯、LED 灯、激光大灯 4 种。汽车灯泡灯丝位置的准确程度决定了汽车灯照明效果。准确程度高,和灯具反射焦点符合程度高,汽车灯照明效果就高。灯丝的准确定位确保光线的合理分配,优化光型以降低驾驶目眩的程度,让驾驶者行车舒适,提高行车安全。

1. 卤素灯

卤素灯泡是新一代白炽灯,充有溴碘等卤族元素或卤化物的钨灯。通电后,电能把钨丝加热到白炽状态进行发光,电能转化为热能,再转化为光能。

①优势:成本低、制作简单;色温较低,穿透性好。

②劣势:温度高、耐用性差、亮度低。

目前,卤素灯最常用的型号是 H1、H4、H7,如图 4-1-18所示。

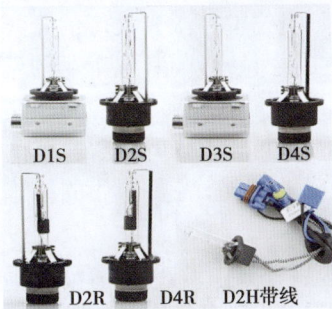

图 4-1-18　卤素灯

2. 氙气灯

氙气灯(HID)即高压气体放电灯,通过在抗紫外线水晶石英玻璃管内填充多种化学气体,如氙气等惰性气体,然后再透过增压器将车载 12 V 电源瞬间增至 23 000 V,在高电压下,氙气会被电离并在电源两极之间产生光源。氙气灯的性能较卤素灯有了显著提升,电能转化为光能的效率比卤素灯提高了 70% 以上。

①优势:亮度高,为卤素灯的 3 倍。色温高,HID 灯可以制造出 4 000 ~ 12 000 K 的色温光,接近正午日光的颜色,人眼的接受度及舒适度最高。寿命长:HID 是利用电子激发气体发光的,并无钨丝,因而寿命长。一组 HID 气体放电灯大约为 3 000 h。耗电少,HID的功率只有 35 W,而普通车灯的功率为 55 W。

②劣势:主要是发热、发热非常高,300 ~ 400 ℃ 很正常,灯罩被烤黄的事情时有发生。另外,大灯开启有延迟也是它的不足。

目前,使用较多的型号是 D1S、D2S、D3S、D4S、D4R、D2R、D2H 带线,如图 4-1-19 所示。其中,单数表示上变频器,偶数表示无上变频器,2 表示水银,3 和 4 表示无水银,S表示镜片用的,R 表示反光碗用的。氙气灯工作原理和卤素灯不一样,氙气灯会随着使用时间的增加色温逐步升高,建议成对更换。

图 4-1-19　氙气灯

3. LED 灯

LED 也是汽车尾灯、高位制动灯、日间行车灯的重要组成部分。

①优势:节能、冷光源发光发热量低,LED 元件的能耗仅为卤素灯的 1/20。寿命超长,耐用性好:目前,用在汽车上的 LED 元件基本能达到 50 000 h 的水平,由于 LED 元件结构简单,抗冲击性、抗震性非常好,不易破碎、体积非常小,设计师可以摆脱技术上的束缚,使得大灯造型可以有质的飞跃。响应速度快:用在前大灯上,相比氙气灯和卤素灯拥有更高的响应速度,对行车安全性有更好的保障。低压直流电即可驱动,对车辆蓄电池的负载小,干扰弱,对使用环境要求低,适应性好。

②劣势:LED 灯具的装备成本居高不下,特别是功能复杂的前大灯组。如今市场上很多车的高配置车型都装配了高科技的全 LED 大灯组。LED 灯还能被塑造成炫酷的形状,非常美观。LED 灯具有亮度够高、节能稳定、寿命长的优势,如今已经越来越普及,如图 4-1-20 所示。

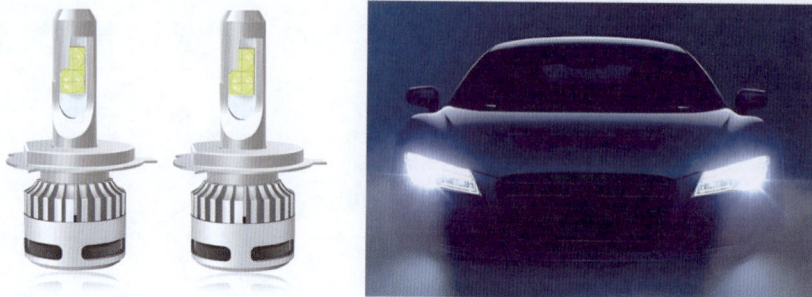

图 4-1-20　LED 灯

4.激光大灯

激光大灯是 LED 灯的进化。激光大灯是把光源变成激光照射,LED 灯是把电能变化成光能照射。激光大灯照射距离在 600 m 左右,LED 大灯照射距离 300 m 左右。

①优势:激光大灯更加节能,能够显著降低汽车的能耗,从而提高汽车的燃油效率。激光大灯的亮度更高,能够提供更好的照明效果,使驾驶者在夜间行驶时更加安全。激光大灯的寿命更长,能够减少更换灯泡的频率,从而降低车辆的维护成本。

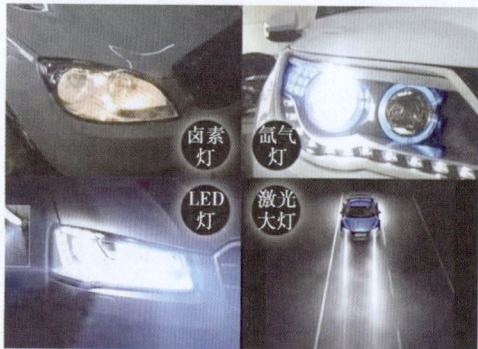

图 4-1-21　汽车大灯效果对比

②劣势:价格相对较高,目前只有高端汽车才会采用这种照明技术。激光大灯的光线比较集中,容易造成眩光,影响其他车辆的驾驶安全。激光大灯的照射距离有限,无法满足一些特殊道路的照明需求,如高速公路等。激光大灯的维护成本较高,需要专业的维修人员进行维修和更换。

4 种类型的大灯各有优劣,激光大灯是未来的一大趋势。LED 在技术与成本上都取得不错的突破之后,越来越多的车型上都配置LED 灯。LED 是集成了一个发光二极管,体积可以做到很小,形状也是各异,4 种大灯的效果对比,如图 4-1-21 所示。

（七）汽车灯泡选用要素

1.色温

色温是指示光线所含颜色成分的计量单位。理论上,色温就是绝对黑体在绝对零度下(-273 ℃)开始加热时出现的色彩。黑体被加热之后,渐渐地从黑变成了红、黄、白,最后放出蓝色的光芒,如图 4-1-22 所示。

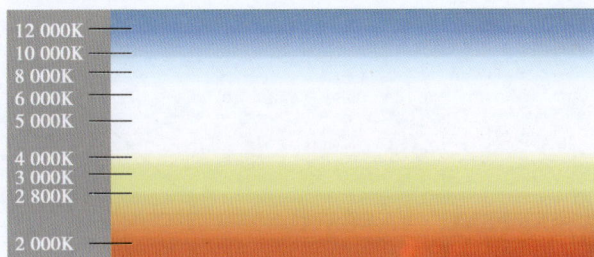

图 4-1-22　色温图

当加热到一定的温度,黑体发出的光所含的光谱成分,称为这一温度下的色温,计量单位为"K"(开尔文)。如果某一光源发出的光,与某一温度下黑体发出的光所含的光谱成分相同,称为某 K 色温。例如,100 W 灯泡发出光的颜色,与绝对黑体在 2 527 K 时的颜色相同,则这只灯泡发出的光的色温是:2 527 K+273 K＝2 800 K。色温越高,穿透力越差;色温越低,穿透力越好;色温的高低不能决定灯泡的亮度,如表 4-1-1 所示。车辆的灯光要求色温不能超过 6 000 K。

表 4-1-1　光色温与光效果

光色温	光效果
3 000 K	黄色光,强穿透力,雨雾天专用
4 200 K	白中带黄,原车配套氙气灯
5 000 K	白中略带黄,欧洲标准的最高色温
6 000 K	全白光,略带蓝色,阳光下的白天
8 000 K	白中明显带蓝色,绚丽美观,穿透力较差
8 000 K 以上	紫蓝色光,穿透力极差

2.光通量

①光通量是真正决定亮度的重要指标之一,即光源所发出并被人眼所接受的能量总和,单位为流明(lm)。

②光强度是光源在单位立体角内辐射的光通量,以 I 表示,单位为坎德拉(cd)。1 cd 表示在单位立体角内辐射出 1 lm 的光通量。

③光照度是物体被照明的程度,即物体表面所得到的光通量与被照面积之比,单位是勒克斯(lx)。

④亮度是发光体表面发光强弱的物理量,单位为坎德拉每平方米(cd/m^2)。

汽车灯光测试光照度和亮度值就可以。光通量数值越高,发出的光就越多;车灯亮度的高低是由光通量决定的;流明数值越高,灯泡越亮,如图 4-1-23 所示。LED 前大灯的流明值可轻松达到卤素灯的 3 倍或以上,标准为近光灯亮度不能少于 1 000 lm,远光灯不能少于 1 450 lm。

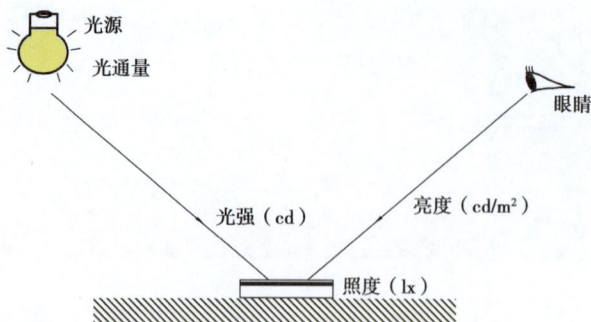

图 4-1-23　光学术语

3. 功率

车灯发光也是一种能量转换的过程,一部分电转化成光,另一部分电转化成热。

目前,主流卤素灯功率在 55 W 左右,发热温度一般。主流氙气灯功率在 35 W 左右,发热温度可以达到 300~400 ℃的高温,这是因为通过强电压点亮氙气照明,产生热量相对较高,电光转换比相对较低。主流 LED 灯功率在 25 W 左右,电光转换比相对较高,温度为 60 ℃左右,因其发热程度低又被称为冷光源。灯泡发热程度越高,安全性上越不利,更低的温度也可以规避车辆安全隐患。

4. 灯光照射效果

卤素灯光照十分均匀,但相对来说,照射宽度也最低。氙气灯的光照相对卤素灯来说,中间光照较亮,而两侧光照相对偏暗。LED 灯的光照也相对均匀,但是其照射能力往往在这三者中也是最宽的。

5. 使用寿命

卤素灯的制作成本最低,但使用寿命相对也最低,使用寿命在 500 h 左右。卤素大灯的使用光照变弱的过程也是卤素灯生命的损耗的过程。氙气灯的寿命相对较长,可以达到 3 000 h 左右,但是与之相对的是在升级时需要加装安定器,综合费用成本相对提高不少。LED 灯一次更换成本较高,但是寿命在三者之中最长,甚至可以说有时候车开到报废,灯还没有报废,综合起来看费用成本均摊最低。

汽车灯泡的型号与亮度、色温、功率等参数有关,选择合适的灯泡可以提高夜间行车的安全性,如表 4-1-2 所示。例如,近光灯的亮度和色温影响驾驶员的视野,雾灯的亮度和色温影响雾天行车的安全性,转向灯的亮度和闪烁频率影响其他车辆的识别度。因此,在选购灯泡时,需要根据自己的需求选择合适的型号。

表 4-1-2　汽车灯泡对比

种类	光照强度	功率(主流)	色温(主流)	光照效果	使用寿命
卤素灯	1 000 lm 左右	55 W 左右	3 000 K 左右	宽度低	短
氙气灯	4 000 lm 左右	35 W 左右	3 500~8 000 K	宽度一般	一般
LED 灯	6 000 lm 左右	25 W 左右	3500~6 000 K	宽度大	长

（八）汽车灯光开关

汽车灯光开关的设置通常有两种形式:第一种是拨杆式灯光组合开关(日系车、美系车、韩系车等),如图 4-1-24 所示。一般在方向盘左侧设置灯光操纵杆,通过旋转、上下推拉、前后推拉等操作对汽车的灯光进行控制。第二种是设置在仪表盘左下方的一个旋钮式灯光开关(多数为德系车),通过旋转、推拉开关进行操作,如图 4-1-25 所示。

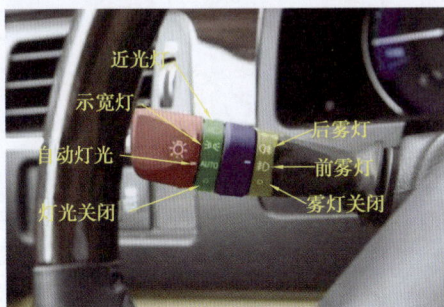

图 4-1-24 拨杆式灯光组合开关

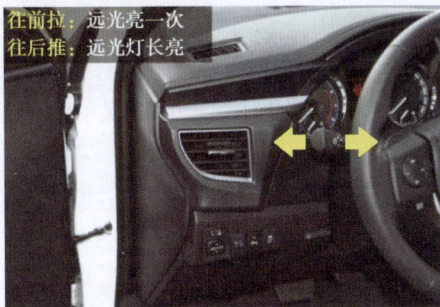

图 4-1-25 旋钮式灯光开关

汽车灯光开启方法如下:

①近光灯:将近光灯转到开启位置,近光灯开启。

②远光灯:以方向盘为参照,打开大灯开关后,向下推动操纵杆打开远光灯。远光灯前拉是亮一次,后推是长亮。

③雾灯:将中间的后雾灯、前雾灯图案转到开启位置即可。

④倒车灯:和制动灯同样原理的还有倒车灯,开关是与倒挡相关的,不用直接操作。

图 4-1-26 灯光指示灯

注意事项:远光灯与近光灯的标志很相似,也是最容易让车主混淆的。近光灯标志的灯光线条是斜着往下,而远光灯标志的灯光线条是直线往前,如图 4-1-26 所示。

（九）文明使用汽车灯光

汽车的前大灯主要是作为夜间照明使用的,汽车灯光的使用与安全行车有着直接的关系,同时汽车灯光还可以充当"灯光信号"与外界交流。《机动车驾驶证申领和使用规定》(公安部令第 139 号)规定,驾驶机动车不按规定使用灯光的,一次记 1 分。

1. 远光灯闪一下

远光灯闪一下表示提醒其他驾驶员先行或者感谢。例如,在一条很窄的道路上,只能有一方先通过的情况下,两辆车都把对方的路让开了,这时你闪一下远光灯,就表示让对方先通过。另外,在路口变绿灯时,如果前车长时间没有起步,可以用远光灯闪一下进行提示。另外,短暂闪一下还有感谢的意思,很多情况下都可以使用。

2. 远光灯闪两下

当遭到对向来车刺眼的远光灯时,可以用远光灯闪两下来提示其切换为近光灯,同时可配合双闪灯表示不满。如果对方依然一直开着远光灯,请减速慢行。

3. 远光灯闪三下

远光灯闪三下是在邻车有问题时作为提示,如邻车车门没关好或轮胎有问题等。当然,在现在的交通环境中这个动作很可能被对方误解,所以也请各位在别人向你闪远光灯时,先观察一下是不是自己的车出现了问题。

4. 连续闪远光灯

无论什么情况下,连续不停地闪远光灯都会让对方觉得你给出了一个带有极大负面情绪的信号,表达出来的意思就是:强烈拒绝或强烈反感。因此,行车中应谨慎连续闪远光灯。

四、任务实施

（一）实施方案

1. 质量要求

参照厂家的质量标准和维修手册要求。

2. 组织方式

每6位同学1组,按照企业岗位的操作标准,参照厂家维修手册,依据"1+X"证书考核标准,规范地完成汽车照明系统灯光性能检查的基础作业。每组作业时间为80 min。

3. 技术要求与标准

①车辆安全措施:在进行灯光性能检查前,确保车辆已稳固驻停,变速器位于自动挡P挡位置或手动挡空挡状态,手刹有效制动。

②环境安全保障:选择通风条件良好的场所进行作业,确保周边无易燃易爆物品,以防电气火花引发火灾事故。

③操作安全规程:在检查过程中,应避免长时间点亮灯光导致设备过热损坏。操作员须遵守标准化作业流程,佩戴防强光护目镜,以抵御高强度光线对眼部的潜在伤害。调节灯光照射角度时,切勿直视光源,防止瞬间强光对视力产生损害。

④设备安全管理:检查设备的电池电量,需充足,同时确保检查设备接地状态良好,

远光灯指示灯

以彻底消除漏电风险。车辆进行对接检查时,严格按照设备使用说明书的指导进行规范操作。

⑤法律合规性验证:在审核车辆灯光配置与改装情况时,务必要求符合《道路交通安全法》等相关法律法规的规定。严禁未经批准擅自增强灯光亮度或安装非标灯光装置,确保灯光的使用既能避免对其他道路使用者造成眩目干扰,也能有效防止任何类型的潜在安全隐患。

4.设备器材

①场地:理实一体化教室。

②设备:实训车辆、前照灯检查仪、工具车、万用表、垃圾桶等。

③安全防护:车轮挡块、室内"三件套"、车外保护垫、灭火器等。

④耗材:干净抹布。

（二）操作步骤

1.准备工作

①检查工作环境安全,安装车轮挡块,做好个人安全防护。

②打开车门,做好车内防护,罩好"三件套"。打开机舱盖,铺设翼子板防护垫。换挡杆置于 P 挡,拉紧驻车制动手柄。

2.检查蓄电池电压

①关闭车辆点火开关,将万用表调至电压挡,正极引线连接至蓄电池的正极端子,负极引线连接至蓄电池的负极端子。

②读取蓄电池电压应在 $11.8 \sim 12.8$ V,如果读数不在该区间,说明蓄电池可能存在放电过度、老化或者其他故障,需要进一步检查蓄电池的健康状况,必要时予以更换。

3.检查汽车外照明

①检查前雾灯。转动雾灯开关手柄,使标记"—"对齐前雾灯位置,并发出"检查雾灯"的指示,如图 4-1-27 所示。

前左灯及仪表指示灯点亮正常。打开雾灯前,必须先打开示宽灯开关。

②检查后雾灯。转动雾灯开关操纵手柄,使白色标记"—"对齐后雾灯位置,后雾灯点亮正常,如图 4-1-28 所示。

图 4-1-27　灯光开关

图 4-1-28　后雾灯点亮

③检查前照灯。转动车灯开关手柄,使标记"一"对齐变光符号位置,把开关轻轻往前(后)推(拉)动,并发出"检查远(近)光灯"的指示,同时检查远光指示灯是否点亮。

前左、右远近光灯、远光指示灯点亮正常,如图4-1-29所示。

④检查前照灯闪光和指示灯。把车灯操纵手柄快速地轻轻往后拉、放,并发出"检查闪光灯"的指示。

前照灯闪光正常亮起,远光指示灯点亮。

⑤检查倒车灯倒车操纵杆置"R"位置,发出"检查倒车灯"的指示,倒车灯点亮正常,如图4-1-30所示。

图4-1-29 近光灯点亮

图4-1-30 倒车灯点亮

图4-1-31 阅读灯点亮

4.检查汽车内部照明

①阅读灯。把前后阅读灯开关拨到"ON"位置,检查前后阅读灯是否点亮,如图4-1-31所示。

②行李箱灯。打开后备箱,检查行李箱灯是否自动点亮,将一字螺丝刀压进后备箱锁,观察行李箱灯是否自动熄灭。

5.灯光仪检查前照灯

①清洁前照灯,检查蓄电池电压,其值应在正常范围内。

②车辆沿引导线居中行驶至规定的检查距离处停止,车辆的纵向轴线应与引导线平行,如图4-1-32所示。

③开启远光灯。

④软件会指示自动前照灯检测器开始工作,它自动找到要测的前照灯,测量远光亮度和光线偏离情况,如图4-1-33所示。

图4-1-32 自动式前照灯检查仪检验

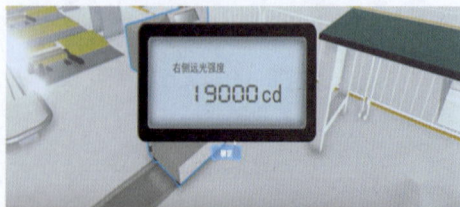

图4-1-33 远光强度

⑤被检前照灯转换为近光光束,自动式前照灯检查仪自动检查其近光光束明暗截止线转角(或中点)的照射位置偏移值。

⑥按上述步骤完成车辆所有前照灯的检查。

⑦在对并列的前照灯(四灯制前照灯)进行检验时,应将与受检灯相邻的灯遮蔽。

⑧如果采用的是气体放电光源前照灯,测试前应预热。

6. 工位复位

①收起机舱翼子板防护垫,盖好机舱罩盖,收起车内防护套。

②整理工位和工具,清扫场地,实施"6S"管理。

（三）作业工单

专 业		班 级	
姓 名		学 号	
小组成员		组长姓名	

<table>
<tr><td colspan="2" align="center">一、任务阐述</td></tr>
<tr><td colspan="2">
　　汽车照明系统是确保行车安全的关键组成部分，其中的各种灯光在夜间或恶劣天气条件下为驾驶员提供必要的照明。随着汽车技术的持续进步，照明系统也在不断地革新，引入了更高效、更智能的照明技术。因此，作为汽车维修行业的专业人员，需不断更新知识，提升客户满意度，确保每辆汽车的照明系统都能在各种行驶条件下发挥最大的效能，保障行车安全。

　　请结合"1+X"职业技能等级证书考核标准，完成对汽车照明系统性能的检查。
</td></tr>
</table>

二、获取信息	
图示	信息获取
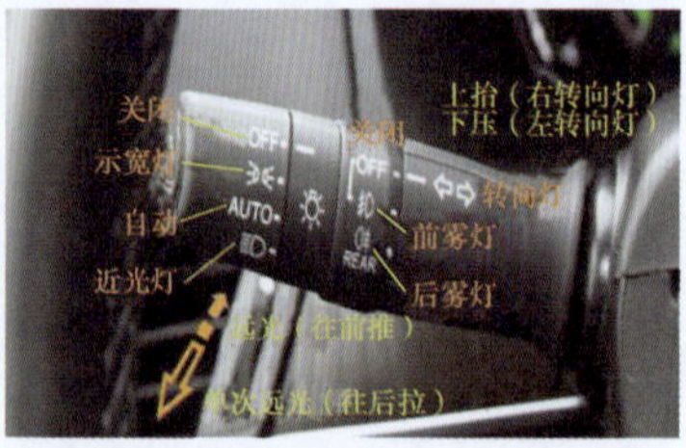	①近光灯开启：转动灯光控制杆，指向图中的近光灯图标位置。 ②远光灯开启：推动灯光控制拨杆即可。 ③远光瞬时接通功能：开启近光灯后，往后拨动灯光操纵杆即可完成远光瞬时接通，远光瞬时接通又称远近光交替，通常用于警示车辆或行人。 ④雾灯开启：在近光灯点亮前提下，顺着箭头逆时针方向旋转雾灯控制开关到雾灯图标位置。
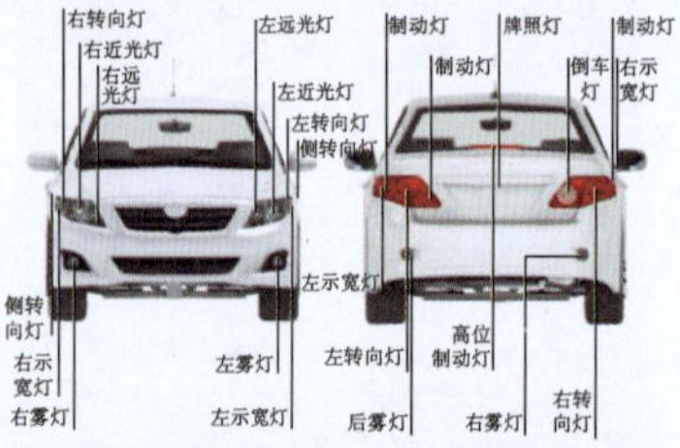	外部照明灯主要有前照灯、雾灯、牌照灯、倒车灯，目前汽车普遍采用组合式外部照明灯。
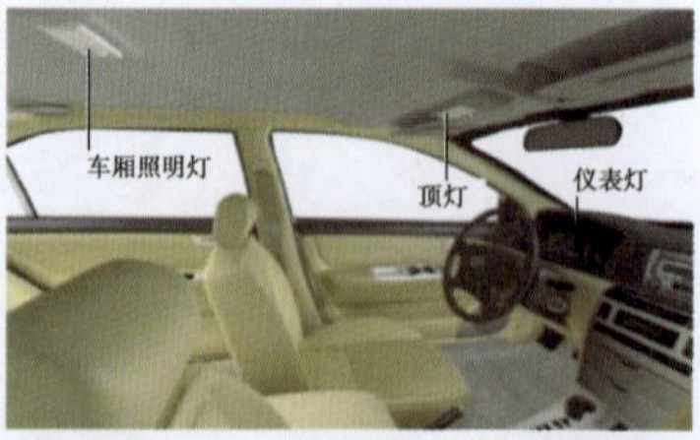	内部照明灯包括仪表灯、车厢照明灯、顶灯等。
	近光灯：当前照灯近光灯点亮时，仪表盘指示灯点亮。 远光灯：当前照灯远光灯点亮时，仪表盘指示灯点亮。 前后雾灯：当前后雾灯点亮时，仪表盘指示灯点亮。

| | ①车辆年检的灯光具体要求如下：色温不能超过 6 000 K。 检查站机器只能检查到 6 000 K 以下的色温光源。 如果超过这个值，就检查不到。
②新注册车远光发光强度：二灯制不小于 18 000 cd（坎德拉），四灯制不小于 15 000 cd。 |

三、任务实施

汽车照明系统性能检查

序号	作业项目	是否完成	作业记录
1	工位安全检查、车辆安全处置	是□ 否□	正常□_____不正常□_____
2	个人防护、车辆内外防护	是□ 否□	
3	检查蓄电池电压	是□ 否□	正常□_____不正常□_____
4	检查近光灯	是□ 否□	正常□_____不正常□_____
5	检查远光灯	是□ 否□	正常□_____不正常□_____
6	检查雾灯	是□ 否□	正常□_____不正常□_____
7	检查牌照灯	是□ 否□	正常□_____不正常□_____
8	检查倒车灯	是□ 否□	正常□_____不正常□_____
9	检查行李箱灯	是□ 否□	正常□_____不正常□_____
10	检查阅读灯	是□ 否□	正常□_____不正常□_____
11	检查梳妆灯	是□ 否□	正常□_____不正常□_____
12	检查储物箱灯	是□ 否□	正常□_____不正常□_____
13	检查行李箱灯亮度	是□ 否□	正常□_____不正常□_____
14	检查近光灯亮度	是□ 否□	正常□_____不正常□_____
15	检查远光灯亮度	是□ 否□	正常□_____不正常□_____
16	规范操作、落实"6S"制度	是□ 否□	

五、任务评价

（一）技能评价表

序号	作业项目	考核内容	分值	得分
1	准备工作	检查施工环境安全	3	
		车辆防护	3	
		人员防护	3	
2	检查蓄电池	检查蓄电池电压	4	
3	检查近光灯	检查近光灯外观	3	
		检查近光灯点亮	4	
4	检查远光灯	检查远光灯外观	3	
		检查远光灯点亮	4	
		检查闪光	4	
5	检查雾灯	检查雾灯外观	3	
		检查前雾灯点亮	4	
		检查后雾灯点亮	4	
6	检查牌照灯	检查牌照灯外观	3	
		检查牌照灯点亮	4	
7	检查倒车灯	检查倒车灯外观	3	
		检查倒车灯点亮	4	
8	检查阅读灯	检查阅读灯外观	3	
		检查前阅读灯点亮	3	
		检查后阅读灯点亮	3	
9	检查储物箱灯	检查储物箱灯外观	3	
		检查储物箱灯点亮	3	
10	检查行李箱灯	检查行李箱灯外观	3	
		检查行李箱灯点亮	3	
		检查行李箱灯熄灭	3	

序号	作业项目	考核内容	分值	得分
11	检查近光灯	检查近光灯亮度	4	
12	检查远光灯	检查远光灯亮度	4	
13	作业记录	正确填写工单	3	
14	工位整理	"6S"检查	3	
15	安全生产	遵守安全操作规程	3	
		安全用电,无人身、设备事故	3	
总分			100	

注:操作规范即得分,操作错误或未进行操作得 0 分。

(二)知识测评

1. 判断题

(1)前照灯的照明效果,应能保证车前有明亮而均匀的照明,使驾驶人能看清车前 100 m 内路面上的障碍物。 （   ）

(2)汽车会车时应采用远光灯,无对面来车时采用近光灯。 （   ）

(3)在调整光束位置时,对具有双丝灯的前照灯,应该以调整近光光束为主。 （   ）

(4)前后雾灯均属照明灯。 （   ）

(5)氙气灯的灯泡中没有传统灯泡的灯丝,它的发光亮度和使用寿命均超过卤素气体灯泡。 （   ）

(6)更换卤素灯泡时,可以用手触摸灯泡部位。 （   ）

(7)前照灯光学系统主要由灯泡、反射镜和配光屏组成。 （   ）

(8)卤素灯从外形上分为 H1、H2、H3、H4 四种,其中 H4 为双灯丝灯泡,广泛用于前照灯,H1、H2、H3 为单灯丝灯泡,常用作辅助前照灯。 （   ）

2. 选择题

(1)下列不属于外部照明灯的是(   )。

A. 前大灯   B. 转向灯   C. 牌照灯   D. 倒车灯

(2)前照灯的近光灯丝位于(   )。

A. 焦点上方   B. 焦点下方   C. 焦点处   D. 焦点前

(3)倒车灯的灯光颜色为(   )色。

A. 红   B. 黄   C. 白   D. 橙

(4)前照灯的功率为(   )W。

A. 10~20   B. 20~60   C. 60~80   D. 80~100

（5）雾灯的颜色一般选用（   ）。

A. 黄色　　　　　　　B. 紫色　　　　　　　C. 白色　　　　　　　D. 红色

（6）只有当打开（   ）时，后雾灯才能打开。

A. 远光灯、近光灯　　　　　　　　　　B. 小灯

C. 前雾灯　　　　　　　　　　　　　　D. 远光灯、近光灯或前雾灯

（7）四灯制前照灯的内侧两灯一般使用（   ）。

A. 双丝灯泡　　　　B. 单丝灯泡　　　　C. 三灯丝灯泡　　　　D. 三者皆可

六、任务总结

（1）汽车照明系统的作用

汽车照明系统的主要作用是夜间道路照明、车厢内部照明、车辆宽度标示、仪表与夜间检修等。

（2）汽车照明系统的组成

汽车照明系统由电源、照明灯具、控制装置等组成。

（3）汽车照明系统的分类

汽车照明系统按照明灯的安装位置，可分为外部照明灯和内部照明灯。

（4）汽车外部照明灯

外部照明灯又分为前部照明和后部照明。

①汽车前部照明灯主要有前照、雾灯等，目前汽车普遍采用组合式外部照明灯。

②汽车后部照明灯主要有倒车灯、车牌灯和雾灯等。

（5）车灯的类型

车灯主要分为卤素灯、氙气灯、LED灯、激光大灯4种。

（6）汽车灯泡选用要素

汽车灯泡选用要素包括色温、光通量、功率、灯光照射效果、使用寿命。

（7）汽车灯光开关

汽车灯光开关的设置通常有两种形式，拨杆式灯光组合开关和旋钮式灯光开关。

（8）文明使用汽车灯光

①远光灯闪一下：表示提醒其他驾驶员先行或者感谢。

②远光灯闪两下：提示对方车辆

③远光灯闪三下：邻车有问题时作为提示。

④连续闪远光灯：强烈拒绝或强烈反感。因此，行车中应谨慎连续闪远光灯。

七、知识拓展

前汽车前照灯作为夜间行车的主要照明设备，灯光应符合《机动车运行安全技术条件》(GB 7258—2017)的要求。车辆年检时，车灯年审执行的也正是该规范，其中和前照灯有关的主要是3个方面：所有前照灯的近光均不应炫目、远光光束发光强度要求、光束照射位置要求。

1. 所有前照灯的近光均不应炫目

夜间会车时,前照灯强烈的灯光可造成迎面驾驶员眩目,容易引发交通事故。为了避免前照灯的眩目作用,在汽车上都采用双丝灯泡的前照灯,可以通过变光开关切换远光和近光。夜间会车时,必须在距对面来车150 m以外互闭远光灯,改用防眩目近光灯。

如车灯需更换时,一定要选择符合国家标准的灯具。

①机动车装备的前照灯应有远、近光变换功能;当远光变为近光时,所有远光应能同时熄灭。同一辆机动车上的前照灯不应左、右的远、近光灯交叉开亮。

②所有前照灯的近光均不应眩目,汽车(三轮汽车和装用单缸柴油机的低速货车除外)、摩托车装用的前照灯应分别符合GB 4599、GB 21259、GB 25991、GB 5948及GB 19152的规定。安装有自适应前照明系统的,应符合GB/T 30036的规定。

③机动车前照灯光束照射位置在正常使用条件下应保持稳定。

目前,前照灯防眩目的措施有采用双丝灯泡,采用带遮光罩的双丝灯泡,采用非对称光形、Z形光形和具有光敏电阻的自动变光器电路。

2. 远光光束发光强度要求

机动车每只前照灯的远光光束发光强度应达到表4-1-3的要求;并且,同时打开所有前照灯(远光)时,其总的远光光束发光强度应符合GB 4785的规定。测试时,电源系统应处于充电状态。

表4-1-3　前照灯远光光束发光强度最小值要求

单位:cd

机动车类型		检查项目					
		新注册车			在用车		
		一灯制	二灯制	四灯制[a]	一灯制	二灯制	四灯制[a]
三轮车		8 000	6 000	—	6 000	5 000	—
最大设计车速小于70 km/h的汽车		—	10 000	8 000	—	8 000	6 000
其他汽车		—	18 000	15 000	—	15 000	12 000
普通摩托车		10 000	8 000	—	8 000	6 000	—
轻便摩托车		4 000	3 000	—	—	2 500	—
拖拉机运输机组	标定功率>18 kW	—	8 000	—	—	6 000	—
	标定功率≤18 kW	6 000[b]	6 000	—	5 000[b]	5 000	—

a. 四灯制是指前照灯具有四个远光光束;采用四灯制的机动车其中两只对称的灯达到两灯制的要求时视为合格。

b. 允许手扶拖拉机运输机组只装用一只前照灯。

3.光束照射位置要求

光束照射位置要求是衡量汽车行驶安全性的重要内容之一。要求近光灯光型为明暗分界线,左低右高。远光灯不要求光型。

①在空载车状态下,汽车、摩托车前照灯近光光束照射在距离 10 m 的屏幕上,近光光束明暗截止线转角或中点的垂直方向位置,对于近光光束透光面中心(基准中心,下同)高度小于或等于 1 000 mm 的机动车,应不高于近光光束透光面中心所在水平面以下 50 mm 的直线且不低于近光光束透光面中心所在水平面以下 300 mm 的直线;对于近光光束透光面中心高度大于 1 000 mm 的机动车,应不高于近光光束透光面中心所在水平面以下 100 mm 的直线且不低于近光光束透光面中心所在水平面以下 350 mm 的直线。除装用一只前照灯的三轮汽车和摩托车外,前照灯近光光束明暗截止线转角或中点的水平方向位置与近光光束透光面中心所在垂直面相比,向左偏移应小于或等于 170 mm,向右偏移应小于或等于 350 mm。

②在空载车状态下,轮式拖拉机运输机组前照灯近光光束照射在距离 10 m 的屏幕上,近光光束中点的垂直位置应小于或等于 $0.7H$(H 为前照灯近光光束透光面中心的高度),水平位置向右偏移应小于或等于 350 mm 且不应向左偏移。

③在空载车状态下,对于能单独调整远光光束的汽车、摩托车前照灯,前照灯远光光束照射在距离 10 m 的屏幕上,其发光强度最大点的垂直方向位置应不高于远光光束透光面中心所在水平面(高度值为 H)以上 100 mm 的直线且不低于远光光束透光面中心所在水平面以下 $0.2H$ 的直线。除装用一只前照灯的三轮汽车和摩托车外,前照灯远光发光强度最大点的水平位置与远光光束透光面中心所在垂直面相比,左灯向左偏移应小于或等于 170 mm 且向右偏移应小于或等于 350 mm,右灯向左和向右偏移均应小于或等于 350 mm。

任务二　检修汽车前照灯

一、任务案例

张女士驾驶汽车来到4S店,反映她在夜晚驾车行驶过程中,开启大灯后发现左前近光灯无法点亮,而右前近光灯工作正常。希望维修人员能尽快检查并修复此问题,不耽误日常用车需求。

作为汽车维修技术人员,请你根据车辆维修手册和维修的基本原则,结合车辆的故障现象,对汽车前照灯系统进行全面的检修。

二、学习目标

通过本任务的学习,应能:

1. 阐述汽车前照灯电路的组成、常见故障和检修方法。
2. 正确查阅车辆维修手册,阐述前照灯电路各部件的连接关系和控制逻辑。
3. 在规定时间内,完成对汽车前照灯故障的检修,准确填写作业工单。
4. 培养细致入微的观察力、严谨的逻辑分析能力和精益求精的职业精神。
5. 提升对中国智造的自豪感,认识到科技创新在提升生活品质和推动产业升级中的重要作用。

学习重点:

1. 汽车前照灯电路的组成和分类。
2. 汽车前照灯电路常见故障的检修方法。

三、知识准备

（一）汽车前照灯电路的组成

汽车前照灯电路通常由蓄电池、熔断器、开关电路、继电器、电源电路和前照灯等组成,如图4-2-1所示。

1. 熔断器

熔断器又称保险丝,是为了防止电流过大而损坏电路元件或引起火灾的安全装置。熔断器通常安装在电源电路的入口处,可以在电流超过额定值时自动断开电路。这样可以防止电流过大,保护电路和灯具的安全。

熔断器

室内保险丝继电器盒

IP+B
10A IF22
45 C01
45 IP05

+B
R

IG1 室内保险丝继电器盒
10A IF25
4 C01
4 IP05
R/O

G

B/R
IP06 CA01
21 2

B/G
7 8 12 13
IP18 IP18 IP18 IP18
R/B

IP06 CA01
18 18
B/R
1 3
远光继电器C
B 5
2
G3

R

B/G
IP06 CA01
85 30
B/G
近光继电器F
86 87
B/G
G3

Gr
6 IP04
阳光传感器
IP04 IP04
2 1
B

LO HI PASS OFF POS HEAD AUTO
16 IP18 灯光组合开关
R/B

10A EF08
10A EF10
20 CA01
20 IP06
O/W
O/W

10A EF09
O/G

10A EF11
O/B O/G

17 31 6
IP29 IP29 IP29
BCM
Gr G
B

7 IP03
IP

O/G
L

O/G O/G
L

CA01 IP06
23
CA01 IP06
24 24
L

O/G
O

至背光调节开关

7 6 1 2
CA12 CA12 CA12 CA12
左前大灯调节电机
左远灯光5 CA12 左近灯光3 CA12
B
G3

7 6 1 2
CA18 CA18 CA18 CA18
右前大灯调节电机
右远灯光5 CA18 右近灯光3 CA18
B
G1A

2 1 1
IP16 IP16 IP16
右前大灯调节电机
前大灯调节开关
4 IP16
B
G7

G6

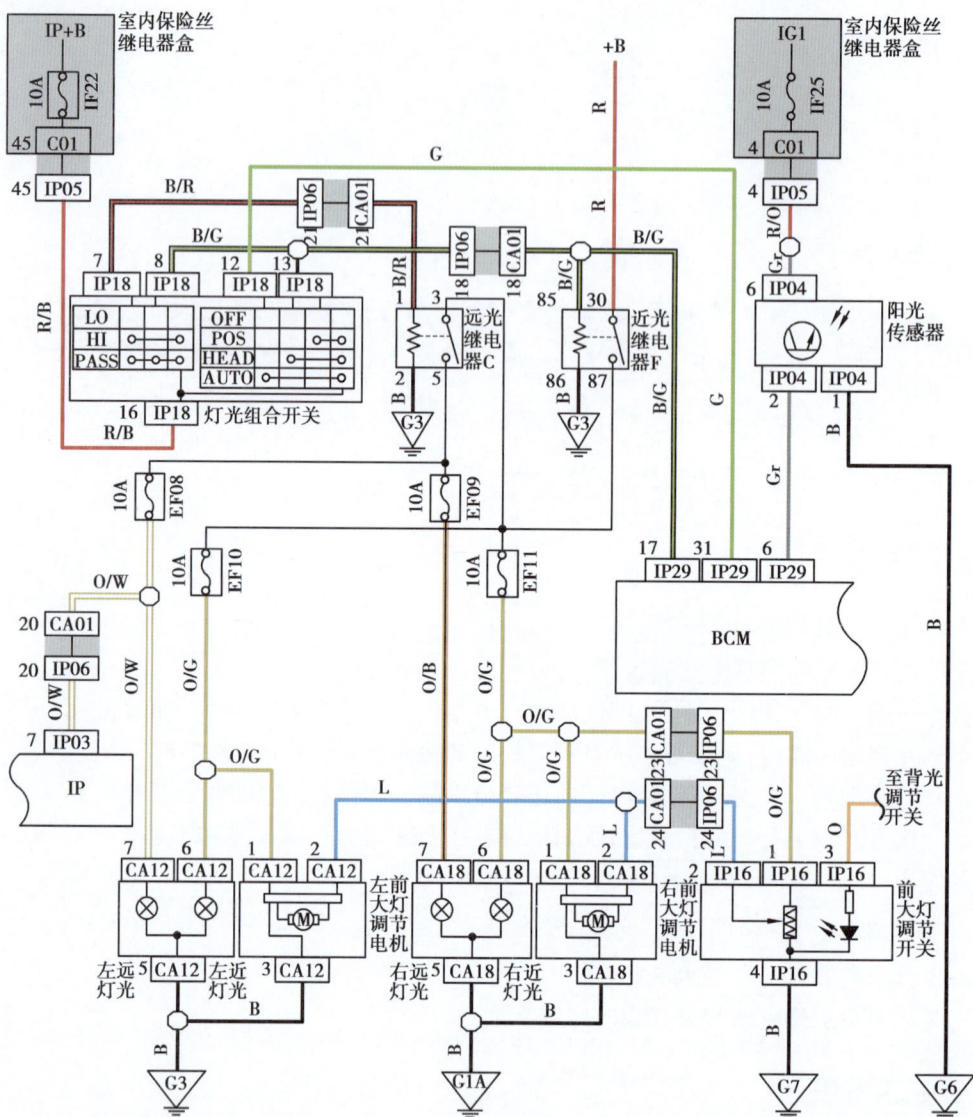

图4-2-1 汽车前照灯电路

2. 开关电路

开关电路是前照灯控制的核心，可以通过开关控制灯光的亮灭。开关通常位于车辆驾驶员便于控制的位置，驾驶员可以通过操作开关来控制灯光的开启和关闭。在开关电路中，通过连接电路和中断电路，将电流引导到灯具或切断电流，从而实现灯光的控制。

按顺时针方向，可以依次接通尾灯和前照灯，将开关向下扳可以由近光灯换成远光灯，向上扳则由远光灯换成近光灯，左右扳动可以切换左右转向灯，如图4-2-2所示。

3. 继电器

继电器是为了处理大功率负载的电磁开关。在前照灯控制电路中，继电器通常用于

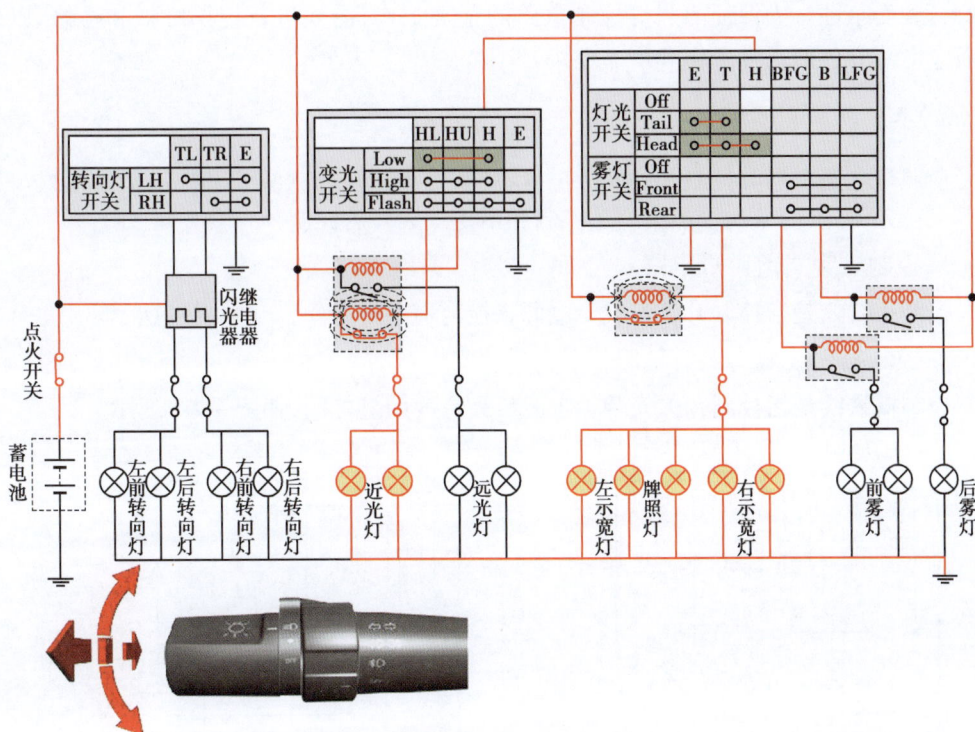

图 4-2-2　开关电路

控制前照灯。继电器通过控制较低功率信号来打开或关闭较大功率电路,从而提供足够的电流以点亮前照灯,如图 4-2-3 所示。

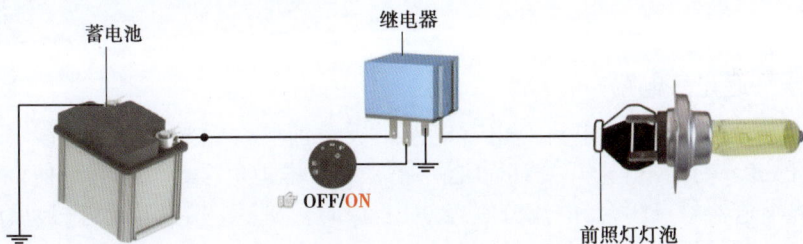

图 4-2-3　继电器电路

4. 电源电路

电源电路是为汽车前照灯提供电能的部分,通常由蓄电池和发电机组成。蓄电池是车辆电气系统的主要电源,为各种电器设备提供电能。发电机则通过车辆行驶时发动机的转动产生电能,同时为蓄电池充电,以维持电气系统的正常运行。

5. 前照灯

前照灯本身是连接在电路中的灯具装置,通过电流来产生光亮。前照灯通常由氙气灯或 LED 灯组成,具有高亮度和较长的寿命。

总的来说,汽车前照灯电路是一个复杂而严谨的电路系统,通过开关和电路元件的配合,实现对前照灯的控制和调节。这样可以确保驾驶员在夜间行驶时有足够的照明,提高行驶安全性。为保证前照灯控制电路的正常工作,需要进行定期维护和检修,以确保各个电路元件的正常工作和可靠连接。

(二)汽车前照灯电路控制方式

前照灯电路根据其控制开关安装位置不同,可分为控制火线式和控制搭铁线式。根据其电源开关,又可分为受点火开关控制和不受点火开关控制。

1. 控制火线式前照灯电路

控制火线式是指控制开关安装于电源正极与前照灯之间,如图4-2-4所示。

2. 控制搭铁线式前照灯电路

控制搭铁线是指控制开关安装于电源负极与前照灯之间,如图4-2-5所示。

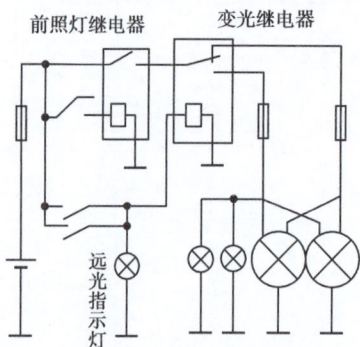

图4-2-4　控制火线式

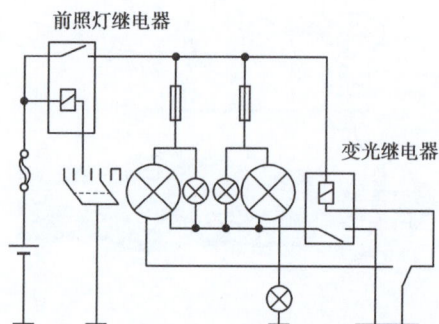

图4-2-5　控制搭铁线式

(三)汽车前照灯电路图

1. 前照灯近光灯电路

打开近光变光开关后,电流经由蓄电池正极→前照灯近光灯继电器线圈→变光开关Low挡→灯光开关Head挡→搭铁→蓄电池负极,形成回路,使前大灯近光继电器触点闭合;电流分别经左、右保险丝到达左、右近光灯,最后经搭铁回到蓄电池负极,形成回路,左、右近光灯点亮,如图4-2-6所示。

汽车前照灯
近光灯电路

2. 前照灯远光灯电路

打开远光变光开关后,电流经由蓄电池正极→前照灯变光继电器线圈→变光开关High挡→灯光开关Head挡→搭铁→蓄电池负极,形成回路,使前大灯变光继电器开关闭合;电流分别经左、右保险丝到达左、右远光灯以及远光灯指示灯,最后经搭铁回到蓄电池负极,形成回路,左、右远光灯以及远光指示灯点亮,如图4-2-7所示。

3. 前雾灯电路

打开前雾灯开关,电流经由蓄电池正极→主保险丝→主继电器→ECU接地端子→搭铁→蓄电池负极,形成回路,使主继电器触点闭合;电流分别经前雾灯继电器→雾灯开关→搭铁→蓄电池负极形成回路,使前雾灯继电器触点闭合,电流到达前雾灯及其指示灯,最后经搭铁回到负极形成回路,前雾灯及其指示灯点亮,如图4-2-8所示。

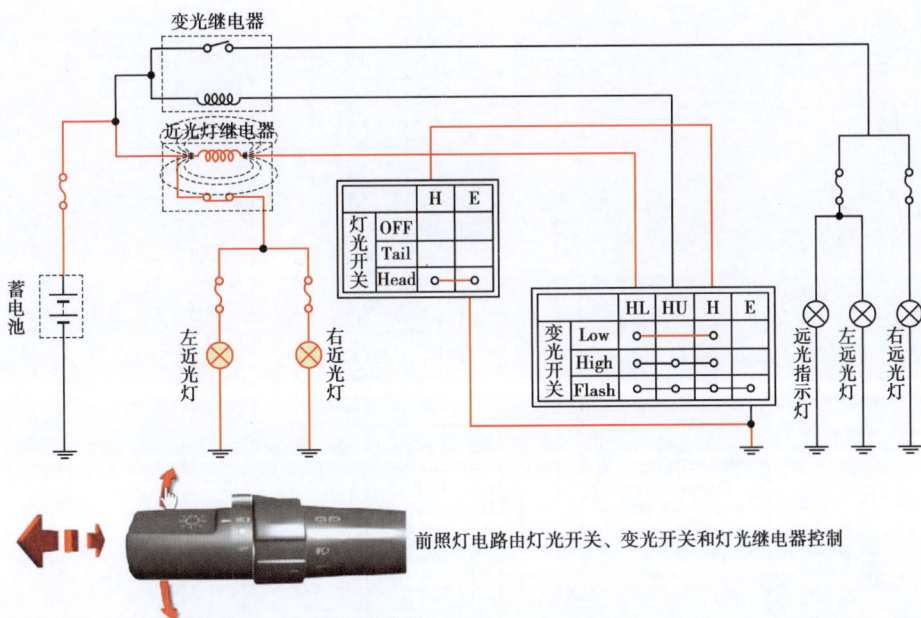

图 4-2-6　前照灯近光灯电路

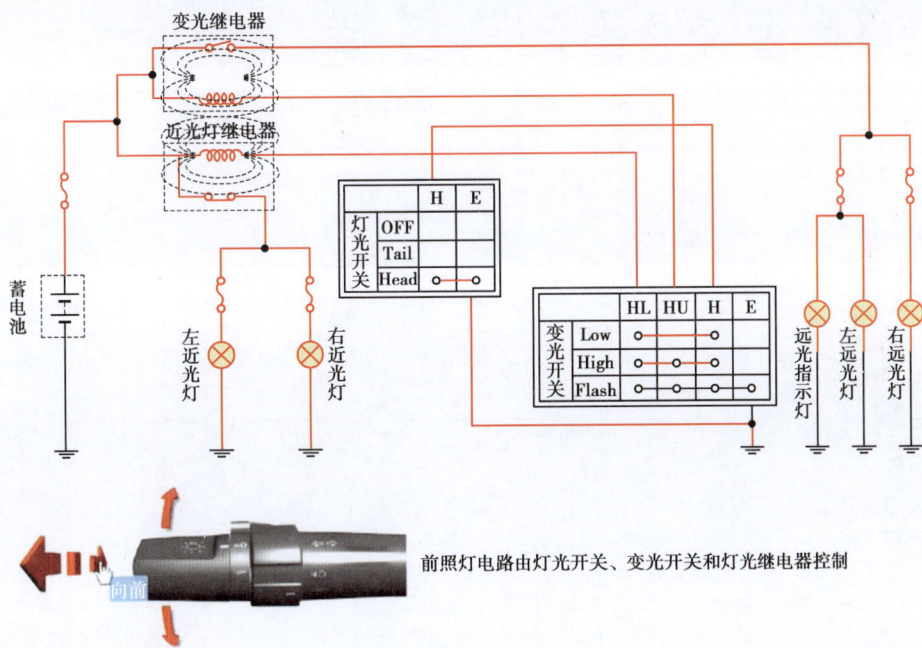

图 4-2-7　前照灯远光灯电路

4.后雾灯电路

打开后雾灯开关,电流经由蓄电池正极→主保险丝→主继电器→ECU 接地端子→搭铁→蓄电池负极,形成回路,使主继电器触点闭合;电流分别经后雾灯继电器→雾灯开关→搭铁→蓄电池负极形成回路,使后雾灯继电器触点闭合,电流到达后雾灯及其指示灯,最后经搭铁回到负极形成回路,后雾灯及其指示灯点亮,如图 4-2-9 所示。

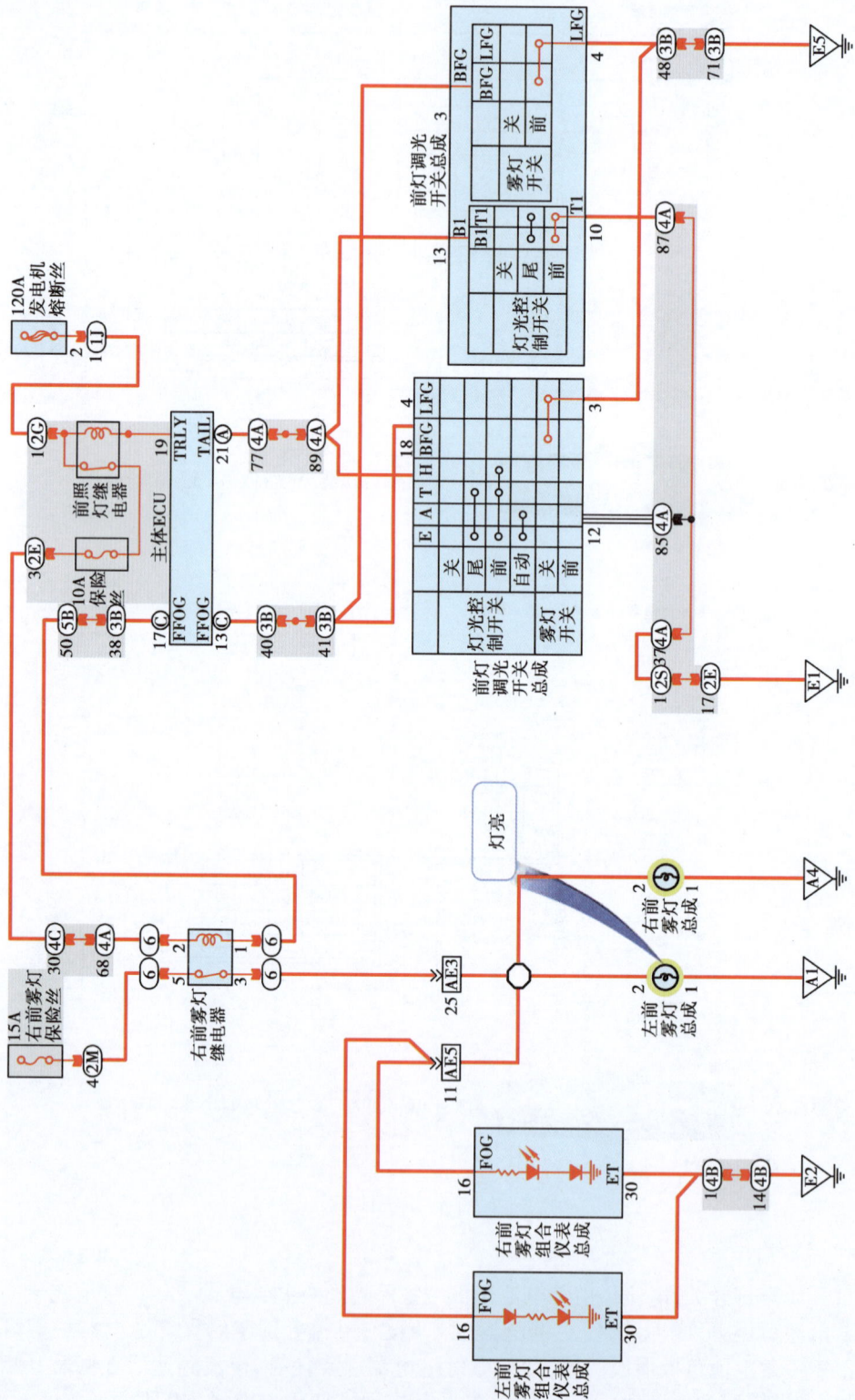

图 4-2-8 前雾灯电路

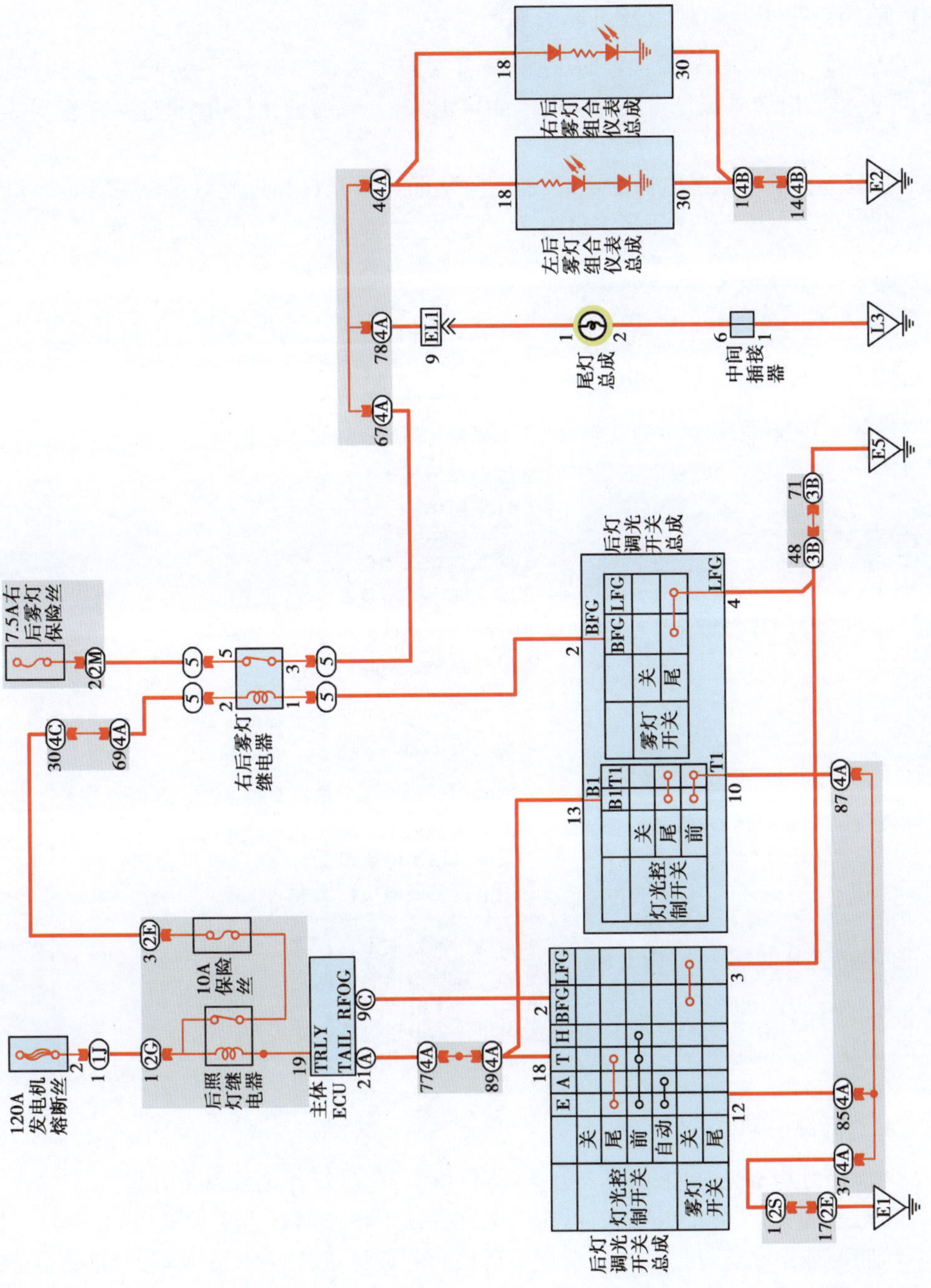
120A 发电机 熔断丝
后照灯继电器
10A 保险丝
主体 ECU
TRLY
TAIL
RFOG
7.5A右后雾灯保险丝
右后雾灯继电器
后灯调光开关总成
灯光控制开关
雾灯开关
关
尾
前
自动
尾灯总成
中间插接器
左后雾灯组合仪表总成
右后雾灯组合仪表总成
E1
E2
E5
L3
EL1
BFG
LFG
B1
T1

图 4-2-9　后雾灯电路

（四）汽车前照灯故障分析

1. 前照灯常见故障现象及可能的原因

如表4-2-1所示，在故障检查的过程中，首先通过检查喇叭是否有声音，近光灯是否亮起，判断汽车电源系统是否正常供电。如果正常，分析远近光灯电路，进一步查找故障位置。

通过灯光开关控制继电器的导通或断开，从而为远光灯和近光灯供电。若近光灯正常，可判断远光灯和近光灯公共线路正常，即蓄电池、总保险丝、灯光开关正常。

表4-2-1　前照灯常见故障现象及原因

故障现象	故障原因
前照灯都不亮	①电源熔断器熔断； ②蓄电池搭铁不良； ③变光开关损坏； ④继电器损坏； ⑤灯泡损坏
远光灯不亮或近光灯不亮	①变光开关损坏； ②闪光继电器不良； ③导线搭铁不良； ④导线断路、熔断器熔断； ⑤灯丝烧坏
前照灯灯光暗淡	①熔断器松动； ②线路松动或接触不良； ③搭铁不良； ④发电机输出电压过低； ⑤用电设备漏电负荷增大
一侧前照灯正常、一侧前照灯暗淡	①暗的一侧搭铁不良； ②导线插接器接触不良
灯泡经常烧坏	发电机输出电压过高

2. 雾灯故障分析

①两侧雾灯均不亮：可能由灯光开关、雾灯继电器、雾灯开关或线路引起。

②雾灯一侧亮、一侧暗或不亮：可能由雾灯搭铁不良或雾灯本身故障引起。检查时，可用导线将暗或不亮雾灯搭铁的一端直接搭铁。若雾灯正常点亮，说明雾灯暗或不亮的原因由搭铁不良引起。若仍不亮，则雾灯不亮的原因是雾灯灯泡损坏，应予以更换。

3. 汽车前照灯不亮故障检查流程

汽车前照灯不亮故障检查流程如图4-2-10所示。

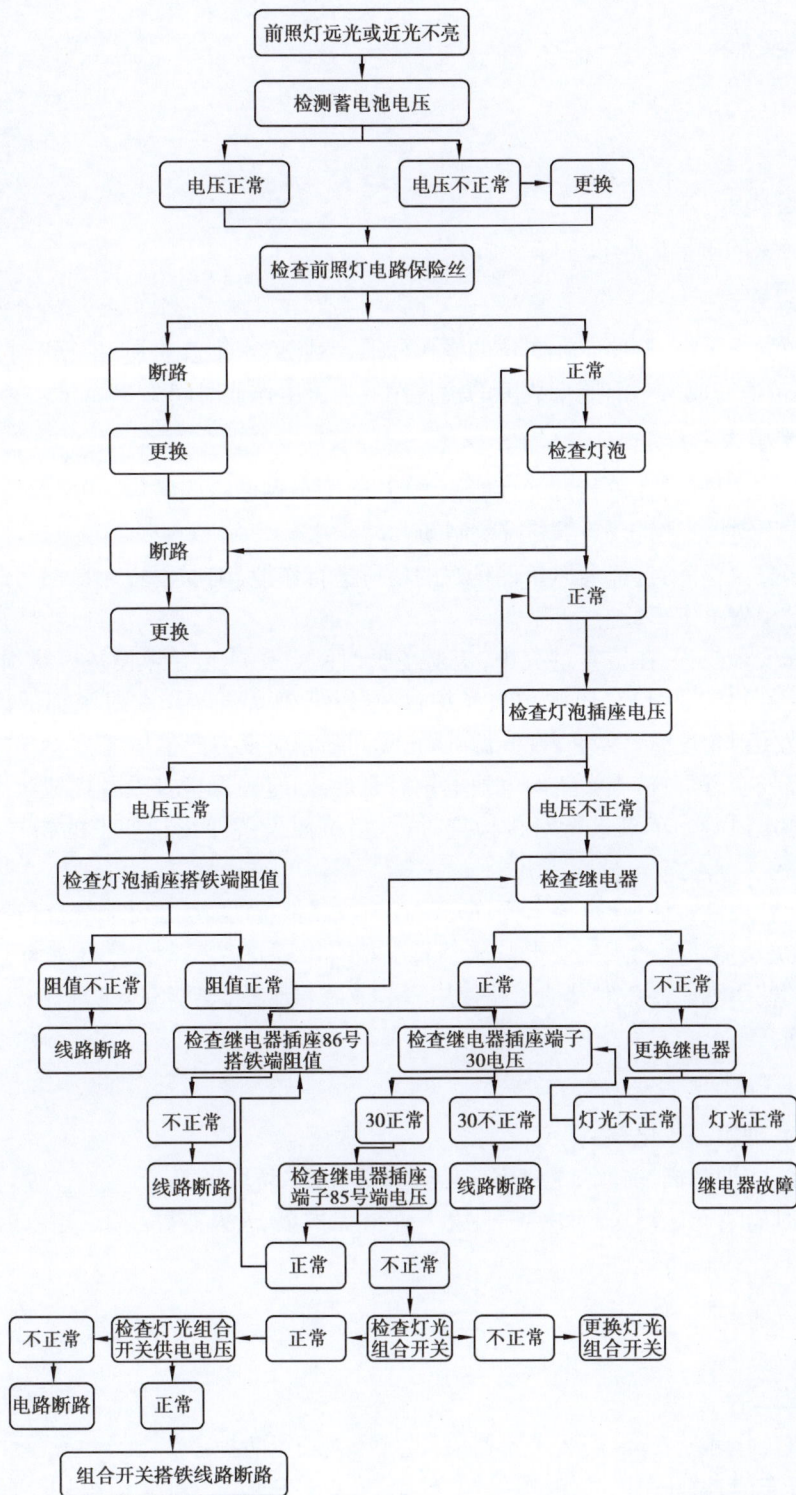

图 4-2-10 前照灯不亮故障检查流程

四、任务实施

（一）实施方案

1. 质量要求

参照厂家的质量标准和维修手册要求。

2. 组织方式

每 6 位同学 1 组，按照企业岗位的操作标准，参照厂家维修手册，依据"1+X"证书考核标准，规范地完成汽车前照灯故障的检查作业。每组作业时间为 80 min。

3. 技术要求与标准

①车辆安全措施：在进行灯光性能检查前，确保车辆已稳固驻停，变速器位于自动挡 P 挡位置或手动挡空挡状态，手刹有效制动。

②环境安全保障：选择通风条件良好的场所进行作业，确保周边无易燃易爆物品，防止电气火花引发火灾事故。

③操作安全规程：在检查过程中，应避免长时间点亮灯光导致设备过热损坏。操作员须遵守标准化作业流程，佩戴防强光护目镜，以抵御高强度光线对眼部的潜在伤害。在调节灯光照射角度时，切勿直视光源，防止瞬间强光对视力产生损害。

④设备安全管理：检查设备的电池电量需充足，同时确保检查设备接地状态良好，以彻底消除漏电风险。车辆进行对接检查时，严格按照设备使用说明书的指导进行规范操作。

⑤法律合规性验证：在审核车辆灯光配置与改装情况时，务必要求符合《道路交通安全法》等相关法律法规的规定。严禁未经批准擅自增强灯光亮度或安装非标灯光装置，确保灯光的使用既能避免对其他道路使用者造成眩目干扰，也能有效防止任何类型的潜在安全隐患。

4. 设备器材

①场地：理实一体化教室。
②设备：实训车辆、前照灯检查仪、工具车、万用表、垃圾桶等。
③安全防护：车轮挡块、室内"三件套"、车外保护垫、灭火器等。
④耗材：干净抹布。

（二）操作步骤

1. 准备工作

①检查工作环境安全，安装车轮挡块，做好个人安全防护。
②打开车门，做好车内防护，罩好"三件套"。打开机舱盖，铺设翼子板防护垫。换挡杆置于 P 挡，拉紧驻车制动手柄。

2.检查蓄电池电压

操作步骤前面已经讲过,这里不再赘述。

3.检查汽车前部灯光

①检查前照灯近光及其指示灯。将变光器开关旋至二挡,检查前照灯近光是否正常亮起,如图 4-2-11 所示。

②检查前照灯远光及其指示灯。变光器开关保持二挡,将变光器开关向前推,检查仪表板前照灯远光指示灯是否正常亮起,检查前照灯远光是否正常亮起,如图 4-2-12 所示。

图 4-2-11　检查近光灯　　　　　图 4-2-12　检查远光灯

③检查前雾灯及其指示灯。保持变光器开关在一挡位置,将变光器开关内圈转动一挡,检查仪表板雾灯指示灯是否正常亮起,检查雾灯是否正常亮起,如图 4-2-13 所示。

图 4-2-13　检查前雾灯及其指示灯　　　图 4-2-14　拆卸远光灯灯泡

4.检查灯泡

①拆卸远光灯灯泡,如图 4-2-14 所示。

②检查远光灯灯泡。检查右远光灯灯泡,检查灯丝是否破损,若灯丝烧断和灯泡损坏,则更换新灯泡。若无法目测,如卤素灯,则可采用试灯法检查是否良好,若不正常则需更换新灯泡。

5.检查保险丝

①进入驾驶室,用缠有保护胶带的一字螺丝刀撬开保险丝盒。

②在保险丝盒中找到远光灯保险丝,使用保险丝夹将该保险丝取下,如图 4-2-15 所示。

远光灯保险丝位置见继电器盒盖背面。

③目测保险丝是否烧断,如图 4-2-16 所示。

图 4-2-15　取出保险丝

图 4-2-16　目视检查保险丝

④测量各保险丝加载槽与车身搭铁之间的电压,见表 4-2-2。

表 4-2-2　标准电压

检查仪连接	开关状态	规定状态
H-LP LH HI 保险丝端子—车身搭铁	灯控开关置于 HEAD 位置	11 ~ 14 V
H-LP RH HI 保险丝端子—车身搭铁	灯控开关置于 HEAD 位置	11 ~ 14 V

⑤如目测无法判断保险丝是否烧坏,则可选用万用表测保险丝电阻。若阻值为 ∞,说明保险丝已坏,需更换保险丝,如图 4-2-17 所示。

⑥更换新保险丝:

a. 确认保险丝载流量,按照对应颜色和规格选用保险丝,如图 4-2-18 所示。

b. 观察保险丝外部和端子处是否有烧灼现象。

c. 用数字万用表欧姆挡检查保险丝两端子之间的电阻,正常情况下应小于 1 Ω。

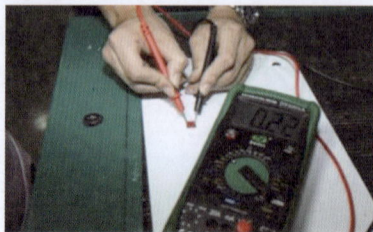

图 4-2-17　测量保险丝电阻

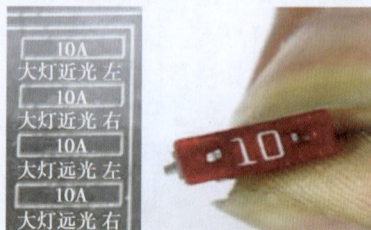

图 4-2-18　选用保险丝

6. 检查前大灯继电器

①进入驾驶室，打开发动机舱盖。

②从继电器盒中拆下继电器，如图 4-2-19 所示。

③根据表 4-2-3 中的值测量继电器电阻。

图 4-2-19 取出继电器

表 4-2-3 继电器标准电阻

检查仪连接		条件	规定状态
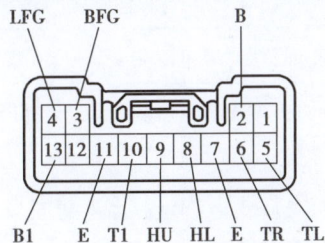	3—5	在端子 1 和 2 之间未施加电压	10 kΩ 或更大
	3—5	在端子 1 和 2 之间施加电压	小于 1 Ω

如果检查结果不符合上述标准，则说明继电器损坏，应该更换新继电器。

7. 检查前照灯组合开关

①关闭点火开关。

②正确使用工具断开蓄电池负极端子电缆，如图 4-2-20 所示。

注意事项

按照先拆负极、后拆正极电缆的要求进行，否则容易引起正极电缆搭铁，导致电控单元因瞬时高电压而损坏。

断开蓄电池电缆后至少要等待 90 s，以防不正当操作引爆安全气囊。

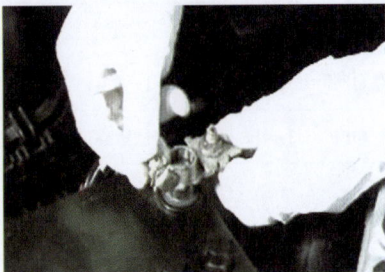
图 4-2-20 断开蓄电池负极电缆

图 4-2-21 连接器

③断开组合开关总成连接器，进行组合开关连接器端子侧的线路检查。连接器端子

位置如图 4-2-21 所示。用万用表检查变光插接器元件一侧的连接端子的电阻值,检查的电阻值见表 4-2-4。

表 4-2-4　标准电阻

端子号	开关状态	规定状态
10—13	OFF	无穷大
11—13	Tall	小于 1 Ω
10—13	Head	小于 1 Ω
11—13		
11—8	近光 Low	小于 1 Ω
11—9	远光 High	小于 1 Ω
7—11、9—11	闪光 Flash	小于 1 Ω

④用万用表检查组合开关孔端的搭铁回路的电阻值是否符合规定值,标准值小于 1 Ω。用万用表红笔搭组合开关连接器 11 号端子,黑笔搭驾驶舱的搭铁点,测两者之间的电阻值,标准电阻应小于 1 Ω。

⑤检查驾驶舱的搭铁电阻。拆除塑料护板,在不带电的情况下测量搭铁电阻。若存在电阻或电阻偏大,则说明搭铁不良,需修复搭铁,再试车检查故障是否排除。

⑥检查继电器插槽 2 号端子到组合开关连接器孔端的 13 端子之间的电阻值,标准值小于 1 Ω。若检查不正常,则需更换组合开关总成。

8. 检查线束和连接器

检查线路连接情况:用手振动或晃动连接远光灯到灯光开关的线路,检查线路连接处是否松动,导线是否从端子中脱开。如果有,则需紧固。必要时,更换新的配线。

(1)检查线束和连接器(前大灯继电器—前大灯变光继电器)

用万用表测前大灯继电器至前大灯变光继电器间线路的电压,见表 4-2-5。如有异常,需更换线束或连接器。如正常,则进行下一步检查。

表 4-2-5　标准电压

检查仪连接	条件	规定状态
前大灯变光继电器端子 2—车身搭铁	灯控开关 OFF→Head	低于 1 V→11 ~ 14 V
前大灯变光继电器端子 3—车身搭铁	灯控开关 OFF→Head	低于 1 V→11 ~ 14 V

(2)检查线束和连接器(前大灯变光继电器—保险丝)

测量前大灯变光继电器至保险丝之间线束的电阻值,见表 4-2-6。若有异常,则需维修或更换线束和连接器。如果阻值正常,则继续下一步检查。

表 4-2-6　标准电阻

检查仪连接	条件	规定状态
前大灯变光继电器端子 5-H-LP LH HI 保险丝端子	始终	小于 1 Ω
前大灯变光继电器端子 5-H-LP RH HI 保险丝端子	始终	小于 1 Ω

（3）检查线束和连接器（前大灯变光继电器—主车身 ECU）

断开主车身 ECU 连接器 E51，测量电阻值，见表 4-2-7。如有异常，则需要维修或更换线束或连接器。若电阻值正常，则继续下一步检查。

表 4-2-7　标准电阻

检查仪连接	条件	规定状态
前大灯变光继电器端子 1—E51_3（DIM）	始终	小于 1 Ω
E51_3（DIM）—车身搭铁	始终	10 kΩ 或更大

注意事项

如果只有一侧远光前大灯不亮，则检查保险丝、灯泡或与灯泡相关的线束。

如果近光前大灯亮起且变光开关置于 High 位置时，左右两侧的远光前大灯都没有亮起，则执行远光前大灯继电器主动测试，并读取数据表中变光开关 High 信号值，以确定故障存在于开关侧还是继电器侧。

在开始远光前大灯控制系统故障排除前，检查并确认近光前大灯工作正常。

9. 安装组合开关

按照拆卸相反顺序安装组合开关。

10. 复检

通过以上步骤的检查与维修，工作结束时进行维修质量的验证，点火开关在 ON 位置，打开组合开关，检查前大灯是否亮起。

11. 工位复位

①收起机舱翼子板防护垫，盖好机舱罩盖，收起车内防护套。

②整理工位和工具，清扫场地，实施"6S"管理。

（三）作业工单

专　业		班　级	
姓　名		学　号	
小组成员		组长姓名	

一、任务阐述

　　汽车前照灯电路是车辆电气系统中的关键内容，它不仅承载着多样化的照明功能，还涉及精确的控制逻辑，对保障夜间行车安全起着至关重要的作用。因此，前照灯电路的精确分析与故障的快速诊断和有效维修，对保证行车安全极为关键，同时也直接关系到车辆照明性能的优化和提升。

　　请结合"1+X"职业技能等级证书考核标准，完成对汽车前照灯故障的检查和修复。

二、获取信息

图示	信息获取
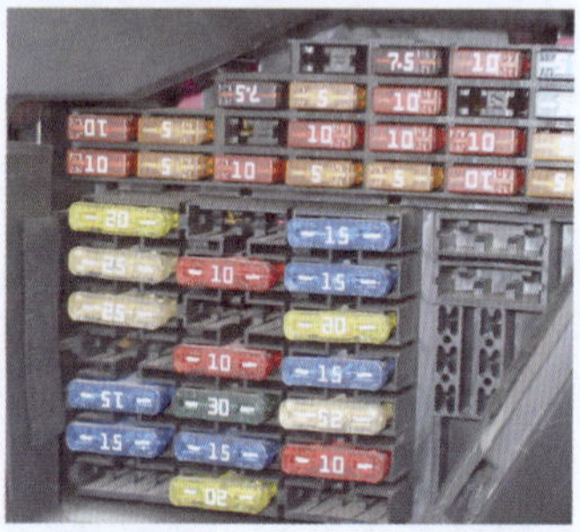	熔断器（熔丝）使用注意事项： ①熔断器熔断后，必须先查找故障原因，并彻底排除。 ②更换熔断器时，一定要与原规格相同，特别不能使用比规定容量大的熔断器，否则将失去保护作用。 ③熔断器支架与熔断器接触不良会产生电压降和发热现象。因此，特别要注意检查有无氧化现象和脏污。
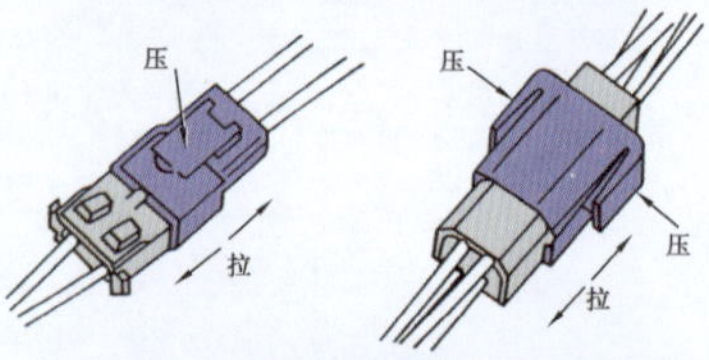	为便于接线，汽车线束中各导线端头均焊有接线卡，并在导线与接线卡连接处套以绝缘管；经常拆卸的接线卡一般采用开口式，而拆卸机会少的接线卡则常采用闭口式。
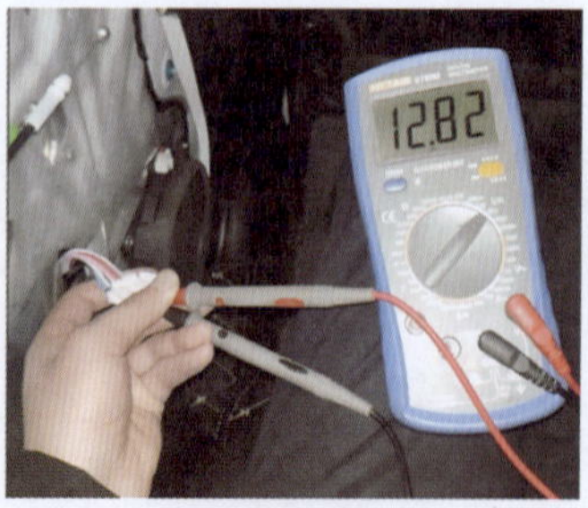	当遇到汽车灯光故障时，采取先拆下灯泡、检测灯泡插座两端电压的方法，是一种较为直接且有效的故障排查手段，有助于迅速判断故障根源是线路问题还是灯泡本身元件故障。
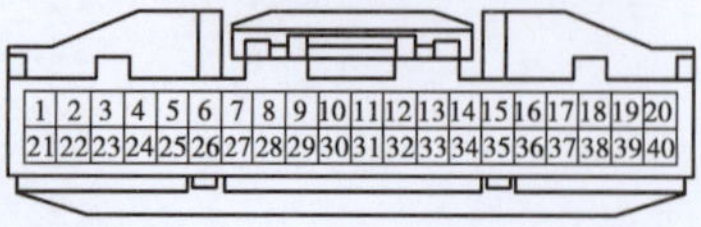	接插件针脚识别：接插件自锁方向朝上，接插件插头引脚按从左到右、从上到下进行编号；接插件插座引脚按从右到左、从上到下进行编号。

三、任务实施

检查汽车照明系统			
序号	作业项目	是否完成	作业记录
1	工位安全检查、车辆安全处置	是□　否□	正常□_____不正常□_____
2	个人防护、车辆内外防护	是□　否□	
3	检查蓄电池电压	是□　否□	正常□_____不正常□_____
4	检查前照灯近光及其指示灯	是□　否□	正常□_____不正常□_____
5	检查前照灯远光及其指示灯	是□　否□	正常□_____不正常□_____
6	检查前雾灯及其指示灯	是□　否□	正常□_____不正常□_____
7	检查远近光灯灯泡	是□　否□	正常□_____不正常□_____
8	检查雾灯灯泡	是□　否□	正常□_____不正常□_____
9	检查保险丝	是□　否□	正常□_____不正常□_____
10	更换保险丝	是□　否□	正常□_____不正常□_____
11	检查继电器	是□　否□	正常□_____不正常□_____
12	更换继电器	是□　否□	正常□_____不正常□_____
13	检查前大灯继电器—前大灯变光继电器线路	是□　否□	正常□_____不正常□_____
14	检查前大灯变光继电器—保险丝线路	是□　否□	正常□_____不正常□_____
15	检查前大灯变光继电器—主车身ECU线路	是□　否□	正常□_____不正常□_____
16	规范操作、落实"6S"制度	是□　否□	

五、任务评价

（一）技能评价表

序号	作业项目	考核内容	分值	得分
1	准备工作	检查施工环境安全	5	
		车辆防护	5	
		人员防护	5	
2	检查蓄电池	检查蓄电池电压	5	
3	检查汽车前部灯光	检查前照灯近光及其指示灯	5	
		检查前照灯远光及其指示灯	5	
		检查前雾灯及其指示灯	5	
4	检查灯泡	检查远近光灯灯泡	5	
		检查雾灯灯泡	5	
5	检查保险丝	检查保险丝	5	
		更换保险丝	5	
6	检查前大灯继电器	检查继电器	5	
		更换继电器	5	
7	检查线束和连接器	检查前大灯继电器—前大灯变光继电器线路	5	
		检查前大灯变光继电器—保险丝线路	5	
		检查前大灯变光继电器—主车身 ECU 线路	5	
8	复检	检查前照灯工作性能	5	
9	作业记录	正确填写工单	5	
10	安全生产	遵守安全操作规程	5	
		安全用电，无人身、设备事故	5	
总分			100	

注：操作规范即得分，操作错误或未进行操作得0分。

（二）知识测评

1.判断题

（1）保险丝又称熔断器，当其电流超过其额定电流时会自动熔断。 （　　）

（2）继电器是一种电磁开关元件，能以小电流控制大电流。 （　　）

（3）变光开关可根据需要切换近光和远光。 （　　）

（4）前照灯电路主要由灯光开关、变光开关、前照灯继电器及前照灯组成。 （　　）

（5）前照灯的作用之一是用作超车信号灯，当需要超越前方车辆时，可以通过闪烁前照灯提醒前方车辆。 （　　）

（6）现在大部分汽车照明电路的控制方式都是通过车身控制模块来实现对照明电路进行通断控制。 （　　）

（7）当有一侧前照灯近灯不亮时，其故障原因肯定是灯泡本身损坏。 （　　）

（8）夜间会车时，前照灯发出的强光束会使迎面来的驾驶员眩目，易发生交通事故。
（　　）

2.选择题

（1）汽车前大灯继电器是（　　）。

A.常开式继电器　　　B.常闭式继电器　　　C.混合式继电器　　　D.闪光继电器

（2）汽车电流是从蓄电池正极经过继电器或开关、保险丝，最后到（　　）。

A.搭铁　　　　　　　B.蓄电池负极　　　　C.用电器　　　　　　D.蓄电池正极

（3）关于卡罗拉轿车的大灯控制方式，甲说：近光和远光大灯都是由同一个继电器控制，乙说：近光和远光由不同的继电器控制。对于他们的说法，你认为（　　）。

A.甲对　　　　　　　B.乙对　　　　　　　C.甲乙都不对　　　　D.甲乙都对

（4）在供电正常的情况下，下列不属于前照灯不亮的故障原因的是（　　）。

A.保险丝烧断　　　　B.继电器损坏　　　　C.起动机损坏　　　　D.线束短路或断路

（5）给前大灯继电器 1 号和 2 号端子施加蓄电池电压，则 3 号和 5 号端子间电阻应为（　　）。

A.小于 1 Ω　　　　　B.大于 10 kΩ　　　　C.大于 1 Ω　　　　　D.90 Ω

（6）前照灯的变光开关应（　　）在灯光开关与前照灯之间。

A.串联　　　　　　　B.并联　　　　　　　C.任意连接　　　　　D.混联

（7）继电器的作用是通过（　　）的电流控制经过触点的用电器工作电流。

A.开关　　　　　　　B.二极管　　　　　　C.线圈　　　　　　　D.三极管

六、任务总结

1.汽车前照灯电路的组成

汽车前照灯电路通常由熔断器、开关电路、继电器、电源电路和前照灯等组成。

2.汽车前照灯电路控制方式

汽车前照灯电路根据其控制开关安装位置不同,可分为控制火线式和控制搭铁线式。根据其电源开关,又可分为受点火开关控制和不受点火开关控制。

3.汽车前照灯电路图

（1）汽车前照灯近光灯电路

打开近光灯变光开关后,电流经由蓄电池正极→前照灯近光灯继电器线圈→变光开关 Low 挡→灯光开关 Head 挡→搭铁→蓄电池负极,形成回路,使前大灯近光继电器触点闭合;电流分别经左、右保险丝到达左右近光灯,最后经搭铁回到蓄电池负极,形成回路,左右近光灯点亮。

（2）前照灯远光灯电路

打开远光灯变光开关后,电流经由蓄电池正极→前照灯变光继电器线圈→变光开关 High 挡→灯光开关 Head 挡→搭铁→蓄电池负极,形成回路,使前大灯变光继电器开关闭合;电流分别经左、右保险丝到达左、右远光灯以及远光灯指示灯,最后经搭铁回到蓄电池负极,形成回路,左、右远光灯以及远光指示灯点亮。

（3）前雾灯

打开前雾灯开关,电流经由蓄电池正极→主保险丝→主继电器→ECU 接地端子→搭铁→蓄电池负极,形成回路,使主继电器触点闭合;电流分别经前雾灯继电器→雾灯开关→搭铁→蓄电池负极形成回路,使前雾灯继电器触点闭合,电流到达前雾灯及其指示灯,最后经搭铁回到负极形成回路,前雾灯及其指示灯点亮。

（4）后雾灯

打开后雾灯开关,电流经由蓄电池正极→主保险丝→主继电器→ECU 接地端子→搭铁→蓄电池负极,形成回路,使主继电器触点闭合;电流分别经后雾灯继电器→雾灯开关→搭铁→蓄电池负极形成回路,使后雾灯继电器触点闭合,电流到达后雾灯及其指示灯,最后经搭铁回到负极形成回路,后雾灯及其指示灯点亮。

4.汽车前照灯故障分析

（1）汽车前照灯故障

汽车前照灯故障包括灯泡损坏、保险丝烧断、继电器故障、连接线路短路或断路、组合开关故障。

（2）雾灯故障分析

①两侧雾灯均不亮:可能是由灯光开关、雾灯继电器、雾灯开关或线路引起。

②一侧亮、一侧暗或不亮:可能是由雾灯搭铁不良或雾灯本身故障引起的。检查时,可用导线将暗或不亮雾灯搭铁的一端直接搭铁。若雾灯正常点亮,说明雾灯暗或不亮的原因是搭铁不良。若仍不亮,则雾灯不亮的原因是雾灯灯泡损坏,应予以更换。

七、知识拓展

我国汽车产业紧握科技变革脉搏,加速转型升级,市场需求转向个性化与生活品质体验。汽车大灯技术革新,从卤素跨越至 OLED,多元光源各展风采,广泛应用于各类车型。车灯不仅是照明、警示与指示的工具,更是体现品牌差异、融合美学设计、性能与耐用性的核心载体。国内车企敏锐洞察,大力投入研发,以创新车灯技术引领市场,借助技术优势塑造产品独特魅力,满足消费者对智能汽车生活的高品质追求,车载光源成为提升汽车智能化价值的重要一环。

在科技与汽车的融合领域,国内车企以其"光"赋能的出色表现,不仅实现了技术的颠覆性突破,更如同一位通情达理的"汽车说书人",以智慧大灯为笔,描绘出一幅无以言表的行车艺术图,智慧大灯却在这场革命中成为"汽车人语言"的新翻译者。

(一)ADB 精准感知算法:技术的巅峰之作

自动适应远光系统(ADB)的精准感知算法,是智慧大灯技术上的一项巅峰之作。以毫秒级目标预测算和亚米级别的测算精度,成功解决了传统车灯智能调节的难题。与行业头部玩家相比,ADB 在测得准、跟得快、遮得稳方面堪称独步。如图 4-2-22 所示。

图 4-2-22　自动适应远光系统

(二)汽车人语言的翻译者

车灯是汽车与外界最直接的沟通方式,而智慧大灯则成为这场"汽车人语言"的翻译者。不仅可以进行基本的行车指示,更能通过文字、符号、表情等方式表达丰富的情感,实现了车辆与周围环境的智能交流。智慧大灯不仅仅是一项技术的升级,更是对安全的全新关怀。通过投影在车前地面上的光毯,降低了对周围车辆和行人的视觉干扰。而在特殊情况下,智慧大灯还能根据不同环境调整亮度,确保行车更为安全。如图 4-2-23 所示。

(三)氛围感已成刚需

汽车早已不再是简单的代步工具,它已经成为生活中不可或缺的一部分。通过智慧大灯的独特设计,为用户创造了更加有温度、有仪式感的行车体验。无论是庆祝纪念日还是表达感情,智慧大灯都能通过投影呈现出丰富的氛围感,让汽车成为生活的一部分。

图 4-2-23　大灯遮蔽自适应功能

　　在这场"光"赋能的创新中,我们看到了汽车未来的可能性,也反映出如今车企在"创新"面前所做出的努力。也正是由于这些努力,才让汽车可以在未来的智能时代里呈现出百花齐放的样子。或许,未来的汽车不仅仅是一台机械的交通工具,更是一位懂得与人沟通的智慧伙伴。让我们一同期待,中国智造在未来的路上继续为我们奉上更多的惊喜。

项目五　检修汽车信号系统

　　汽车辅助电器设备是提升车辆性能、安全性和舒适性的关键,包括电动雨刮器、电动车窗等。随着技术进步,这些设备正变得更加智能化和集成化,如智能驾驶辅助系统提供自动泊车和碰撞预警。未来,汽车辅助电器设备将继续向智能化和网络化发展,提供更丰富的驾驶体验。

学习目标

知识目标:

1.能阐述汽车灯光信号和喇叭信号系统的组成、作用和工作原理。
2.能阐述汽车灯光信号和喇叭信号系统常见故障和检修方法。

技能目标:

1.能熟练查阅车辆用户手册和车辆维修手册,精准查找检修所需的电路图和操作指南。
2.能在规定时间内完成故障检查,并准确填写作业工单。

素养目标:

1.培养团队协作和沟通交流的能力,形成良好的团队合作精神。
2.树立严谨细致的工作态度,遵守操作规程,养成良好的工作习惯,体现工匠精神。
3.提升环保意识和法律素养,积极履行社会责任,增强遵守交通规则、文明驾驶的意识。

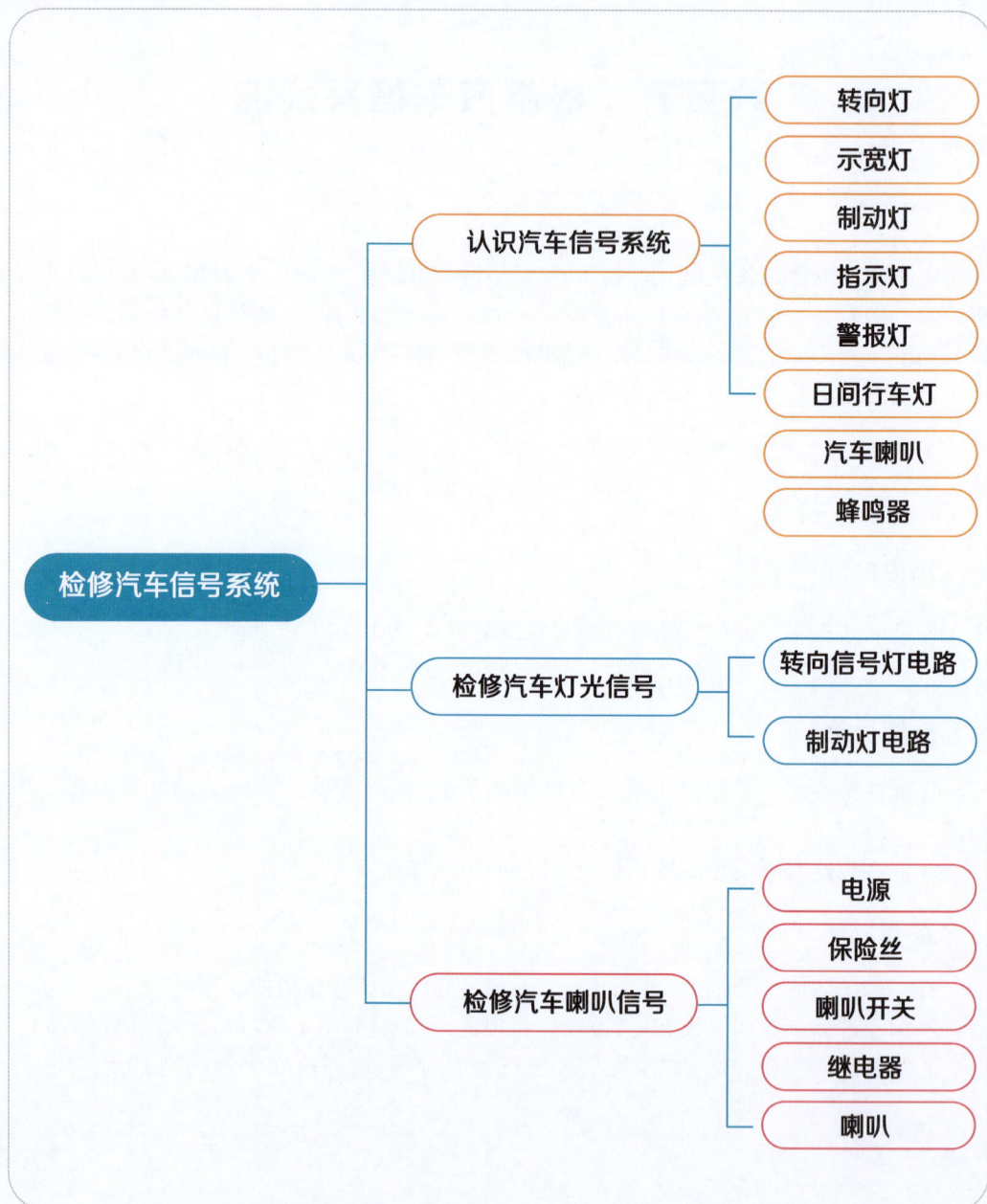

检修汽车信号系统

认识汽车信号系统
- 转向灯
- 示宽灯
- 制动灯
- 指示灯
- 警报灯
- 日间行车灯
- 汽车喇叭
- 蜂鸣器

检修汽车灯光信号
- 转向信号灯电路
- 制动灯电路

检修汽车喇叭信号
- 电源
- 保险丝
- 喇叭开关
- 继电器
- 喇叭

任务一　认识汽车信号系统

一、任务案例

王女士最近购置了一辆全新的汽车,准备到汽车4S店提车,她对这款汽车的电气系统配置和功能感到非常好奇,但同时也意识到自己对车辆信号系统的操作方法和开关位置还不够熟悉。为了确保驾驶安全,王女士决定在提车当天在汽车4S店进行一次详细的学习和了解。

作为汽车销售顾问,请你根据车辆使用手册和车辆的配置,为王女士讲解和演示汽车信号系统的位置和操作方法。

二、学习目标

通过本任务的学习,应能:

1. 阐述汽车信号系统的作用、组成和基本要求。
2. 在规定时间内,完成对汽车信号系统性能的检查,准确填写作业工单。
3. 掌握安全操作要求,养成严格遵守安全规章制度的习惯,树立安全操作意识。
4. 培养细心观察、严谨分析问题、规范操作的专业素养,树立精益求精的工匠精神。
5. 培养社会公共安全的责任感,树立职业道德观念。
6. 培养国家自豪感和民族自信心。

学习重点:

1. 汽车信号系统的作用和组成。
2. 汽车信号系统的操作方法和法规要求。

三、知识准备

（一）汽车信号系统的作用

汽车信号系统的作用

汽车信号系统的作用是通过声、光信号向其他车辆的驾驶员和行人发出有关车辆运行状况或状态的信息以引起有关人员注意,确保车辆行驶安全。

（二）汽车信号系统的组成

汽车信号系统由灯光信号系统和音响信号系统组成。

（三）汽车灯光信号系统的组成

汽车灯光信号系统包括转向灯、示宽灯、制动灯、指示灯和警报灯等，如图5-1-1所示。

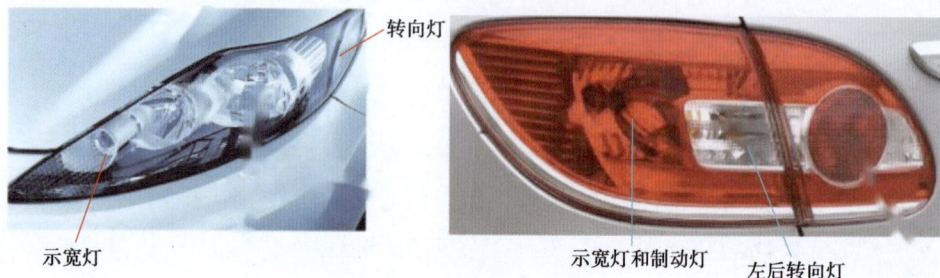

图 5-1-1   汽车灯光信号系统

1. 汽车转向灯

（1）组成

汽车转向灯一般由转向信号灯、转向指示灯、转向开关、闪光器和保险丝等组成，转向信号灯的闪烁由闪光器控制。

汽车转向灯

（2）位置

汽车转向灯安装在汽车的前部、后部及侧面，各设有左右两组，一般为4只或6只，如图5-1-2所示。

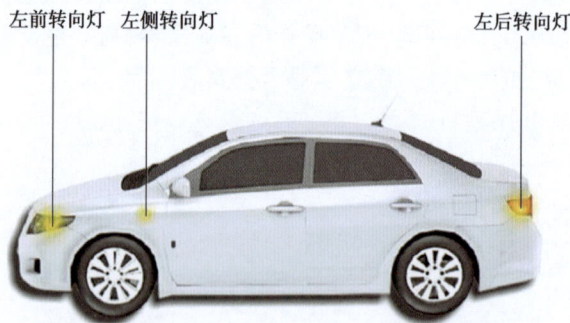

图 5-1-2   汽车转向灯安装位置

（3）分类

汽车转向灯按灯泡材料分为气体汽车转向灯（卤素灯）、LED汽车转向灯；按灯泡位置分为前转向灯、后转向灯、侧转向灯；按灯泡底座分为 P21W、PY21W、W21W、P27W、W5W、H5W。

（4）基本要求

汽车转向信号灯大都采用橙色或黄色，闪光频率应控制在 1～2 Hz（60～120 次/分）。汽车转向灯通常使用较小的灯泡，前转向灯 20 W，侧转向灯 5 W，后转向灯 21 W。前后转向信号灯白天距离 100 m 以外可见，侧转向信号灯白天距离 30 m 以外可见，如图5-1-3所示。

图 5-1-3　汽车右转向

2. 汽车示宽灯(小灯)

(1)位置

汽车示宽灯安装在车辆最外缘和尽可能靠近最高顶部附近,近距离车身边缘不应该超过 40 cm,车前两只、车后两只,如图 5-1-4 所示。国家标准中,汽车示宽灯的准确描述是"前位灯""后位灯"。

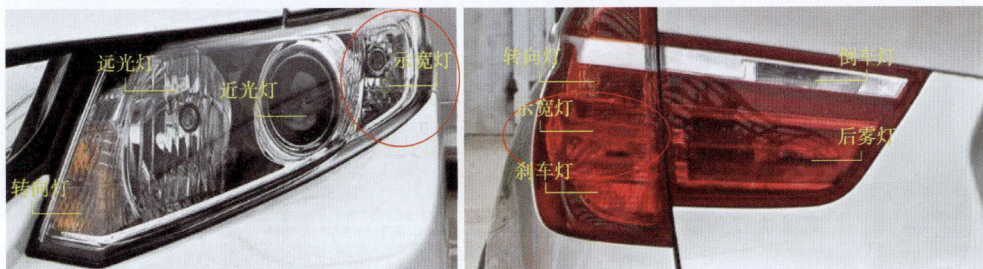

图 5-1-4　汽车示宽灯安装位置

(2)作用

汽车示宽灯表示汽车的存在以及车身的大体宽度,以便于其他车辆在会车或超车时判断距离,如图 5-1-5 所示。

(3)基本要求

《机动车运行安全技术条件》(GB 7258—2017)规定,空载高度大于 3.0 m 或宽度大于 2.10 m 的机动车均应安装示宽灯。示宽灯的颜色为前白后红,功率范围为 5~55 W,在夜间 300 m 以外可见。

图 5-1-5　汽车前示宽灯

3. 汽车制动灯(刹车灯)

(1)位置

传统的制动灯只在车尾的两端有,但是为了增强车辆行驶的安全性,还增加了一个高位制动灯,这样就可以更容易提醒到后方车辆。现在的车

汽车制动灯位置

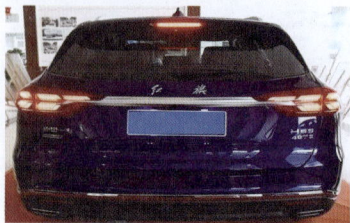

图 5-1-6　汽车制动灯

辆共有 3 个制动灯,如图 5-1-6 所示。两个传统制动灯安装在汽车尾灯处,左右各一个;高位制动灯则安装在车辆尾部的中上方。

(2)作用

汽车制动灯的作用是提醒后面的车辆本车已经采取制动措施的警告灯,后方车辆注意减速或者停车,避免追尾事故的发生。

汽车制动灯作用

(3)基本要求

为了增强光源的穿透性,汽车制动灯采用红色为主体颜色,其亮度会比较强且也会比较明显,应保证白天 100 m 以外可见。汽车制动灯处于刹车功能时,功率是 21 W;处于示位功能时,功率是 5 W。制动灯是不能够改装的,随意改装制动灯属违法行为。

4. 危险报警闪光灯

(1)位置

危险报警闪光灯位于车辆的左右转向灯位置,与转向灯共用一个灯泡。

危险报警闪光灯作用

(2)作用

危险报警闪光灯的作用是提醒其他车辆和行人本车出现特殊情况,需要特别注意,如图 5-1-7 所示。

图 5-1-7　汽车危险报警闪光灯作用

图 5-1-8　汽车危险报警闪光灯使用场景

(3)基本要求

①危险报警闪光灯可以用于以下 8 种场合:在道路上临时停车时,要开启危险报警闪光灯;在道路上发生故障或者发生交通事故时,使用危险报警闪光灯;一般道路上,雾天行车使用危险报警闪光灯;在高速公路上,遇有雾、雨、雪、沙尘、冰雹等情况,能见度小于 100 m 时,使用危险报警闪光灯;牵引故障机动车时,牵引车和被牵引车均应开启危险报警闪光灯;在获得交警部门许可的情况下,可以开启车辆的危险报警闪光灯;在运输危急病人时,可以开启危险报警闪光灯;一些特殊车辆在执行任务时,可以开启危险报警闪光灯,如图 5-1-8 所示。

②《中华人民共和国道路交通安全法》规定:

第五十二条　机动车在道路上发生故障,需要停车排除故障时,驾驶人应当立即开启危险报警闪光灯,将机动车移至不妨碍交通的地方停放。难以移动的,应当持续开启危险报警闪光灯,并在来车方向设置警告标志等措施扩大示警距离,必要时迅速报警。

第六十八条　机动车在高速公路上发生故障时,应当依照本法第五十二条的有关规定办理。但是,警告标志应当设置在故障车来车方向一百五十米以外,车上人员应当迅速转移到右侧路肩上或者应急车道内,并且迅速报警。

5. 汽车日间行车灯

（1）位置

汽车日间行车灯安装在车辆车头两侧。通常,日间行车灯位于示宽灯的下方,如图5-1-9所示。

图 5-1-9　汽车日间行车灯位置

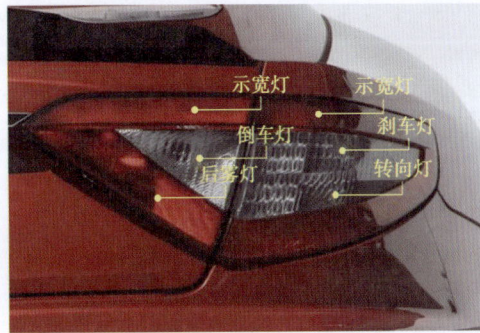

图 5-1-10　汽车后尾灯

（2）作用

汽车日间行车灯用于在白天提醒前方车辆及行人。汽车日间行车灯不是照明灯,而是一种标示车辆位置的信号灯。开启汽车日间行车灯之后,可以增加车辆的辨识度,提醒前方车辆及行人注意,减少事故的发生。

（3）区别

汽车示宽灯和日间行车灯的区别:

①尾灯不同:示宽灯有后尾灯,也有前位灯。日间行车灯没有后尾灯,如图5-1-10所示。

②开启时间不同:示宽灯一般在黄昏之后才开启,主要用于行车时表明汽车的宽度和高度,以便车辆在会车及超车时,判断出彼此的相对位置及车辆体积。日间行车灯是使车辆在白天行驶时更容易被人认出来的灯具,是一种信号灯。

③打开方式不同:示宽灯有单独开关。日间行车灯会在点火开关置于"ON"位置时自动开启,没有单独开关。

④颜色不同:通常情况下,示宽灯的颜色为前白后红。日间行车灯的灯光偏白。

⑤灯泡不同:示宽灯一般是钨丝灯泡,日间行车灯一般是 LED 灯。

⑥位置不同:示宽灯分布在车身四角,前后都有。日间行车灯只有前面有。

（4）基本要求

《机动车昼间行驶灯配光性能》(GB 23255—2019)规定了机动车昼间行驶灯的配光性能、试验方法和检验规则等,其适用于 L、M、N 类机动车使用的各种类型昼间行驶灯。

LED日间行车灯最重要的是配光性能,白天行车灯要满足基本的亮度要求,但也不能太亮,以免干扰他人。根据《机动车昼间行驶灯配光性能》(GB 23255—2019),在可见的任何方向上,应不大于1 200 cd;在垂直方向上10°到下5°,水平向外、向内各20°的区域不小于1.0 cd;在基准轴线上应不小于400 cd。LED日间行车灯的总消耗功率大约为13.5 W,消耗功率仅为卤素灯的20%左右。

6.汽车仪表盘指示灯

(1)位置

汽车仪表盘通常位于方向盘的前端,如图5-1-11所示。

(2)分类

汽车仪表盘上的指示灯按颜色可分为红、黄、蓝、绿四种颜色,如图5-1-12所示。

图5-1-11　汽车仪表盘

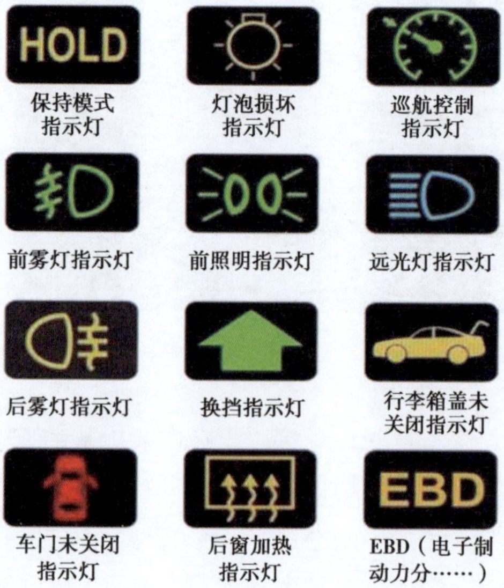

图5-1-12　汽车仪表盘指示灯

①红色故障灯:紧急警示。当红色故障灯亮起时,意味着车辆出现了严重问题,需要立即停车检查。例如,机油压力警报灯、发动机温度警报灯等亮起都表示相应系统的工作已经出现异常,继续行驶可能会导致更严重的损坏。

②黄色故障灯:预警提示。黄色故障灯通常表示车辆存在潜在的安全隐患,如灯泡故障灯、发动机故障灯等。这些黄色指示灯的亮起提醒车主应尽快检查并处理相应问题,以防患于未然。

③绿色指示灯:功能指示。绿色指示灯主要用来显示车辆功能的状态,如转向灯、近光灯等。当这些绿色指示灯亮起或闪烁时,表示相应功能已经开启或正在工作。

④蓝色指示灯:辅助提示。蓝色指示灯通常用来提示车辆的某些辅助功能的状态,如远光灯、内循环等。当这些蓝色指示灯亮起时,车主需要注意相应功能是否对其他车辆或环境造成影响。

(3)作用

汽车仪表盘指示灯是反映车辆各系统工作状况的装置。

（4）基本要求

《道路车辆功能安全》（ISO 26262）对车载电子设备在整个生命周期的功能安全要求做出规定。它为汽车系统/组件提供从 A 级到 D 级的汽车安全完整性等级（ASIL）风险评估，D 级为最高。ASIL 的具体要求随应用不同而改变。汽车仪表盘必须显示来自车内各传感器和制动器的关键信息，且必须符合 ASIL B 级标准。

（四）汽车音响信号系统的组成

汽车音响信号系统包括气喇叭、电喇叭和蜂鸣器等。倒车蜂鸣器由倒挡开关控制。转向蜂鸣器由转向开关控制。

1.汽车喇叭

（1）分类

汽车喇叭按声音动力分为气喇叭和电喇叭；按其外形分为筒形、螺旋形和盆形，如图 5-1-13 所示；按发声频率分为高音喇叭和低音喇叭。

图 5-1-13　筒形、螺旋形、盆形喇叭

（2）位置

汽车电喇叭通常安装在车辆的前部，在前保险杠内，如图 5-1-14 所示。

图 5-1-14　汽车电喇叭安装位置

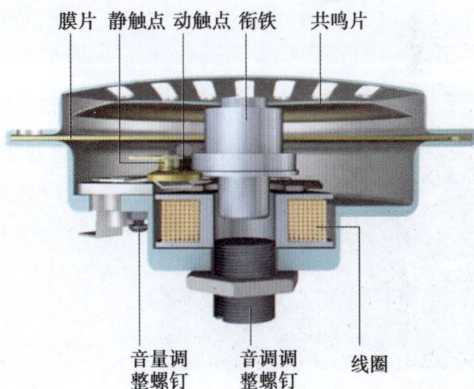

图 5-1-15　汽车电喇叭结构

（3）组成

汽车电喇叭由铁芯、线圈、触点、衔铁、膜片、调节螺母等组成，如图 5-1-15 所示。汽车电喇叭具有结构简单、体积小、质量轻、噪声小、易保修、声音大、音质悦耳等优点。

电喇叭结构

（4）原理

汽车气喇叭是利用气流使金属膜片振动发声，多用在装有气压制动的载重汽车上。

汽车电喇叭的工作原理是利用电磁吸力使金属膜片振动而发出声音。汽车电喇叭的声音清脆悦耳,因而被广泛应用于各种类型的汽车。

汽车电喇叭直接由喇叭按钮(或通过喇叭继电器)控制。当驾驶员按下喇叭开关时,电流通过触点流过线圈,线圈产生磁力吸住衔铁,迫使振膜移动。电枢运动时,触点断开,电流中断,线圈磁力消失。膜片在自身弹力和弹簧片的作用下和衔铁一起恢复到原来的位置,触点闭合电路,然后再次接通。电流流过触点在线圈中产生磁力,重复上述响应。如果振膜反复振动,就会发出声音。共鸣板和振膜的刚性连接,可以让平稳的振动听起来更加悦耳。

(5)作用

在汽车行驶过程中,驾驶员根据需要和规定发出必需的音响信号,警告行人和引起其他车辆注意,保证交通安全,同时还用于催行与传递信号。

(6)基本要求

《机动车用喇叭的性能要求及试验方法》(GB 15742—2019)规定:喇叭应安装在机动车的前部,四轮机动车和功率 7 kW 以上的摩托车,噪声必须在 105 ~ 118 dB。12 V 电系的汽车上所用喇叭继电器,一般要求闭合电压不大于 6 V,释放电压不小于 3 V。继电器线圈通常为 1 000 匝,20 ℃时的电阻为 26 Ω。继电器的额定电流一般选用 20 A 以上。盆形电喇叭工作额定电流通常为 3 ~ 4 A。现代轿车上常采用高低音两个喇叭。

(7)声音调节

①音调:调整时,应注意铁芯与衔铁四周的间隙一定要均匀、平整、不能歪斜,否则工作时极易发生互相碰撞,使喇叭产生刺耳的杂音。

②音量:电喇叭音量的大小与通过喇叭线圈的电流大小有关。通过的电流越大,音量就越大;反之,音量就小。调整触点压力可以改变音量。喇叭音量和音质的调整是互相关联的,因此需要反复调整才能获得最佳声音。

图 5-1-16　安全带蜂鸣提示

2.蜂鸣器

(1)位置

安全带蜂鸣器通常位于仪表盘内部。不同车型的安全带蜂鸣器位置可能有所不同,如有些车型可能将蜂鸣器安装在方向盘下方或中控台中间位置。

(2)作用

安全带蜂鸣器用以检测安全带的未系状态来触发提示音,如图 5-1-16 所示。

（五）正确使用喇叭

①两车相遇时,轻按喇叭。在日常驾驶中,如果前方有迎面驶来的车辆,而对方司机没有注意到本车的位置,司机可以轻按喇叭,让喇叭短响,提醒对方司机注意前方驶近的车辆。

②等红绿灯时,如果前车司机没有注意到绿灯亮,没有及时起动汽车,后车也可以按喇叭提醒前车司机驾车。注意:此时按汽车喇叭一两声即可。多次按喇叭可能会让对方

司机觉得被冒犯。

③超车时,用喇叭提醒前方车辆。在高速公路上超车时,一定要提前提醒前面的司机,让前车注意控制速度。这时,想要超车的司机可以按两三下喇叭,提醒前方车辆和两侧车道内的车辆。

④在乡间小路上可以更适当地使用汽车喇叭。很多农村道路没有红绿灯,路口也没有路标、路标引导。遇到这种情况,司机可以适当多按几次喇叭。当不清楚岔路口是否有接近车辆时,司机可以通过喇叭显示自身车辆的位置;如果有车辆靠近,他听到喇叭就会注意避让。

⑤按规定使用汽车喇叭。在市区,很多道路禁止鸣喇叭,如学校、高档商务会议中心、高档住宅区,如图5-1-17所示。此时,司机必须遵守规则,不要使用汽车喇叭。尤其是中考、高考期间,为保证考生集中精力做题,附近道路禁止鸣喇叭。司机注意不要按喇叭,既影响考试又违反规定。

图5-1-17　禁止鸣笛路段

驾驶者在行车时,应注意合理使用汽车喇叭。任何时候,都不要多次或长时间按喇叭,使喇叭保持鸣响。这会引起一系列不良的连锁反应。每个司机在开车时都尽量少按喇叭。如果每个人都能坚持下去,噪声污染就能有效减少,每个人都能保持愉快的心情。

四、任务实施

（一）实施方案

1.质量要求

参照厂家的质量标准和维修手册要求。

2.组织方式

每6位同学1组,按照企业岗位的操作标准,参照厂家维修手册,依据"1+X"证书考核标准,规范地完成汽车信号系统的性能检查作业。每组作业时间为40 min。

3.技术要求与标准

①车辆安全措施:在进行信号系统性能检查前,确保车辆已稳固驻停,变速器位于自动挡P挡位置或手动挡空挡状态,手刹有效制动。

②环境安全保障:选择通风条件良好的场所进行作业,确保周边无易燃易爆物品,以

防止电气火花引发火灾事故。

③操作安全规程:检查汽车喇叭时,需注意音响设备与喇叭的距离,保护听力,避免长时间暴露在高分贝的音频环境中;检查信号灯光时,切勿长时间直视光源,防止灯光对视力产生损害。

④设备安全管理:检查喇叭时,应该尽量控制播放时间,避免长时间连续播放。严格按照设备使用说明书的指导进行规范操作。

⑤法律合规性验证:在改装时,务必要符合《道路交通安全法》等相关法律法规的规定。严禁未经批准擅自增强灯光亮度或安装非标灯光装置,确保灯光的使用既能避免对其他道路使用者造成眩目干扰,又能有效防止任何类型的潜在安全隐患。

4.设备器材

①场地:理实一体化教室。

②设备:实训车辆、工具车、万用表、垃圾桶等。

③安全防护:车轮挡块、室内"三件套"、车外保护垫、灭火器等。

④耗材:干净抹布。

(二)操作步骤

1.准备工作

①检查工作环境安全,安装车轮挡块,做好个人安全防护。

②打开车门,做好车内防护,罩好"三件套"。打开机舱盖,铺设翼子板防护垫。换挡杆置于P挡,拉紧驻车制动手柄。

2.检查汽车蓄电池电压

操作步骤前面已经讲过,这里不再赘述。

3.检查汽车喇叭系统

按压喇叭开关,听声音是否正常响亮,是否连续一致。

4.检查示宽灯和仪表板灯

①将变光器开关旋至一挡,如图5-1-18所示。检查仪表板灯是否正常亮起,检查前示宽灯是否正常亮起,如图5-1-19所示。

②检查后示宽灯是否正常亮起。

图5-1-18　变光器开关旋至一挡

图5-1-19　示宽灯点亮

5. 检查转向信号灯及其指示灯

①将变光器开关向下拉,检查仪表板左转向信号灯指示灯是否正常闪烁及闪烁频率,如图 5-1-20 所示。

②检查左前、左侧车身转向信号灯是否正常闪烁及闪烁频率是否正常,正常闪烁频率为 1～2 次/每秒,如图 5-1-21 所示。

图 5-1-20　变光器开关向下

图 5-1-21　左前转向信号灯点亮

③检查左后转向信号灯是否正常闪烁及闪烁频率是否正常,正常闪烁频率为 1～2 次/每秒,如图 5-1-22 所示。

④将变光器开关回位,关闭左转向信号灯。

⑤按照以上相同方法检查右转向信号灯及其仪表板指示灯是否正常。

图 5-1-22　左后转向信号灯点亮

6. 检查转向灯开关自动回位功能

①将转向灯开关向下拉,逆时针转动转向盘约 90°,再将转向盘顺时针转至原始中间位置,检查转向灯开关是否会自动回到中间原始位置。

②按照相同方法检查右转向灯开关自动回位情况。

7. 检查危险警告灯及其指示灯

①按下危险警告灯开关按钮,检查仪表盘危险警告灯指示灯是否正常闪烁。

②检查前部危险警告灯是否正常闪烁,如图 5-1-23 所示。

③检查后部危险警告灯是否正常闪烁,如图 5-1-24 所示。

④检查车身两侧危险警告灯是否正常闪烁。

⑤再次按下危险警告灯开关按钮,关闭危险警告灯。

图 5-1-23　前部危险警告灯点亮

图 5-1-24　后部危险警告灯点亮

图 5-1-25　制动灯点亮

8. 检查制动灯

①踩下制动器踏板,检查制动灯(包括高位制动灯)是否正常亮起,如图 5-1-25 所示。

②释放制动器踏板,检查制动灯(包括高位制动灯)是否熄灭。

9. 工位复位

①收起机舱翼子板防护垫,盖好机舱罩盖,收起车内防护套。

②整理工位和工具,清扫场地,实施"6S"管理。

（三）作业工单

专　业		班　级	
姓　名		学　号	
小组成员		组长姓名	

　　汽车信号系统是车辆与外界沟通的"语言"，向其他车辆和行人清晰地传达驾驶员的意图和车辆的动态。正确且有效地使用这些信号，不仅可以预防交通事故的发生，还能促进道路的通畅。因此，确保信号系统的性能处于最佳状态对于每一位驾驶员来说都是至关重要的。

　　请结合"1+X"职业技能等级证书考核标准，完成对汽车信号系统性能的检查。

二、获取信息

图示	信息获取
	汽车喇叭的触发开关，也就是喇叭按钮，通常置于转向盘之上，具体位置因车型设计差异而异。尽管大多数车型将其放置在转向盘中央，便于驾驶员操作，但仍有部分车型将其设置在转向盘的其他位置。喇叭本身则多数安装在汽车前部的保险杠内，但某些特殊设计的车型可能将其置于进气格栅中。
	危险报警闪光灯的开关通常位于转向盘的右侧、中控面板的按键区域或挡位旁边，其标识为一个红色的三角形。当遇到紧急情况需要使用时，只需按下该按钮，危险报警闪光灯便会立即起动，提供必要的警示作用。

三、任务实施

检查汽车信号系统

序号	作业项目	是否完成		作业记录
1	检查施工环境安全	是□	否□	正常□_____不正常□_____
2	车辆防护	是□	否□	
3	人员防护	是□	否□	
4	检查蓄电池电压	是□	否□	正常□_____不正常□_____
5	检查汽车喇叭	是□	否□	正常□_____不正常□_____
6	检查示宽灯	是□	否□	正常□_____不正常□_____

序号	作业项目	是否完成	作业记录
7	检查示宽灯指示灯	是□　否□	正常□_____不正常□_____
8	检查转向信号灯	是□　否□	正常□_____不正常□_____
9	检查转向信号灯指示灯	是□　否□	正常□_____不正常□_____
10	检查转向灯开关自动回位功能	是□　否□	正常□_____不正常□_____
11	检查危险警告灯	是□　否□	正常□_____不正常□_____
12	检查危险警告灯指示灯	是□　否□	正常□_____不正常□_____
13	检查制动灯	是□　否□	正常□_____不正常□_____
14	规范操作、落实"6S"制度	是□　否□	

五、任务评价

（一）技能评价表

序号	作业项目	考核内容	分值	得分
1	准备工作	检查施工环境安全	2.5	
		车辆防护	2.5	
2	检查蓄电池	检查蓄电池电压	5	
3	检查汽车喇叭	检查喇叭声音	5	
4	检查示宽灯	检查前示宽灯	5	
		检查后示宽灯	5	
		检查示宽灯指示灯	5	
5	检查转向信号灯	检查前转向信号灯	5	
		检查后转向信号灯	5	
		检查两侧转向信号灯	5	
		检查转向信号灯指示灯	5	
6	检查转向灯开关自动回位功能	检查转向灯开关自动回位功能	5	
7	检查危险警告灯	检查前危险警告灯	5	
		检查后危险警告灯	5	
		检查两侧危险警告灯	5	
		检查危险警告灯指示灯	5	
8	检查制动灯	检查高位制动灯	5	
		检查两侧制动灯	5	
9	复检	检查信号灯工作性能	5	
10	作业记录	正确填写工单	5	
11	安全生产	遵守安全操作规程	2.5	
		安全用电,无人身、设备事故	2.5	
	总分		100	

注:操作规范即得分,操作错误或未进行操作得0分。

（二）知识测评

1.判断题

(1)电喇叭音量的大小与通过喇叭线圈的电流大小有关。　　　　（　　）

(2)危险警告灯由示宽灯兼任,在特殊情况下或发生故障时使用。（　　）

(3)前照灯、小灯、牌照灯是照明灯,雾灯、制动灯是信号灯。　　（　　）

(4)转向灯为汽车转弯路面照明。　　　　　　　　　　　　　　（　　）

(5)警告灯一般为黄色,指示灯一般为白色。　　　　　　　　　（　　）

2.选择题

(1)汽车电喇叭按外形可分为螺旋形、盆形和(　　　)。

A.长形　　　　　　　B.筒形　　　　　　　C.短形　　　　　　　D.球形

(2)控制转向灯闪光频率的是(　　　)。

A.转向灯开关　　　　B.点火开关　　　　　C.蓄电池　　　　　　D.闪光器

(3)制动灯要求其灯光在夜间能明显指示(　　　)。

A.30 m 以外　　　　B.60 m 以外　　　　C.100 m 以外　　　D.50 m 以外

(4)制动灯的灯光颜色应为(　　　)。

A.红色　　　　　　　B.黄色　　　　　　　C.白色　　　　　　　D.橙色

(5)《机动车运行安全技术条件》(GB 7258—2017)规定,高(　　　)以上的车辆均应安装示宽灯,标志车辆轮廓。

A.1 m　　　　　　　B.2 m　　　　　　　C.3 m　　　　　　　D.4 m

(6)汽车两侧中间装有侧转向灯。主转向灯功率一般为 20 W,侧转向灯功率一般为(　　　)W,光色为琥珀色。

A.5　　　　　　　　B.10　　　　　　　　C.15　　　　　　　　D.20

(7)报警灯一般为(　　　)。

A.绿色　　　　　　　B.红色　　　　　　　C.蓝色　　　　　　　D.白色

(8)夜间行驶接通前照灯时,(　　　)与仪表照明灯、牌照灯同时点亮,以标志车辆的形位。

A.示宽灯　　　　　　B.示位灯　　　　　　C.驻车灯　　　　　　D.雾灯

(9)指示灯一般为(　　　)或蓝色。

A.绿色　　　　　　　B.红色　　　　　　　C.黄色　　　　　　　D.白色

六、任务总结

(1)汽车信号系统的作用

汽车信号系统的作用是通过声、光信号向其他车辆的驾驶员和行人发出有关车辆运行状况或状态的信息以引起有关人员注意,确保车辆行驶安全。

(2)汽车信号系统的组成

汽车信号系统由灯光信号系统和音响信号系统组成。

（3）汽车灯光信号系统的组成

汽车灯光信号系统包括转向灯、示宽灯、制动灯、指示灯和警报灯等。

（4）汽车音响信号系统的组成

汽车音响信号系统包括气喇叭、电喇叭和蜂鸣器等。倒车蜂鸣器由倒挡开关控制。转向蜂鸣器由转向开关控制。

（5）正确使用喇叭

①两车相遇时，轻按喇叭。

②等红绿灯时，如果前车司机没有注意到绿灯亮，没有及时起动汽车，后车也可以按喇叭提醒前车司机驾车。

③超车时，用喇叭提醒前方车辆。

④在乡间小路上可以适当地使用汽车喇叭。

⑤按规定使用汽车喇叭。

七、知识拓展

纵观当下的新能源汽车市场，各大车企都在"智能驾驶"领域下功夫，已然成为下一个时代风口。尤其是国产汽车品牌，凭借在智能驾驶领域的深入研发、资金和人力投入，已成为中国自主品牌汽车企业参与全球竞争的重要优势之一。但是深入观察也发现，现阶段的中国"智能驾驶"技术还不太成熟，未来还面临很多挑战。

（一）自动驾驶汽车

1. 自动驾驶分级

《汽车驾驶自动化分级》（GB/T 40429—2021）规定，自动驾驶根据不同的自动化程度分为 L0～L5 共 6 个等级。其中，L0 为完全人工驾驶，L1～L2 为自动辅助驾驶，L3～L5 为自动驾驶（部分自动化驾驶→完全自动化驾驶），如图 5-1-26 所示。

图 5-1-26　自动驾驶分级

L0：无自动化驾驶，仅具备最简单的倒车雷达、定速巡航等功能，车辆的油门、刹车、转向全程皆由驾驶者掌控。

L1：辅助驾驶，仅有少量的辅助驾驶功能，如 ESP 车身稳定、ABS 防抱死、自动紧急刹车等，此时驾驶员也需要全神贯注。

L2：部分自动化驾驶，在部分场景下自动驾驶汽车，车辆的速度和转向可有条件被控制,使驾驶员的眼和手获得短暂的休息,但仍需时刻准备接管驾驶。

L3:有条件自动化驾驶,一定程度上实现了自动驾驶,驾驶员可以将手离开方向盘,脚离开踏板,车辆几乎独立完成驾驶操作,是真正自动驾驶的开端。

L4:高度自动化驾驶,满足80%以上驾驶场景的完全自动驾驶,可以完全释放双手双脚,可不再配备方向盘和脚踏板,可以说是真正意义上的自动驾驶。

L5:完全自动化驾驶,100%完全自动驾驶,完全无须人为干预,可完全通过电脑感知与运算来驾驶车辆,是自动驾驶的终极目标——无人驾驶。

2. 自动驾驶技术原理

汽车自动驾驶技术通过视频摄像头、雷达传感器以及激光测距器来了解周围的交通状况,并通过一个详尽的地图(通过有人驾驶汽车采集的地图)对前方的道路进行导航。

(二)中国自动驾驶发展

经过多年发展,自动驾驶已经成为中国展现国家技术实力、创新能力和产业配套水平的新名片,呈现出蓬勃向上的新格局。2022年以来,国家层面及地方政府也适时出台一系列政策和规划,促进自动驾驶相关产业健康快速发展。2022年11月,工业与信息化部印发《关于开展智能网联汽车准入和上路通行试点工作的通知》,对准入试点的智能网联汽车产品提出了一系列规划和指导要求,进一步推进了自动驾驶的发展进程。得益于硬件平台和软件算法逐步成熟,众多国产新车搭载L2功能正在逐渐成为前装标配。

国产汽车在智能驾驶领域展现出显著优势。华为将其全系车型的智能驾驶系统升级至ADS 2.0版本,实现了全国范围内的"无地图智驾"功能,为用户带来了出色的智能驾驶体验。

(三)ADS 高阶智驾

1. "无图智驾"时代来袭

自引入不依赖高精地图的城区智驾领航辅助功能(City NCA)后,问界汽车已在全国范围内实现了不依赖高精度地图的城区智驾领航辅助,还新增了车道巡航辅助增强(LCC Plus)和代客泊车辅助(AVP)等功能。

2. 实现"科技普惠"

随着激光雷达价格的不断下降,智能驾驶核心技术的成本也得以降低,从而加速了"科技普惠"的进程。

随着科技水平的不断提升,相信我国汽车将会继续深耕智能驾驶领域,为广大消费者带来更高品质的智慧出行体验,让我们拭目以待!

任务二　检修汽车灯光信号

一、任务案例

张先生驾驶汽车时,发现车辆的转向灯似乎出现了故障,无论他如何尝试操作左右转向灯开关,左侧和右侧的转向灯均没有任何反应。当按下危险警报灯(俗称"双闪")时,这些灯却又能够正常闪烁。于是张先生将车辆送至附近的汽车4S店,进行全面的检查和必要的维修。

作为汽车维修技术人员,请你根据车辆维修手册的指导和维修的基本原则,结合车辆的故障现象,对汽车灯光信号系统进行全面的检修。

二、学习目标

通过本任务的学习,应能:

1. 阐述汽车灯光信号系统的组成和工作原理。
2. 阐述汽车灯光信号系统的常见故障和检修方法。
3. 在规定时间内,完成对汽车灯光信号故障的检查,准确填写作业工单。
4. 培养严谨细致的工作态度,遵守操作规程,养成良好的工作习惯,树立工匠精神。
5. 提升遵守交通规则、文明驾驶的意识,以确保道路交通安全和秩序。

学习重点:

1. 汽车灯光信号电路的组成和工作原理。
2. 汽车灯光信号电路的常见故障和检修方法。

三、知识准备

(一)转向信号灯

1. 转向信号灯电路的组成

转向信号灯电路主要由转向灯开关、灯泡、继电器和电源组成,如图 5-2-1 所示。

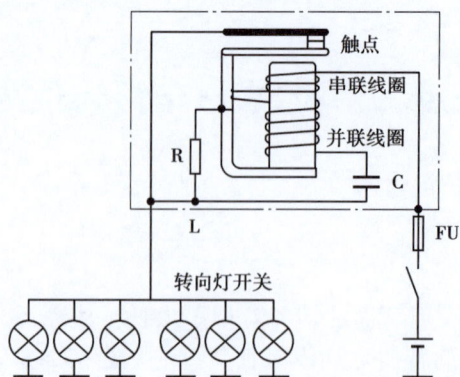

图 5-2-1　转向信号灯电路

2. 转向信号灯工作原理

当驾驶员打开转向开关时,电流从电源流经转向开关,然后经过继电器,最后到达灯泡,如图 5-2-2 所示。

转向灯电路原理

左转向时,信号控制电路为:蓄电池正极→"10A TURN-HAZ"保险丝→车身 ECU→闪光继电器→车身 ECU→转向组合开关→搭铁。转向工作电路为:蓄电池正极→"10A TURN-HAZ"保险丝→车身 ECU→闪光继电器→车身 ECU $\begin{cases} \to \text{左前、左侧转向灯→搭铁} \\ \to \text{左后转向灯→搭铁} \\ \to \text{仪表板转向指示灯→搭铁} \end{cases}$。

右转向及危险警告时的信号控制电路和工作电路与左转向时的情况一样。

3. 转向信号灯常见故障

汽车转向信号大体上有两种:一是闪烁信号,二是持续闪烁。常见故障是转向信号灯不亮和转向信号灯不能正常工作。转向信号灯工作不正常的原因及排除方法见表 5-2-1。

表 5-2-1　转向信号灯工作不正常的原因及排除方法

故障现象	原因	排除方法
两侧转向灯同时亮	转向开关失效	检查转向开关
两侧转向灯闪烁频率不同	①两侧灯泡的功率不同; ②有灯泡坏	检查灯泡型号
转向灯常亮不闪	①闪光器损坏; ②接线错误	检查闪光器及电路接线
闪频过高或过低	①灯泡功率不当; ②闪光器工作不良,触点间隙过大或过小; ③电源电压过高或过低	检查灯泡型号

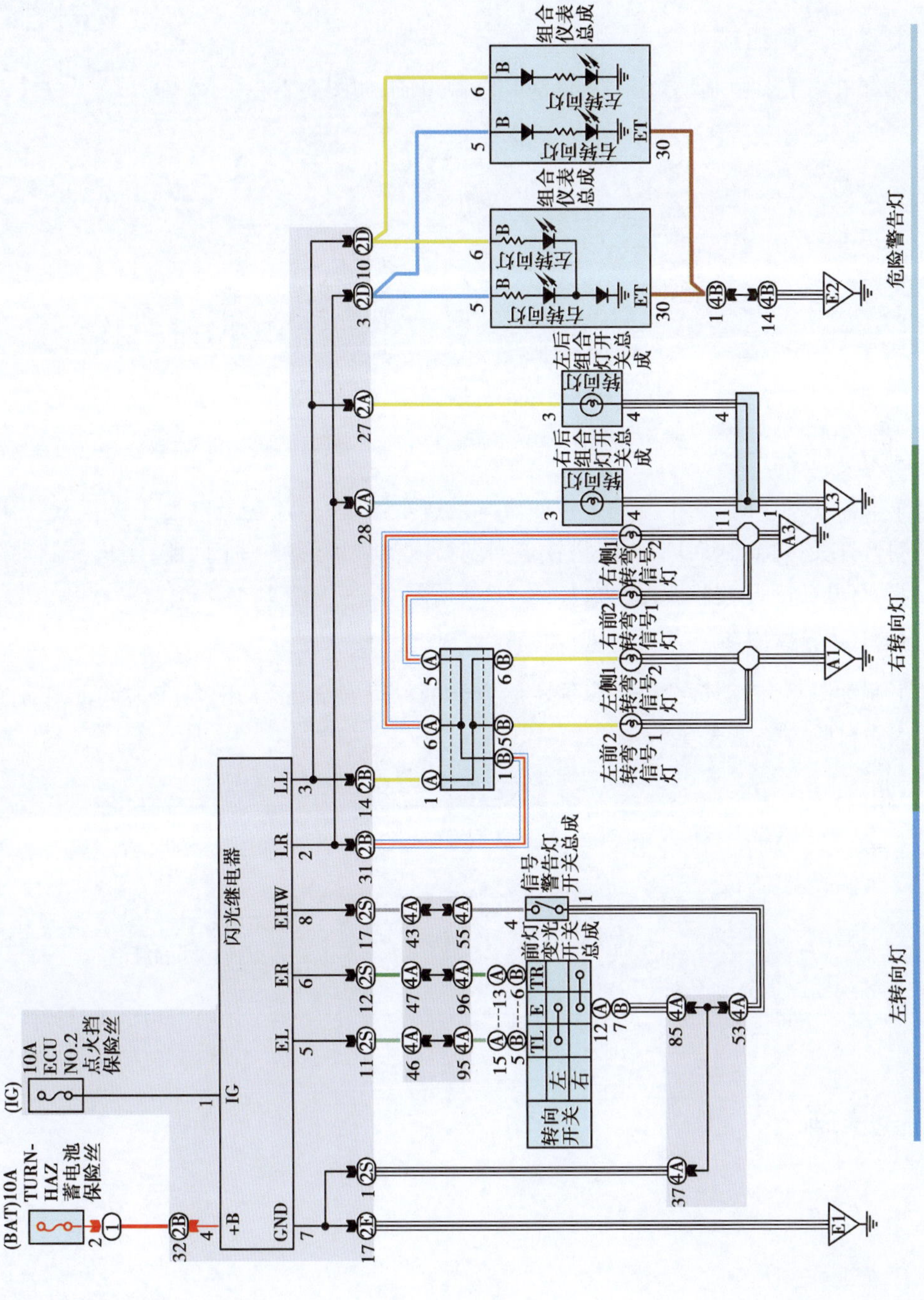

图 5-2-2 转向信号灯控制电路

（二）制动灯

制动灯电路原理

1. 制动灯电路组成

制动灯电路主要由制动灯开关、灯泡和电源组成，如图5-2-3所示。

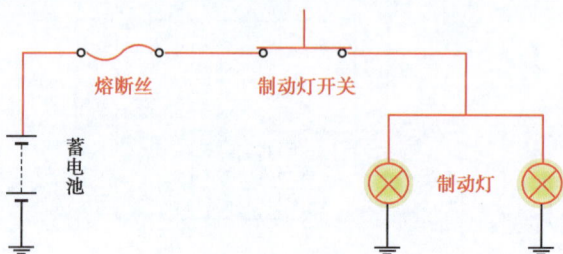

图5-2-3　制动灯电路

2. 制动灯工作原理

当车辆需要刹车时，踩下制动踏板使汽车减速至停车，电流经蓄电池正极，经过熔断器至制动灯开关，再到制动灯，再经搭铁点回到蓄电池负极形成一个回路；当松开制动踏板时，制动灯开关断开，制动灯熄灭，如图5-2-4所示。

3. 制动灯故障现象

踩下制动踏板，制动灯会亮起以警示后方车辆保持安全行车车距。制动灯工作不正常的原因及排除方法见表5-2-2。

表5-2-2　制动灯工作不正常的原因及排除方法

故障现象	原因	排除方法
左右制动灯均不亮	熔断器烧坏、电路中存在开路或搭铁不良、开关损坏、灯泡损坏	更换熔断器、检修电路、更换开关和更换相同的灯泡
左右制动灯只有一只亮		
左右制动灯长亮或时亮时不亮		

四、任务实施

（一）实施方案

1. 质量要求

参照厂家的质量标准和维修手册要求。

2. 组织方式

每6位同学1组，按照企业岗位的操作标准，参照厂家维修手册，依据"1+X"证书考

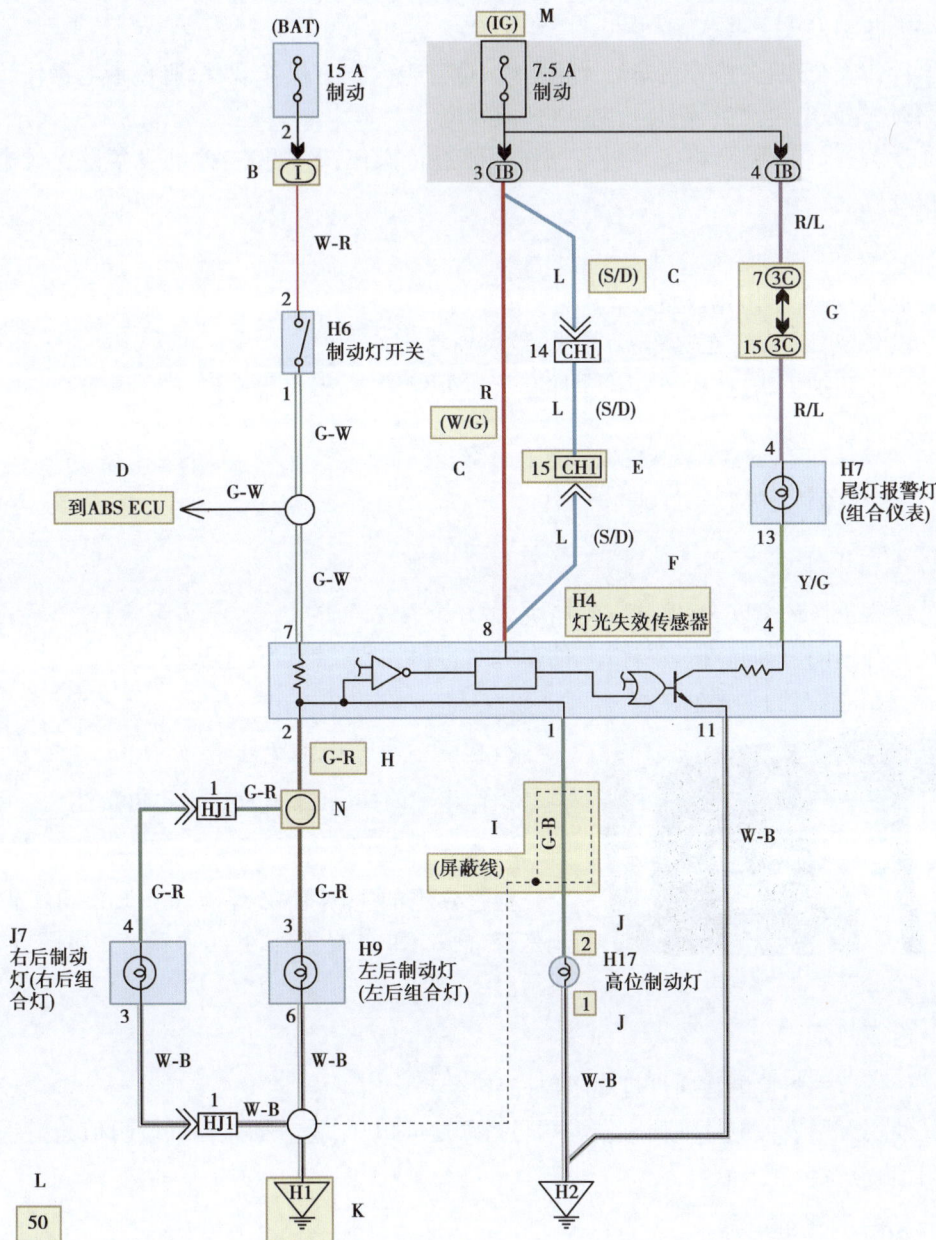

制动灯　A

(BAT)

15 A
制动

2

B　Ⅰ

(IG)　M

7.5 A
制动

3　ⅠB

4　ⅠB

W-R

L　(S/D)　C

R/L

7　3C

2

H6
制动灯开关

1

14　CH1

G

15　3C

G-W

R

(W/G)

15　CH1

L　(S/D)

L　(S/D)

E

R/L

4

H7
尾灯报警灯
(组合仪表)

到ABS ECU　←　G-W

D

C

13

G-W

L　(S/D)

F

Y/G

H4
灯光失效传感器

7

8

4

2

1

11

G-R　H

1　G-R
HJ1

G-R

N

I　G-B

(屏蔽线)

W-B

J7
右后制动
灯(右后组
合灯)

4

G-R

3

G-R

H9
左后制动
灯(左后组合灯)

J

2　H17
高位制动灯

1　J

3

6

W-B

W-B

W-B

1　W-B
HJ1

L

50

H1　K

H2

图 5-2-4　制动灯控制电路

核标准,规范地完成汽车灯光信号系统的故障检查。每组作业时间为 40 min。

3.技术要求与标准

①车辆安全措施:在进行汽车灯光信号性能检查前,确保车辆已稳固驻停,变速器位

于自动挡 P 挡位置或手动挡空挡状态,手刹有效制动。

②环境安全保障:选择通风条件良好的场所进行作业,确保周边无易燃易爆物品,防止电气火花引发火灾事故。

③操作安全规程:检查汽车灯光信号时,遵守电气安全操作规程,避免带电操作。测量电路时,先断电再测量,防止短路、电弧或触电。

④设备安全管理:严格按照设备操作手册进行操作,不得擅自改动设备设置或进行非授权维修。

4. 设备器材

①场地:理实一体化教室。

②设备:实训车辆、工具车、万用表、垃圾桶等。

③安全防护:车轮挡块、室内"三件套"、车外保护垫、灭火器等。

④耗材:干净抹布。

(二)操作步骤

1. 准备工作

①检查工作环境安全,安装车轮挡块,做好个人安全防护。

②打开车门,车内防护,罩好"三件套"。打开机舱盖,铺设翼子板防护垫。换挡杆置于 P 挡,拉紧驻车制动手柄。

图 5-2-5　保险丝

2. 检查汽车蓄电池电压

操作步骤前面已经讲过,这里不再赘述。

3. 检查保险丝

检查盒里的 TRN-HAZ 保险丝和 ECU-IG2 保险丝是否烧毁,如有烧毁则更换保险丝,如图 5-2-5 所示。

4 检查灯泡

①使用万用表检测转向灯灯泡阻值,应符合规定值。

②使用万用表检测灯泡插座供电端与搭铁之间电压,检查插座搭铁端阻值与搭铁之间的阻值,应符合规定值。

5. 检查闪光继电器

①拔下闪光继电器,检查是否损坏;如有损坏,则更换闪光继电器。

②若无法观察闪光继电器是否损坏,用跨接线连接电源与闪光器插座"L"端子,如果转向灯在打转向开关的两个位置都亮,则闪光继电器失效,应予以更换,如图 5-2-6 所示。

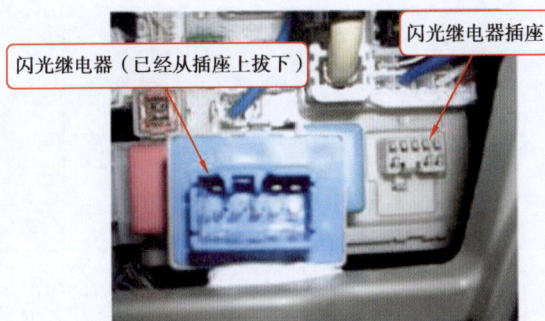

图 5-2-6　闪光继电器

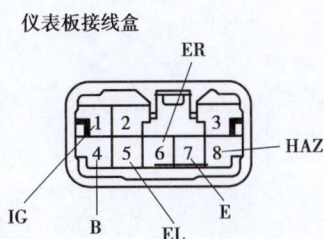

图 5-2-7　前大灯变光开关总成端子

6. 检查转向灯信号开关

①拆卸转向灯信号开关。

②检查转向灯信号开关。

根据表 5-2-3 所示,测量前大灯变光开关总成端子间的电阻,如图 5-2-7 所示。若有异常,则更换转向信号灯开关。

表 5-2-3　不带自动灯控系统

检测端子	条件	规定状态
6(ER)—7(E)	OFF	10 kΩ 或更大
5(EL)—7(E)		
6(ER)—7(E)	RH	小于 1 Ω
5(EL)—7(E)	LH	小于 1 Ω

③按照拆卸的相反顺序安装转向灯信号开关。

7. 检查转向信号闪光灯总成

①拆卸仪表板下装饰板总成。

②拆卸转向信号闪光灯总成。

③检查转向信号闪光灯总成:

a. 从仪表板接线盒上拆下转向信号闪光灯总成,其端子如图 5-2-8 所示。

b. 测量电压,标准电压见表 5-2-4,如果结果不符合规定,则线束侧有故障,需更换线束。

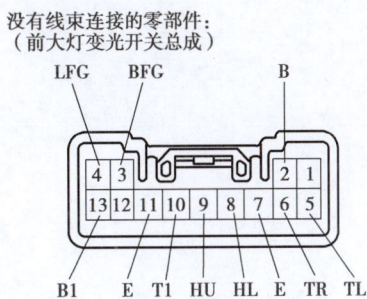

图 5-2-8　转向信号闪光灯总成端子

表 5-2-4　标准电压

检测端子	条件	规定状态
4（B）—车身搭铁	始终	11～14 V
1（IG）—车身搭铁	点火开关置于 OFF 位	低于 1 V
	点火开关置于 ON（IG）位	11～14 V

c. 测量电阻,标准电阻见表 5-2-5,如果结果不符合规定,则线束侧有故障,需要更换线束。

表 5-2-5　标准电阻

检测端子	条件	规定状态
5（EL）—车身搭铁	转向信号开关置于 OFF 位	10 kΩ 或更大
	转向信号开关置于 LH 位	小于 1 Ω
6（ER）—车身搭铁	转向信号开关置于 OFF 位	10 kΩ 或更大
	转向信号开关置于 RH 位	小于 1 Ω
7（E）—车身搭铁	始终	小于 1 Ω
8（HAZ）—车身搭铁	危险警告开关置于 OFF 位	10 kΩ 或更大
	危险警告开关置于 ON 位	小于 1 Ω

d. 转向信号闪光灯总成安装到仪表板接线盒上,如图 5-2-9 所示。

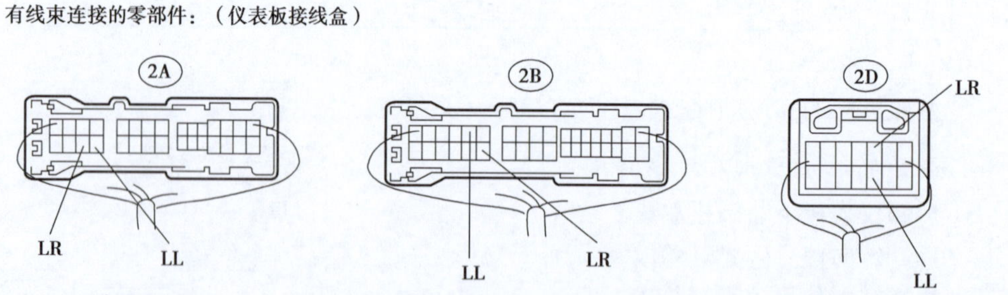

有线束连接的零部件：（仪表板接线盒）

图 5-2-9　仪表板接线盒

e. 测量电压,标准电压见表 5-2-6,如果结果不符合规定,则更换转向信号闪光灯总成。

表 5-2-6　标准电压

检测端子	开关状态	规定状态
2A-27（LL）— 车身搭铁	转向信号开关置于 OFF 位	低于 1 V
	转向信号开关置于 LH 位	11～14 V（60～120 次/分钟）
	危险警告开关置于 OFF 位	低于 1 V
	危险警告开关置于 ON 位	11～14 V（60～120 次/分钟）
2A-28（LR）— 车身搭铁	转向信号开关置于 OFF 位	低于 1 V
	转向信号开关置于 RH 位	11～14 V（60～120 次/分钟）
	危险警告开关置于 OFF 位	低于 1 V
	危险警告开关置于 ON 位	11～14 V（60～120 次/分钟）
2B-14（LL）— 车身搭铁	转向信号开关置于 OFF 位	低于 1 V
	转向信号开关置于 LH 位	11～14 V（60～120 次/分钟）
	危险警告开关置于 OFF 位	低于 1 V
	危险警告开关置于 ON 位	11～14 V（60～120 次/分钟）
2B-31（LR）— 车身搭铁	转向信号开关置于 OFF 位	低于 1 V
	转向信号开关置于 RH 位	11～14 V（60～120 次/分钟）
	危险警告开关置于 OFF 位	低于 1 V
	危险警告开关置于 ON 位	11～14 V（60～120 次/分钟）
2D-10（LL）— 车身搭铁	转向信号开关置于 OFF 位	低于 1 V
	转向信号开关置于 LH 位	11～14 V（60～120 次/分钟）
	危险警告开关置于 OFF 位	低于 1 V
	危险警告开关置于 ON 位	11～14 V（60～120 次/分钟）
2D-3（LR）— 车身搭铁	转向信号开关置于 OFF 位	低于 1 V
	转向信号开关置于 RH 位	11～14 V（60～120 次/分钟）
	危险警告开关置于 OFF 位	低于 1 V
	危险警告开关置于 ON 位	11～14 V（60～120 次/分钟）

④安装转向信号闪光灯总成：将转向信号闪光灯总成按照拆卸相反顺序安装到接线盒上。

⑤安装仪表板下装饰板总成。

8. 故障复查

点火开关打开 ON 位置,打开转向灯组合开关,检查转向灯及其指示灯是否点亮。

9. 工位复位

①收起机舱翼子板防护垫,盖好机舱罩盖,收起车内防护套。

②整理工位和工具,清扫场地,实施"6S"管理。

（三）作业工单

专　　业		班　　级	
姓　　名		学　　号	
小组成员		组长姓名	

一、任务阐述

　　汽车灯光信号系统是汽车安全系统中不可或缺的组成部分，它们通过向其他道路使用者发出清晰的信号，指示车辆的行驶意图，从而维护行车安全。 在长时间的使用过程中，系统可能会因为多种因素而出现故障，这些故障不仅会缩短汽车灯光系统部件的使用寿命，更有可能危及行车安全。 因此，定期检查和维护转向灯的功能，对于预防潜在的安全风险至关重要。

　　请结合"1+X"职业技能等级证书考核标准，完成对汽车灯光信号故障的检查和修复。

二、获取信息

图示	信息获取
	触点检查：使用万用表，分别测量触点之间的电阻和导通情况。 正常情况下，闭合触点应该显示近似于零欧姆的电阻值，断开触点则应该显示无穷大的电阻值。 　　线圈测试：使用万用表，测量闪光继电器线圈的电阻值。 根据继电器的规格和设计要求，可以判断线圈是否正常。 通常，正常工作的继电器线圈电阻值应在一定范围内。 　　触点击打：对于粘连或接触不良的触点，可以尝试轻轻地敲击继电器外壳，以期通过震动使触点恢复正常。 然而，这种方法只能是暂时的解决方案，无法根本解决问题。 　　噪声检测：通过观察和听觉方式进行噪声检测。 如果闪光继电器产生异常噪声，则可能存在故障或机械问题。 这通常需要经验和专业知识来判断噪声是否正常。
	四根线的制动灯开关要用专用的万用表检测。 四线制动灯开关的好坏需要使用万用表才能测试出来。 　　检测方法：万用表调至二极管测量挡位。 分别用红、黑表笔测量它们的引脚。 如果任意两个引脚导通，说明这两个引脚是常闭触点。 剩下的那两个便是常开触点。

三、任务实施

检查汽车转向灯故障			
序号	作业项目	是否完成	作业记录
1	检查施工环境安全	是□　　否□	正常□_____不正常□_____
2	车辆防护	是□　　否□	

序号	作业项目	是否完成	作业记录
3	人员防护	是□ 否□	
4	检查蓄电池电压	是□ 否□	正常□_____不正常□_____
5	检查保险丝	是□ 否□	正常□_____不正常□_____
6	检查灯泡总成	是□ 否□	正常□_____不正常□_____
7	检查闪光继电器	是□ 否□	正常□_____不正常□_____
8	检查转向灯信号开关	是□ 否□	正常□_____不正常□_____
9	检查转向信号闪光灯总成	是□ 否□	正常□_____不正常□_____
10	规范操作、落实"6S"制度	是□ 否□	

五、任务评价

（一）技能评价表

序号	作业项目	考核内容	分值	得分
1	准备工作	检查施工环境安全	5	
		车辆防护	5	
		人员防护	5	
2	检查蓄电池	检查蓄电池电压	5	
3	检查保险丝	检查转向灯保险丝	5	
4	检查灯泡总成	检查灯泡	5	
		检查灯泡插座电压端	5	
		检查灯泡插座搭铁端	5	
5	检查闪光继电器	检查继电器	5	
6	检查转向灯信号开关	拆卸转向灯信号开关	5	
		检查转向灯信号开关	5	
		安装转向灯信号开关	5	
7	检查转向信号闪光灯总成	检查端子标准电压	5	
		检查端子线束电阻	5	
8	检查制动灯	检查高位制动灯	5	
		检查两侧制动灯	5	
9	复检	检查转向灯工作性能	5	
10	作业记录	正确填写工单	5	
11	安全生产	遵守安全操作规程	5	
		安全用电，无人身、设备事故	5	
总分			100	

注：操作规范即得分，操作错误或未进行操作得 0 分。

（二）知识测评

1. 判断题

（1）当驾驶员打开转向开关时,电流不会流经继电器。　　　　　（　　　）

（2）如果左右两侧转向灯同时亮起,可能的原因是转向开关失效。　（　　　）

（3）在检查汽车灯光信号时,应先断电再测量,以防止短路、电弧或触电。（　　　）

（4）在进行汽车灯光信号性能检查前,车辆应稳固驻停,手刹有效制动,变速器位于自动挡 P 挡位置或手动挡空挡状态。　　　　　（　　　）

（5）如果左右制动灯只有一只亮,可能的原因是熔断器烧坏或电路中存在开路。

（　　　）

（6）更换保险丝时,要注意跟原先的保险丝型号、规格保持一致。　（　　　）

（7）每个制动灯都各自带有一个保险丝。　　　　　（　　　）

（8）踩下制动踏板,只有一侧制动灯被点亮,则可能是保险丝烧断。　（　　　）

（9）制动灯电路原理是当踩下制动踏板时,制动灯开关导通,制动灯亮起;当松开制动踏板时,制动灯开关断开,制动灯熄灭。　　　　　（　　　）

（10）制动灯电路故障警告灯用于指示制动灯灯泡或电路工作状况,正常情况下熄灭。当制动灯灯泡故障或电路有断路时,该灯点亮。　　　　　（　　　）

2. 选择题

（1）转向信号系统的闪光器,应安装在(　　　)。

A. 转向灯与转向开关之间　　　　　B. 电源与转向开关之间

C. 转向灯与搭铁之间　　　　　D. 仪表盘上面

（2）行驶的汽车准备拐弯时,司机会拨动转向灯开关,同侧的前后两个转向灯就会同时闪亮、同时熄灭。如果这两个转向灯有一个损坏,另一个仍能正常闪亮工作。根据上述现象可判断,下列说法中正确的是(　　　)。

A. 两灯一定是并联　　　　　B. 两灯一定是串联

C. 两灯的电阻一定相等　　　　　D. 通过两灯的电流一定相等

（3）汽车信号系统的作用是通过(　　　)向其他车辆的司机和行人发出警示、引起注意,确保车辆行驶的安全。

A. 信号和灯光　　　B. 声响和报警信号　　　C. 灯光和报警信号　　　D. 声响和灯光

（4）下列哪一种灯泡不属于汽车信号系统的组成部分? (　　　)

A. 转向灯　　　　　B. 室内顶灯　　　　　C. 制动灯　　　　　D. 危险警告灯

六、任务总结

1. 转向信号灯

（1）转向信号灯电路组成

转向信号灯电路主要由电源、保险丝、转向开关、继电器和灯泡组成。

（2）转向信号灯工作原理

当驾驶员打开转向开关时,电流从电源流经转向开关,然后经过继电器,最后到达灯泡。

左转向时,信号控制电路为:蓄电池正极→"转向—危险信号灯"保险丝→车身 ECU→闪光继电器→车身 ECU→转向组合开关→搭铁。转向工作电路为:蓄电池正极→"转向—危险信号灯"保险丝→车身 ECU→闪光继电器→车身 ECU
$$\begin{cases} →左前、左侧转向灯→搭铁。 \\ →左后转向灯→搭铁。 \\ →仪表板转向指示灯→搭铁。 \end{cases}$$

右转向及危险警告时的信号控制电路和工作电路与左转向时的情况一样。

（3）转向信号灯常见故障

汽车转向信号大体上有两种:一是闪烁信号,二是持续闪烁。常见故障是转向信号灯不亮和转向信号灯不能正常工作。

2. 制动灯

（1）制动灯电路组成

制动灯电路主要由制动灯开关、灯泡和电源组成。

（2）转向信号灯工作原理

当车辆需要刹车时,踩下制动踏板使汽车减速至停车,电流经蓄电池正极,经过熔断器至制动灯开关,再到制动灯,再经搭铁点回到蓄电池负极形成一个回路;当松开制动踏板时,制动灯开关断开,制动灯熄灭。

（3）制动灯故障现象

踩下制动踏板,制动灯会亮起以警示后方车辆保持安全行车车距。制动灯常见故障现象有:

①踏下制动踏板,左右制动灯均不亮。

②踏下制动踏板,左右制动灯只有一只亮。

③不踏下制动踏板,左右制动灯长亮或时亮时不亮。

制动灯不亮的常见故障原因有熔断器烧坏、电路中存在开路或搭铁不良、开关损坏、灯泡损坏。对应的故障排除方法分别是更换熔断器、检修电路、更换开关和更换相同的灯泡。

七、知识拓展

环岛就是"环形路口",在城市道路中十分常见(图5-2-10)。它是为了减少车辆行驶冲突而在多个交通路口交汇的地方设置的交通设施,多为圆形。环岛能使车辆按同一方向行驶,将冲突点转变为通行点,能有效地减少交通事故的发生。

图 5-2-10　环岛

（一）法律法规

根据《中华人民共和国道路交通安全法实施条例》第五十七条规定,机动车应当按照下列规定使用转向灯:

①向左转弯、向左变更车道、准备超车、驶离停车地点或者掉头时,应当提前开启左转向灯。

②向右转弯、向右变更车道、超车完毕驶回原车道、靠路边停车时,应当提前开启右转向灯。

根据《中华人民共和国道路交通安全法实施条例》第五十一条第二款规定,准备进入环形路口的让已在路口内的机动车先行。

（二）进出环岛如何打转向灯

通常情况下,环岛会被设置在多路口(3个路口以上)的路段,除右转车辆外,其余前往各路口的车辆都要进入环岛绕行。环岛内一般会设计成四车道:左侧车道用于左转,中间两车道用于直行,右侧车道用于右转驶出环岛。

1. 进环岛左转

假如车辆要左转,在进入环岛内的左侧车道时,应打左转向灯,提示其他车辆;然后车辆在驶出环岛前,应该提前打右转向灯,在确认安全后从内侧车道开始往环岛外变线,最后驶出环岛,完成左转,如图5-2-11所示。

2. 进环岛直行

假如车辆要直行,则应该选择环岛内中间车道。由于车辆进入环岛后不需要变换车道,因此车辆进入环岛时不需要打左转向灯。当车辆准备出环岛继续直行时,由于要跨越环岛内右侧车道,因此需要打右转向灯提示其他车辆注意,然后驶出环岛,如图5-2-12所示。

图 5-2-11 进环岛左转

图 5-2-12 进环岛直行

3. 进环岛右转

假如车辆要右转往其他路口,可选择环岛内右侧车道,也可从环岛外围右转。车辆驶入环岛时的情况与直行状态相似,因此也不需要打左转向灯。当车辆选择对应路口后,应提前打右转向灯,确认安全后右转驶出环岛,如图 5-2-13 所示。

图 5-2-13 进环岛右转

通过以上 3 种情况的分析,车辆驶入环岛时需要打左转向灯的情况只有一种,就是左转行驶,其余两种情况均不需要打左转向灯。车辆驶出环岛时,则必须打右转向灯。

（三）环岛行驶技巧规则

在环岛行车,一定要看清楚路况和礼让,注意道路指示牌。礼让有几个原则:进环岛的车让出环岛的车,环岛外的车让环岛内的车,转弯的车让直行的车,后车让前车,小车让大车。

①在进入环岛之前,先观察路况注意让行,已经在环岛内的车辆有先行的路权。如果在进入环岛时与环岛内的车辆发生了碰撞,全责就是进入环岛的车辆,因为没有让行环岛内车辆。

②提前选择车道是很重要的,有很多驾驶人没有选择好要驶出的车道,不是一直在环岛内转圈,就是选择错误的出口驶出。这样很容易造成交通混乱,还浪费时间。

③在环岛内行驶也需要时刻保持安全车距。保持前车在驾驶员的目测范围内停下车辆,这样的车距就一定是不会发生碰撞的。

良好的交通行为是正常交通秩序的保障,更是平安出行的根本所在。为了一个共同的目标——交通安全,请正确使用转向灯。

任务三　检修汽车喇叭信号

一、任务案例

李先生在驾驶汽车时,当他按下喇叭开关,发现汽车喇叭不响了。这让他在路上行驶时感到非常不安全,为了解决这个问题,他决定将车辆送到附近的汽车 4S 店进行维修。

作为汽车维修技术人员,请你根据车辆维修手册和维修的基本原则,结合车辆的故障现象,对汽车喇叭故障进行全面的检修。

二、学习目标

通过本任务的学习,应能:

1. 阐述汽车喇叭信号的组成和工作原理。
2. 阐述汽车喇叭信号的常见故障和检修方法。
3. 在规定时间内,完成对汽车喇叭故障的检查,准确填写作业工单。
4. 提升团队协作、沟通交流的能力,养成良好的团队合作精神。
5. 提升环保意识和法律素养,积极履行社会责任。

学习重点:

1. 汽车喇叭电路的组成和工作原理。
2. 汽车喇叭的常见故障和检修方法。

三、知识准备

(一)汽车电喇叭电路组成

汽车电喇叭灯电路主要由电源、保险丝、喇叭开关、继电器和喇叭组成,如图 5-3-1 所示。

(二)汽车电喇叭工作原理

当按下汽车转向盘上的喇叭按钮时,就形成了电流通路。

控制电路:蓄电池正极→保险丝→喇叭继电器线圈→喇叭开关→
搭铁。主电路:蓄电池正极→保险丝→喇叭继电器开关→活动触点
臂→触点→固定触点臂→线圈→搭铁。

线圈通电产生吸力,上铁芯被吸与下铁芯撞击,产生较低的基本频率,并激励膜片及与膜片连成一体的共鸣板产生共鸣,从而发出比基本频率强得多而且分布比较集中的谐

汽车电喇叭工作原理

音;同时,压下动触点臂,使触点分开以切断电路,电磁力消失;当铁芯磁力消失后,衔铁又回到原位,触点重新闭合,电路再次接通;这样线圈中将流过时通时断的电流,因此振动膜片时吸时放,产生高频振动而发出音响,如图 5-3-2 所示。

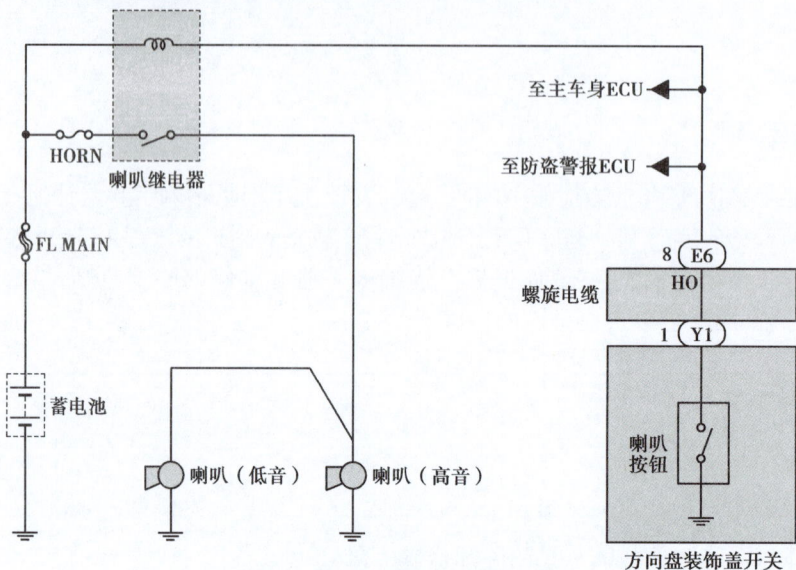

图 5-3-1　汽车电喇叭电路

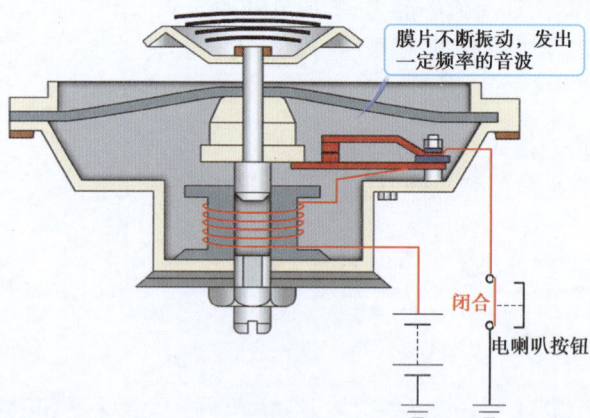

图 5-3-2　电喇叭工作原理

（三）电喇叭常见故障

在很多有关喇叭的故障中,出现问题时往往是喇叭本身的故障。特别是某些汽车设计的喇叭安装位置存在缺陷,下雨时很容易使喇叭被雨水淋湿,造成喇叭的损坏。常见的喇叭故障如下:

①有时不响。按喇叭开关,如果喇叭有时响,有时不响,多是喇叭内部的触点接触不好,有些也是喇叭本身的问题。

②声音沙哑。多是由于插头接触不良,特别是转向盘周围的各个触点由于使用频

繁,容易使触点出现磨损。

③完全不响。首先检查熔丝看是否熔断,然后拔下喇叭插头,用万用表测量在按喇叭开关时此处是否有电。如果没有电,应检查喇叭线束和喇叭继电器。如果有电,则是喇叭本身的问题。此时,也可以试着调节喇叭上的调节螺母看是否能发声。如果还是不响,则需要更换喇叭。

(四)电喇叭故障分析

喇叭不响是汽车电气系统中的常见问题,遇到此类问题时,首先确认汽车电源系统是否工作正常,然后进一步检测喇叭电路。查看喇叭的电路原理,如果喇叭不发声,故障原因可能在电路中的保险丝、喇叭继电器、喇叭按钮处。其中任何一处出现故障,均可能导致喇叭电路断路,引起喇叭不响。

另外,两侧喇叭不响,还有可能是因为连接线路松动,或两侧喇叭同时坏掉。这种情况发生的概率较低,但也要考虑在内。

归纳起来,喇叭不响的故障原因主要有喇叭按钮故障、保险丝故障、喇叭继电器故障、螺旋电缆故障、连接线路故障、喇叭本身故障。

四、任务实施

(一)实施方案

1. 质量要求

参照厂家的质量标准和维修手册要求。

2. 组织方式

每 6 位同学 1 组,按照企业岗位的操作标准,参照厂家维修手册,依据"1+X"证书考核标准,规范地完成汽车电喇叭故障的检查。每组作业时间为 40 min。

3. 技术要求与标准

①车辆安全措施:在进行汽车电喇叭检查前,确保车辆已稳固驻停,手刹有效制动,变速器位于自动挡 P 挡位置或手动挡空挡状态。

②环境安全保障:选择通风条件良好的场所进行作业,确保周边无易燃易爆物品,防止电气火花引发火灾事故。

③操作安全规程:检查汽车电喇叭时,遵守电气安全操作规程,避免带电操作。测量电路时,先断电再测量,防止短路、电弧或触电。

④设备安全管理:严格按照设备操作手册进行操作,不得擅自改动设备设置或进行非授权维修。

4. 设备器材

①场地:理实一体化教室。

②设备:实训车辆、工具车、万用表、垃圾桶等。

③安全防护:车轮挡块、室内"三件套"、车外保护垫、灭火器等。

④耗材:干净抹布。

（二）操作步骤

1.准备工作

①检查工作环境安全,安装车轮挡块,做好个人安全防护。

②打开车门,做好车内防护,罩好"三件套"。打开机舱盖,铺设翼子板防护垫。拉紧驻车制动手柄,换挡杆置于 P 挡。

2.检查汽车蓄电池电压

操作步骤前面已经讲过,这里不再赘述。

3.检查保险丝

①打开发动机舱中的继电器盒盖,找到喇叭继电器。继电器的具体位置可查阅继电器盒盖内侧的分布图,然后用熔断器夹将其取下。

②目测熔断器是否烧坏,如果无法目测,则选用数字万用表测量熔断器两插脚之间的电阻。如测得的阻值为 0,则说明熔断器已烧坏,需要进行更换。

4.检查喇叭继电器

从发动机舱的继电器盒中拆下集成继电器,如图5-3-3 所示。参照表5-3-1 测量电阻。

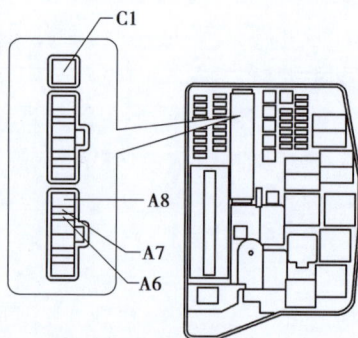

图 5-3-3　继电器盒

表 5-3-1　标准电阻

检测端子	条件	规定状态
C1-A8	蓄电池电压没有施加在端子 A6 和 A7 上时	10 kΩ 或更大
C1-A8	蓄电池电压施加在端子 A6 和 A7 上时	小于 1 Ω

如果检测的结果不符合以上标准,则更换集成继电器。

5.检查喇叭按钮

从车辆拆下方向盘装饰盖,目视检查,方向盘装饰盖上的喇叭按钮接触片是否变形或烧蚀损坏。如有变形,则换上新的方向盘装饰盖。

6.检查螺旋电缆

①拆卸螺旋电缆。

②检查螺旋电缆:

a.目测观察连接器或者螺旋电缆上是否有划痕、裂缝、凹痕或碎片。如果有,则需要换上新的螺旋电缆。

b. 检查螺旋电缆,如图 5-3-4 所示。标准电阻如表 5-3-2 所示,如果数值不在规定的范围内,则需更换螺旋电缆。

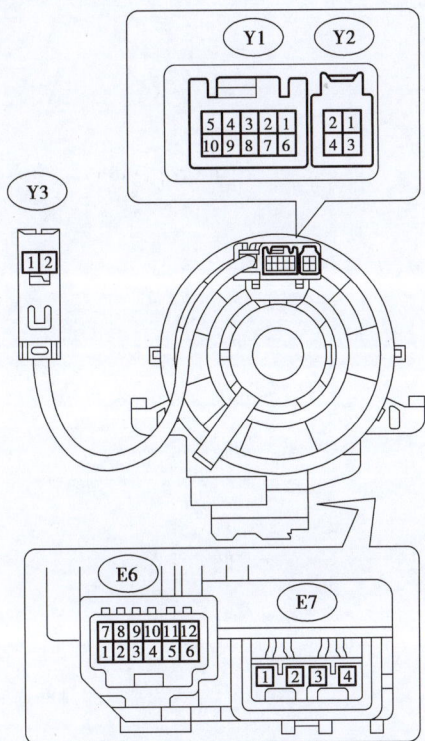

图 5-3-4　螺旋电缆

表 5-3-2　标准电阻

检测端子	条件	规定状态
Y1-1—E6-8(HO)	中央	小于 1 Ω
	向左转 2.5 圈	
	向右转 2.5 圈	
Y1-1—E6-3(CCS)	中央	小于 1 Ω
	向左转 2.5 圈	
	向右转 2.5 圈	
Y1-2—E6-4(ECC)	中央	小于 1 Ω
	向左转 2.5 圈	
	向右转 2.5 圈	

续表

检测端子	条件		规定状态
Y1-5—E6-12(IL+2)	中央		小于 1 Ω
	向左转2.5圈		
	向右转2.5圈		
Y1-8—E6-4(EAU)	中央		小于 1 Ω
	向左转2.5圈		
	向右转2.5圈		
Y1-9—E6-5(AU2)	中央		小于 1 Ω
	向左转2.5圈		
	向右转2.5圈		
Y1-10—E6-6(AU1)	中央		小于 1 Ω
	向左转2.5圈		
	向右转2.5圈		
Y3-1—E-2(D−)	中央		小于 1 Ω
	向左转2.5圈		
	向右转2.5圈		
Y3-2—E7-1(D+)	中央		小于 1 Ω
	向左转2.5圈		
	向右转2.5圈		

③安装螺旋电缆。

注意事项

为避免螺旋电缆损坏,转动螺旋电缆时不要超过必要的圈数。

7. 检查线束

①轻轻地上下或者左右摆动电气配线,以检查故障。主要检查接头的根部,查看导线是否从端子中脱开。如果有这种情况,需要进行紧固或者更换新的配线。

②断开插接器,使用万用表检查线路是否有短路或断路。如果有,则需要修复。

汽车车身电气设备检修

8. 检查电喇叭

①拆卸散热器上空气导流板：拆下 6 个卡子和散热器上空气导流板。

②拆卸散热器格栅防护罩：拆下 2 个散热器格栅防护罩。

③拆卸前保险杠总成：

a. 沿前保险杠总成四周粘贴保护性胶带。

b. 拆下 6 个螺钉、2 个螺栓和 3 个卡子。

④拆卸低音喇叭总成：

a. 断开连接器，如图 5-3-5 所示。

b. 拆下螺栓和低音喇叭总成。

⑤检查低音喇叭总成：

a. 连接蓄电池与低音喇叭总成，如图 5-3-6 所示。如果喇叭鸣响，则说明其工作正常。

b. 按照相同方式检查高音喇叭。

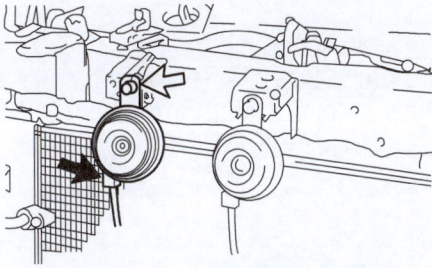

图 5-3-5　连接器

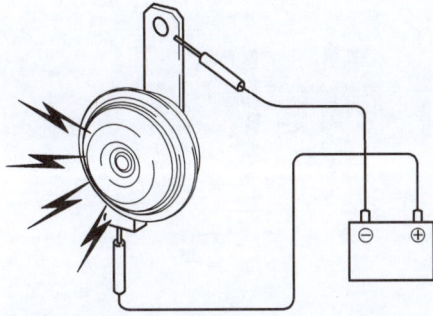

图 5-3-6　连接蓄电池与低音喇叭总成

9. 复检

通过以上步骤的检查与维修，工作结束时，进行维修质量的验证，检查电喇叭。

10. 工位复位

①收起机舱翼子板防护垫，盖好机舱罩盖，收起车内防护套。

②整理工位和工具，清扫场地，实施"6S"管理。

（三）作业工单

专　业		班　级	
姓　名		学　号	
小组成员		组长姓名	

　　在道路交通中，汽车喇叭扮演着至关重要的角色，它能够有效地提醒行人和其他车辆注意，从而保障行车安全。 然而，由于喇叭在工作时需要通过较大的电流，并且在日常使用中频繁操作，这使得它成为汽车电气系统中较易出现故障的部件之一。 汽车喇叭故障可能会在关键时刻影响驾驶者与外界的沟通，增加行车风险。

　　请结合"1+X"职业技能等级证书考核标准，完成对汽车喇叭故障的检查和修复。

二、获取信息

图示	信息获取
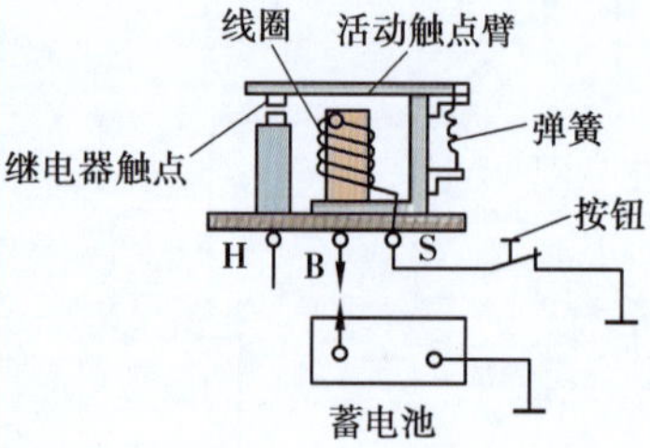 线圈　活动触点臂　弹簧　继电器触点　按钮　H B S　蓄电池	喇叭继电器由一个磁化线圈和一对常开的触点构成。 当按下喇叭按钮时，喇叭继电器线圈通电产生电磁力，触点闭合，大电流通过触点臂、触点流入喇叭线圈，喇叭发声。
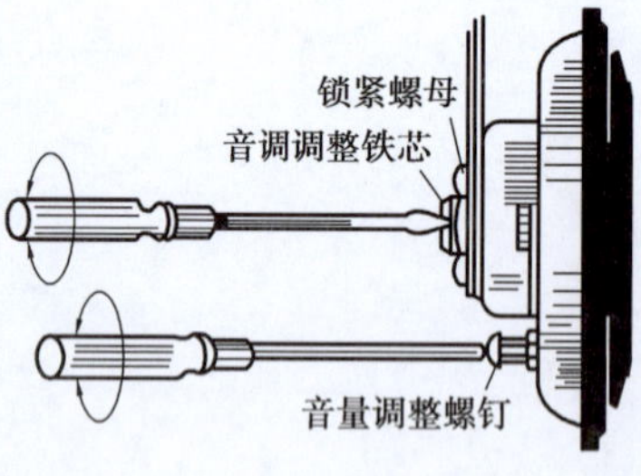 锁紧螺母　音调调整铁芯　音量调整螺钉	喇叭的调整包括音调和音量的调整。 1. 音调调整 ①靠调整衔铁与铁芯之间的气隙来实现，铁芯气隙小时，膜片的振动频率高；铁芯气隙大时，膜片的振动频率低（即音调低）。 ②铁芯气隙（一般为 0.7 ~ 1.5 mm）的调整方法：松开锁紧螺母，转动下铁芯，将上、下铁芯间的间隙调至合适量，拧紧锁紧螺母即可。 上下铁芯之间的间隙减小，音调提高；反之，降低。 2. 音量调整 ①音量调整靠调整喇叭内触点顶压力（即控制喇叭线圈的电流大小）来实现。 触点的接触压力增大时，喇叭的音量变大，反之音量变小。 ②调整方法：旋转音量调节螺钉，逆时针方向转动时，触点压力增大，音量增大；顺方向转动时，触点压力减小，音量减小。 动静触点之间压力增大，音量提高；反之，音量降低。 　　对于无任何声音的电喇叭，调整顺序为先调整音调，再调整音量，最后进行微调。 电喇叭音量的大小与通过喇叭线圈的电流大小有关。

序号	作业项目	是否完成	作业记录
\multicolumn{4}{c}{检查汽车电喇叭信号故障}
1	检查施工环境安全	是□ 否□	正常□_____不正常□_____
2	车辆防护	是□ 否□	
3	人员防护	是□ 否□	
4	检查蓄电池电压	是□ 否□	正常□_____不正常□_____
5	检查保险丝	是□ 否□	正常□_____不正常□_____
6	检查喇叭继电器	是□ 否□	正常□_____不正常□_____
7	检查喇叭按钮	是□ 否□	正常□_____不正常□_____
8	检查螺旋电缆	是□ 否□	正常□_____不正常□_____
9	检查线束	是□ 否□	正常□_____不正常□_____
10	检查喇叭	是□ 否□	正常□_____不正常□_____
11	规范操作、落实"6S"制度	是□ 否□	

五、任务评价

（一）技能评价表

序号	作业项目	考核内容	分值	得分
1	准备工作	检查施工环境安全	5	
		车辆防护	5	
		人员防护	5	
2	检查蓄电池电压	检查蓄电池电压	5	
3	检查保险丝	检查喇叭保险丝	5	
4	检查喇叭继电器	检查继电器	10	
5	检查喇叭按钮	检查按钮接触片	5	
6	检查螺旋电缆	拆卸螺旋电缆	5	
		检查螺旋电缆	5	
		安装螺旋电缆	5	
7	检查线束	检查端子连接	5	
		检查端子线束短路或断路	10	
8	检查喇叭	检查低音喇叭	5	
		检查高音喇叭	5	
9	复检	检查电喇叭工作性能	5	
10	作业记录	正确填写工单	5	
11	安全生产	遵守安全操作规程	5	
		安全用电，无人身、设备事故	5	
总分			100	

注：操作规范即得分，操作错误或未进行操作得0分。

（二）知识测评

1.判断题

（1）喇叭常见故障主要有：有时不响、声音沙哑和完全不响3种。　　（　　）

（2）喇叭的音量越响越好。　　（　　）

(3)电喇叭的调整包括音调调整和音量调整。 （　　）

(4)通过调整电喇叭触点的压力,可以改变电喇叭的音量。 （　　）

(5)汽车电喇叭的工作原理基于电磁感应定律。 （　　）

(6)电喇叭的故障检测可通过直接测量其电阻值来完成。 （　　）

(7)更换电喇叭时,必须断开车辆电源,以避免短路。 （　　）

(8)电喇叭的频率越低,其声音传播的距离越近。 （　　）

(9)若电喇叭不响,应首先检查喇叭开关是否完好。 （　　）

(10)使用电喇叭时,若出现间歇性不响,可能是触点间隙过大导致。 （　　）

2. 选择题

(1)造成喇叭不响的故障原因有(　　)。

A. 喇叭按钮故障　　　B. 熔断器烧断　　　　C. 继电器故障　　　D. 以上都正确

(2)安装喇叭时,标有字母"H"的是表示(　　)。

A. 低音喇叭　　　　　B. 双线制喇叭　　　　C. 高音喇叭　　　　D. 气喇叭

(3)电喇叭继电器搭铁或继电器触点烧结,均会导致电喇叭(　　)。

A. 不响　　　　　　　B. 声音异常　　　　　C. 音量过小　　　　D. 长鸣

(4)对于盆形电喇叭,减小上、下铁芯间的气隙,喇叭的音调(　　)。

A. 没有变化　　　　　B. 提高　　　　　　　C. 降低　　　　　　D. 忽高忽低

(5)电路上采用喇叭继电器是为了保护(　　)。

A. 电线　　　　　　　B. 喇叭　　　　　　　C. 蓄电池　　　　　D. 喇叭按钮

(6)(　　)电喇叭的特点是体积小、安装方便、耐水、防尘、音色悦耳、噪声低。

A. 盆形　　　　　　　B. 短筒形　　　　　　C. 螺旋形　　　　　D. 长筒形

(7)电喇叭内部触点常闭状态表示(　　)。

A. 喇叭工作　　　　　B. 喇叭停止工作　　　C. 触点烧蚀　　　　D. 触点粘连

(8)当电喇叭发出的声音音质不佳时,可能的原因是(　　)。

A. 电磁线圈匝数过多　　　　　　　　　B. 触点间隙过大

C. 膜片破裂或变形　　　　　　　　　　D. 电源电压过高

六、任务总结

(1)汽车电喇叭电路组成

汽车电喇叭灯电路主要由电源、保险丝、喇叭开关、继电器和喇叭组成。

(2)汽车电喇叭电路组成

当按下汽车转向盘上的喇叭按钮时,就形成了电流通路。

控制电路:蓄电池正极→保险丝→喇叭继电器线圈→喇叭开关→搭铁。主电路:蓄电池正极→喇叭继电器开关→活动触点臂→触点→固定触点臂→线圈→搭铁。

(3)电喇叭常见故障

电喇叭常见故障主要有:有时不响、声音沙哑、完全不响。

（4）电喇叭故障分析

电喇叭故障原因主要有：喇叭按钮故障、保险丝故障、喇叭继电器故障、螺旋电缆故障、连接线路故障、喇叭本身故障。

七、知识拓展

近年来，随着噪声疾病越来越多，噪声问题逐渐引起人们的重视。自 2003 年开始，将每年 4 月 16 日设立为"世界噪声日"，希望通过对噪声污染等相关知识的宣传，让更多人了解这个"看不见的杀手"，远离噪声伤害。

《中华人民共和国噪声污染防治法》自 2022 年 6 月 5 日起施行，该法将"未依法采取防控措施""干扰他人正常生活、工作和学习"纳入噪声污染的界定中。法律规定，居民区的噪声标准在 45～55 dB。这个标准相当于两个人在房间里说话，互相能够听清楚的一个音量。而超过这个音量，就可以算作噪声扰民。

（一）什么是噪声

噪声是指发声体做无规则振动时发出的声音。从生理学观点来看，凡是干扰人们休息、学习和工作以及对你所要听的声音产生干扰的声音，即不需要的声音，统称为噪声。当噪声对人及周围环境造成不良影响时，就形成噪声污染，如图 5-3-7 所示。

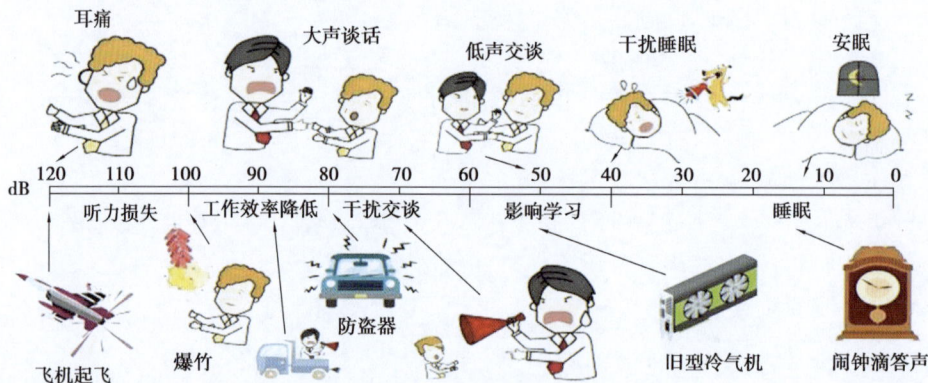

图 5-3-7　生活中的噪声

（二）噪声的危害

大量研究指出，长期的生活噪声除了对听力有所损害，对人的生理和心理也会产生深远的负面影响。

①损害听力有关资料表明，当人连续听摩托车声音 8 h 以后，听力就会受损。若在摇滚音乐厅里半小时后，人的听力就会受损。若在 80 dB 以上的噪声环境中生活，造成耳聋的可能性可达 50%。

②损害视力研究指出，噪声可使色觉、色视发生异常。

③有害于人的心血管系统。我国对城市噪声与居民健康的调查表明，地区的噪声每

上升 1 dB,高血压发病率就增加 3%。

④影响人的神经系统,使人急躁、易怒。噪声可刺激神经系统,使之产生抑制。长期在噪声环境下工作的人,还会出现神经衰弱症。

⑤影响睡眠,造成疲倦。噪声对睡眠的危害:突然噪声在 40 dB 时,可使 10% 的人惊醒;达到 60 dB 时,可使 70% 的人惊醒。

（三）噪声的来源

目前,世界上环境噪声最主要的来源是交通噪声,包括汽车、船,飞机和火车产生的噪声。此外,像建筑施工机械、娱乐扩音设施,甚至一些办公设备、人们大声喧哗吵闹,都是噪声污染源,如图 5-3-8 所示。

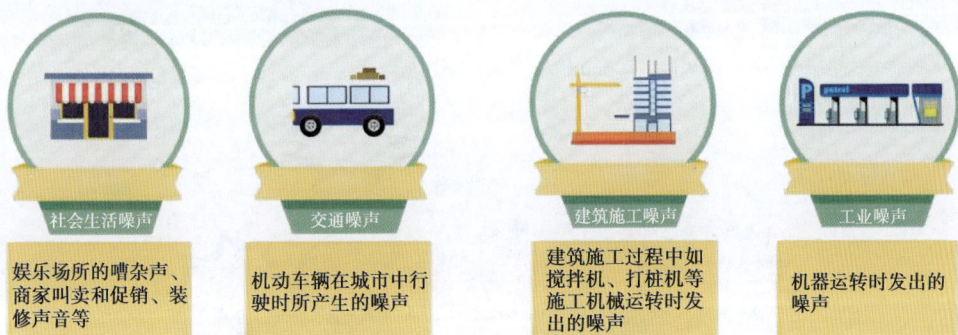

社会生活噪声	交通噪声	建筑施工噪声	工业噪声
娱乐场所的嘈杂声、商家叫卖和促销、装修声音等	机动车辆在城市中行驶时所产生的噪声	建筑施工过程中如搅拌机、打桩机等施工机械运转时发出的噪声	机器运转时发出的噪声

图 5-3-8　生活中的噪声

（四）交通运输噪声

交通运输噪声主要指机动车辆、铁路机车、机动船舶、航空器等交通运输工具在运行时所产生的干扰周围生活环境的声音,如图 5-3-9 所示。城市区域内,交通干线上的机动车辆(主要是载重汽车、摩托车等的噪声)昼夜行驶,约占环境噪声源的 40% 以上。城市交通干线的噪声的等效 A 声级可达 65 ~ 75 dB,噪声严重的区域 A 声级甚至在 80 dB 以上。火车经过时,在其两侧 100 m 处声级约 75 dB,对铁路两侧居民的干扰相当严重。随着城市轨道交通系统的发展,地铁和轻轨等轨道车辆行驶过程中产生的振动和噪声对沿线的单位和居民也产生较大的影响。

（五）机动车辆噪声

机动车辆噪声是指公路车辆运行时发出的噪声,主要噪声源来自驱动系统(进气、排气、燃烧、机械、冷却风扇等)和运行系统(轮胎、轮框、传动齿轮等),如图 5-3-10 所示。前者与发动机转速有关,与运行速度几乎无关。后者与轮胎花纹、路面状况有关,并随行车速度变化。机动车辆噪声一般是无规宽频带噪声,其声压级和频谱与车辆的种类、运行状态、道路状况、车轮种类和轮胎花纹式样有关。

图 5-3-9　交通运输噪声

图 5-3-10　机动车辆噪声

　　车内的噪声主要由发动机等机械构件噪声（发动机噪声）、轮胎与地面的摩擦声（路噪）、汽车冲破空气幕产生的碰撞及摩擦声（风噪）、外环境传入车内的声音（如大货柜车呼啸而过的声音）、驾驶舱内饰板等部件发生震动产生的内部噪声等组成。

　　1. 发动机噪声

　　车辆发动机是噪声的一个来源，其噪声的产生是随着发动机转速的不同而不同（主要通过前叶子板、引擎盖、挡火墙、排气管产生和传递）。

　　2. 路噪

　　路噪是车辆高速行驶时，风切入形成噪声及行驶带动底盘震动产生的噪声，还有路上砂石冲击车底盘也会产生噪声。这些是路噪的主要来源（主要通过四车门、后备箱、前叶子板、前轮弧产生和传递）。

　　3. 胎噪

　　胎噪是车辆在高速行驶时，轮胎与路面摩擦所产生的。路况、车况不同，胎噪大小也不同，路况越差，胎噪越大。另外，沥青路面与混凝土路面所产生的胎噪有很大区别。胎噪主要通过四车门、后备箱、前叶子板、前轮弧产生和传递。

4. 风噪

风噪是指汽车在高速行驶的过程中迎面而来的风压已超过车门的密封阻力进入车内而产生的,行驶速度越快,风噪越大(主要通过四门密封间隙、包括整体薄钢板产生和传递)。

5. 共鸣噪

车体本身就像是一个箱体,而声音本身就有折射和重叠的性质。当声音传入车内时,如没有吸音和隔音材料来吸收和阻隔,噪声就会不断折射和重叠,形成共鸣声(主要通过噪声进入车内,叠加、反射产生)。

调查表明,机动车辆噪声占城市交通噪声的85.5%。机动车辆噪声的传播与道路数量及交通量度大小有密切关系。在通路狭窄、两旁高层建筑物鳞次栉比的城市中,噪声来回反射,显得更加吵闹。同样的噪声源在街道较空旷地,听起来要大 5 ~ 10 dB。在机动车辆中,载重汽车、公共汽车等重型车辆的噪声在 89 ~ 92 dB,而轿车、吉普车等轻型车辆噪声在 82 ~ 85 dB。汽车速度与噪声大小也有较大关系,车速越快,噪声越大;车速提高一倍,噪声增加 6 ~ 10 dB。

（六）告别噪声，改善驾驶体验

1. 更换车门密封条

车门密封条老化或质量不好是造成汽车噪声大的原因之一。更换优质的车门密封条可以有效降低车辆的噪声水平。更换密封条时,应选择弹性好、耐用、防尘、防水、减震等性能好的品牌和规格。

2. 检查发动机及零部件

发动机是汽车噪声的主要来源之一。如果发动机存在故障或零部件磨损严重,就会产生较大的噪声。因此,定期检查发动机及零部件是很有必要的。可以通过听诊器、润滑轴承、检查皮带等方法进行检查。如果发现零部件损坏或磨损严重,应及时更换或修复。

3. 加装吸音材料

在车辆的引擎盖上使用防火隔音棉,可减少引擎运转时的噪声。在车门、后备箱、车底盘等部位加装防火隔音棉,可以有效减少车辆行驶时的噪声。同时,可以在车身空腔内加装隔音材料,以减缓车身震动造成的噪声。

4. 检查轮胎磨损情况

轮胎磨损严重或花纹不一致也是造成汽车噪声大的原因之一。如果轮胎磨损严重或花纹不一致,不仅会影响车辆的操控和制动性能,还会增加轮胎与路面摩擦产生的噪声。因此,建议定期检查轮胎磨损情况,及时调整轮胎胎压,更换花纹一致的新轮胎。

5. 改装车身及底盘

车身及底盘的震动和共振也是造成汽车噪声大的原因之一。如果车身及底盘存在震动和共振现象,不仅会影响驾乘舒适性,还会对车辆的操控性能造成一定的影响。因此,可以通过改装车身及底盘来降低车辆的噪声水平。例如,可以加装减震板等配件来减少车身及底盘的震动和共振现象。

　　总之,汽车噪声大不仅会影响驾乘人员的听力健康和驾驶安全,还会对周围环境和居民的生活造成影响。需要通过多种方法来解决这一问题。在解决问题前,应先确定噪声的来源并进行详细的分析和评估,然后选择合适的方法进行解决和改善,可以更好地应对噪声问题,让生活更加美好和宁静。

项目六　检修汽车辅助电气

在现代汽车技术的演进中,汽车电气辅助设备发挥着重要作用,它们极大地丰富了驾驶体验并提升了车辆性能。特别是智能化和自动化技术的融入,如汽车雨刮器和电动车窗,为驾驶者和乘客提供了前所未有的舒适性和便利性。这些设备的发展标志着现代汽车工业的进步,并指明了未来汽车技术演进的方向。

学习目标

知识目标:

1. 能阐述汽车雨刮器和电动车窗的组成、作用和工作原理。
2. 能阐述汽车雨刮器和电动车窗常见故障及检修方法。

技能目标:

1. 能熟练查阅车辆用户手册和车辆维修手册,精准查找检修所需的电路图和操作指南。
2. 能在规定时间内,完成汽车雨刮器和电动车窗的故障检查,并准确填写作业工单。

素养目标:

1. 培养细致严谨的工作态度,强调遵守操作规程,提升团队协作和沟通能力。
2. 树立安全操作意识,严格遵守安全规章制度,掌握安全操作要求。
3. 认识劳动的价值,培养敬业和奉献精神,理解科技创新在汽车工业发展中的重要作用。

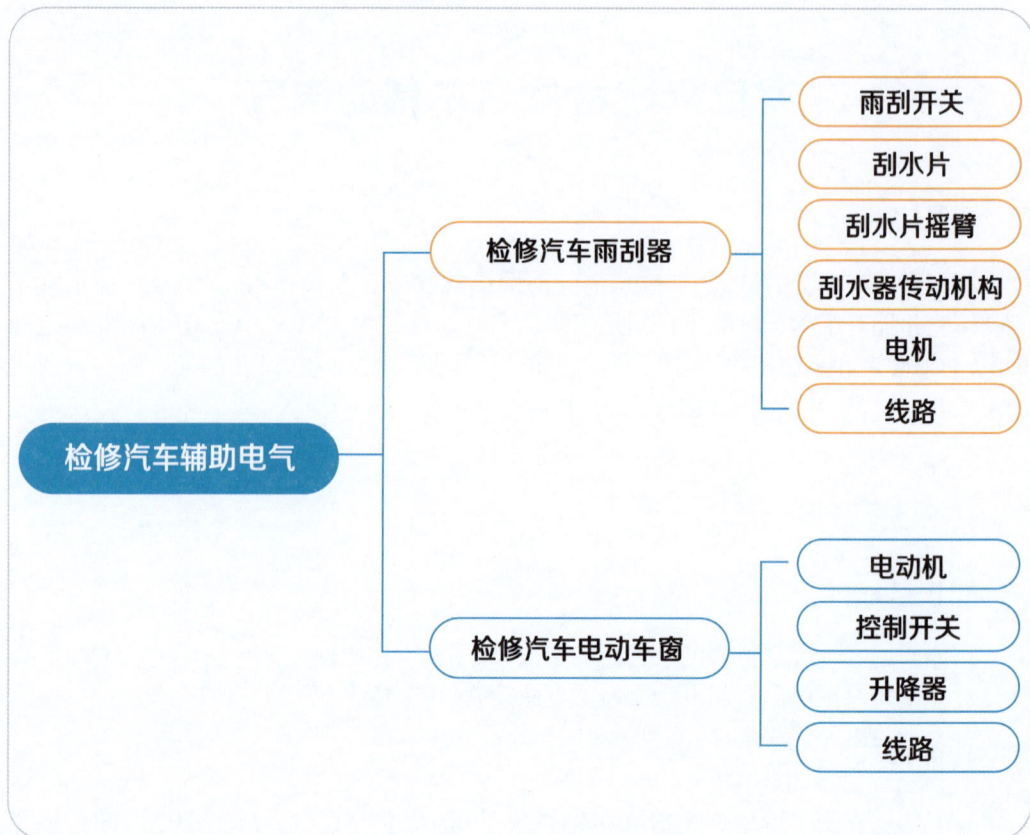

任务一　检修汽车雨刮器

一、任务案例

　　王女士拥有一辆汽车。在一次雨天驾驶时,当她尝试使用雨刮器时,发现雨刮器只能以最高速度工作,无法调整到低速挡位,这种情况在雨天行驶时给她带来了严重的安全隐患。为了解决这个问题,她决定将车辆送到附近的汽车 4S 店进行维修。

　　作为汽车维修技术人员,请你根据车辆维修手册和维修的基本原则,结合车辆的故障现象,对汽车雨刮器故障进行全面的检修。

二、学习目标

通过本任务的学习,应能:

1. 阐述汽车雨刮器的作用、组成和工作原理。
2. 阐述汽车雨刮器的常见故障和检修方法。
3. 在规定时间内,完成对汽车雨刮器故障的检查,准确填写作业工单。
4. 掌握安全操作要求,养成严格遵守安全规章制度的习惯,树立安全操作意识。

学习重点:

1. 汽车雨刮器的组成和工作原理。
2. 汽车雨刮器的常见故障和检修方法。

三、知识准备

汽车雨刮器的作用

（一）汽车雨刮器的作用

　　为保证雨、雪天时驾驶员有良好的视线,汽车上都装有雨刮器。它是安装在风窗上的重要附件,主要用于扫除风窗玻璃上妨碍视线的雨雪和尘土,对行车安全具有重要的作用,如图 6-1-1 所示。

（二）汽车雨刮器的组成

　　雨刮器主要由雨刮开关、刮水片、刮水片摇臂、刮水器传动机构和电机组成,其结构如图 6-1-2 所示。雨刮器一般有低速挡、中速挡、高速挡、汽车雨刮器的组成玻璃洗涤器挡,有雨水感应的车辆还有自动挡(AUTO)。

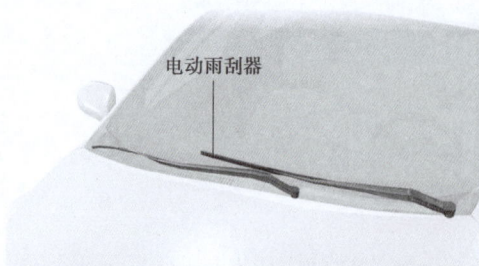

图 6-1-1 汽车雨刮器

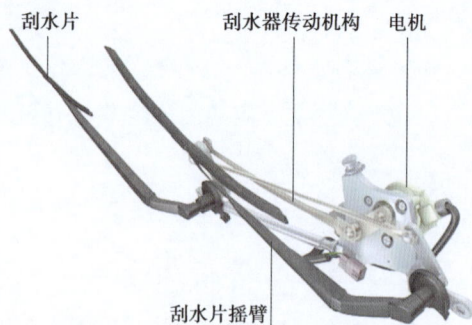

图 6-1-2 汽车雨刮器组成

1. 雨刮器电动机的组成

雨刮器电动机主要由电枢、永久磁铁、电刷、触点、涡轮、铜环组成，如图 6-1-3 所示。雨刮器电动机一般是永磁式直流电动机。

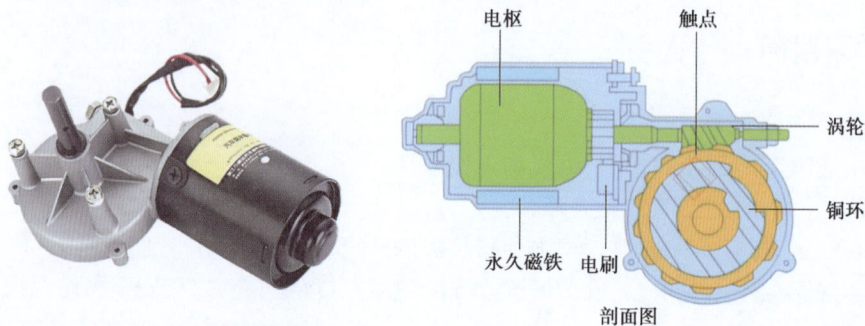

图 6-1-3 雨刮器电动机的组成

2. 雨刮器传动机构

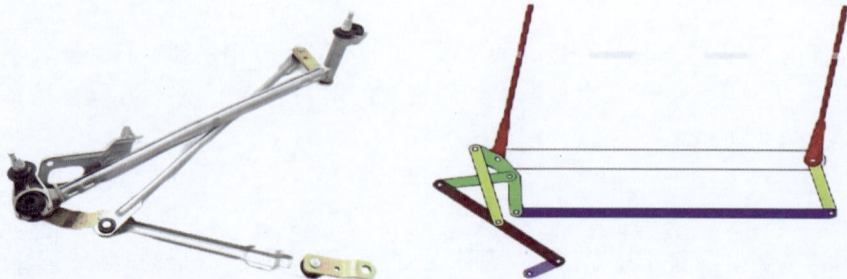

雨刮器传动机构是由接头、刮杆臂、刮杆等零件组成的一个刚性杆件，如图 6-1-4 所示。接头用以与传动轴输出端相连接，刮臂等零件铰接在接头的传动轴销上，在弹簧的作用下对刮片中心产生合适的压力，使之与挡风玻璃吻合后进行工作。

雨刮器传动机构

图 6-1-4 雨刮器传动机构

3. 雨刮开关

雨刮开关有拉钮（或旋钮）开关和杠杆开关两种，有些轿车上的雨刮器除具有刮水、喷洗功能外,还具备可调时间间歇式刮水及刮雾功能。当驾驶者将雨刮器和喷洗器开关杠杆向自身方向拉动并随即释放时,则刮雾器起作用。当向下压动杠杆位于第一挡位时,雨刮器间歇刮水,可适应微雨时的需要。当向下压动杠杆至第二挡位时,雨刮器处于低速工作,以适应小雨时的需要。当继续下压杠杆至第三挡位时,雨刮器处于高速工作,以适应大雨时刮水的需要。转动雨刮器间歇时间调整按钮,可使间歇时间在 2 ~ 12 s 变化,如图 6-1-5 所示。

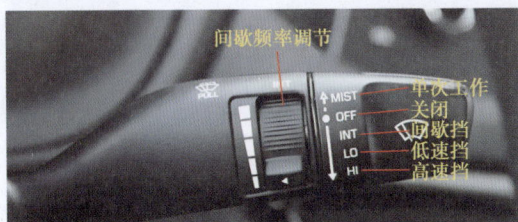

图 6-1-5　雨刮器开关

（三）雨刮器的工作原理

通过控制雨刮器开关,可实现雨刮器的停机复位、低速运转、高速运转、间歇运转、间歇控制和喷水器工作。其工作过程如下:

雨刮器的工作原理

1. 停机复位

如果在任意时刻刮水结束后,刮水片没有停到适当位置,则自动复位开关触片将接触,电路继续流入电枢,其电路为蓄电池(+)→电源开关→雨刮器电动机→雨刮器开关→自动复位触片→搭铁→蓄电池(-),电动机仍以低速运行。当刮水片摆到适当位置后,自动复位触片分离,切断电动机的搭铁线,电动机迅速停止运转,使刮水片复位到风窗玻璃的下部。

2. 低速运转

电源开关接通后,当雨刮器开关置于"LO"挡时,其电路为蓄电池(+)→电源开关→熔断器→雨刮器电动机→雨刮器开关→自动复位触片→搭铁→蓄电池(-),雨刮器电动机通电。电路中与雨刮器电动机串联的电枢绕组较多,电枢在永久磁场作用下低速运转,如图 6-1-6 所示。

3. 高速运转

电源开关接通后,当雨刮器开关置于"HI"挡时,其电路为蓄电池(+)→电源开关→熔断器→雨刮器开关→雨刮器电动机→搭铁→蓄电池(-),雨刮器电动机通电。电路中与雨刮器电动机串联的电枢绕组减少,电枢在永久磁场作用下高速运转,如图 6-1-7 所示。

4. 间歇运转

电源开关接通后,当雨刮器开关置于"INT"挡时,雨刮器电动机就在间歇继电器的控制下工作,其电路为蓄电池(+)→电源开关→熔断器→间歇继电器→雨刮器电动机→搭铁→蓄电池(-),雨刮器电动机通电,按每 2 ~ 12 s 刮水一次的规律自动停止和刮水,如图 6-1-8 所示。

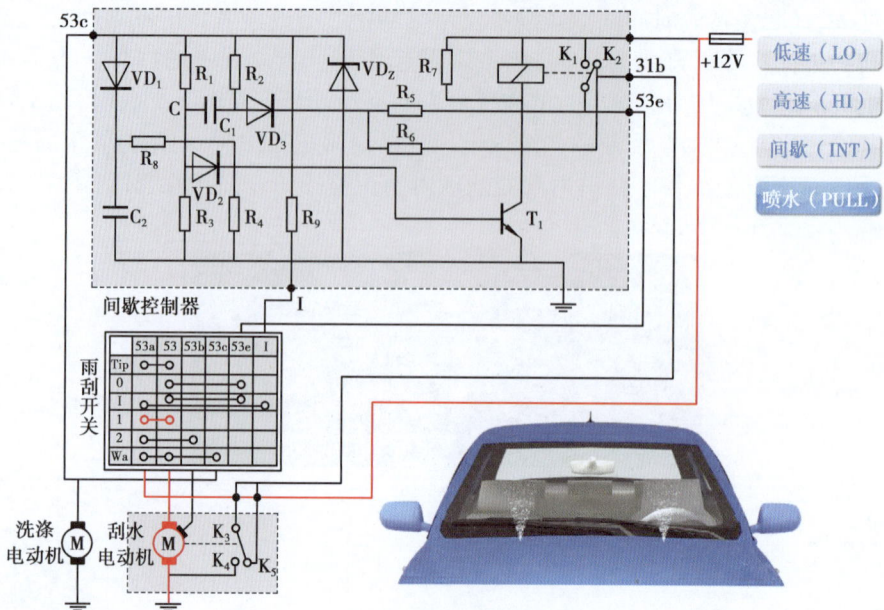

图 6-1-6　雨刮器低速运转电路

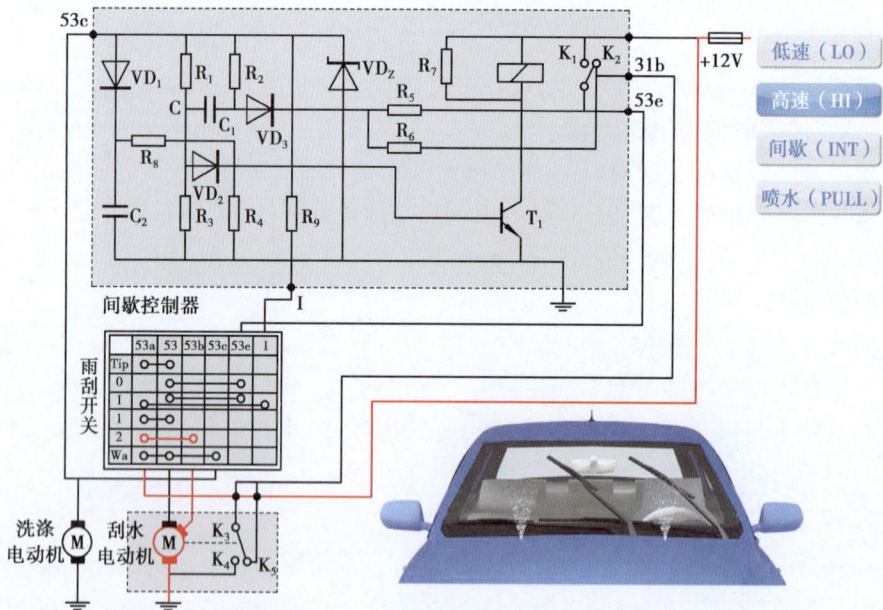

图 6-1-7　雨刮器高速运转电路

汽车车身电气设备检修

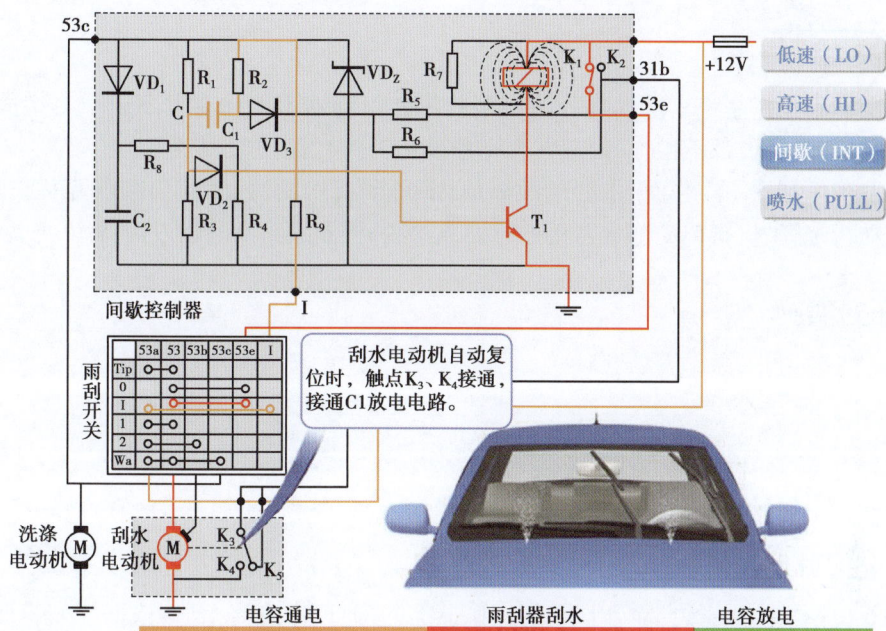

图 6-1-8　雨刮器低速运转电路

5.喷水器

电源开关接通后,当雨刮器开关置于"PULL"挡时,雨刮器电动机就在间歇继电器的控制下工作,其电路为蓄电池(+)→电源开关→熔断器→雨刮器开关→雨刮器电动机、洗涤电动机→搭铁→蓄电池(-),雨刮器电动机通电,按每 2 ~ 12 s 刮水一次的规律自动停止和刮水,如图 6-1-9 所示。

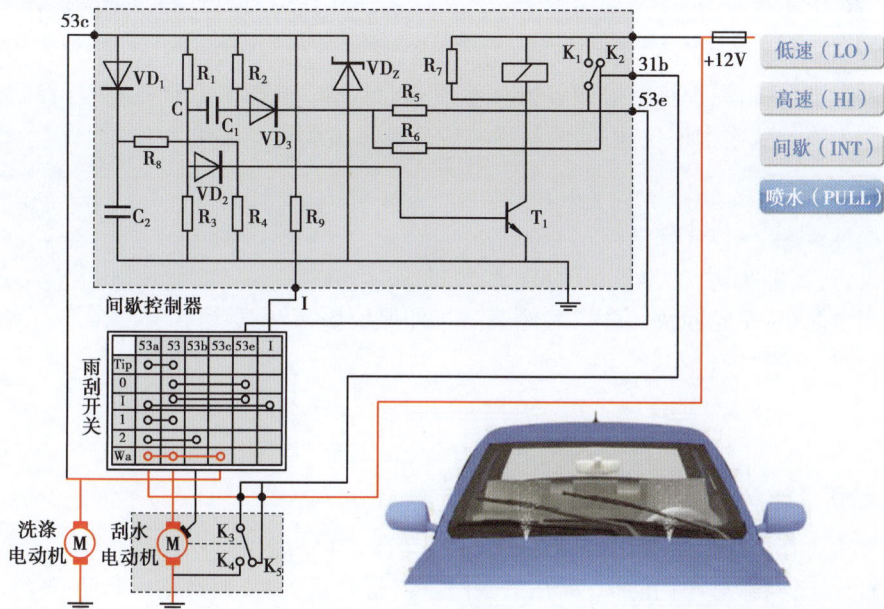

图6-1-9　雨刮器喷水器电路

（四）雨刮器常见故障现象

雨刮器不工作是汽车电气部分的典型故障。雨刮器不工作有以下 3 个典型故障现象：雨刮器各个挡位都不工作、雨刮器个别挡位不工作、雨刮器不能复位。

当发现雨刮器不工作时，主要的故障原因可能有：熔断器断路、雨刮器开关损坏、雨刮器电动机烧毁、机械传动部分连接处锈蚀或松脱、控制线路有断路或短路。

四、任务实施

（一）实施方案

1.质量要求

参照厂家的质量标准和维修手册要求。

2.组织方式

每 6 位同学 1 组，按照企业岗位的操作标准，参照厂家维修手册，依据"1+X"证书考核标准，规范地完成汽车雨刮器故障的检查。每组作业时间为 40 min。

3.技术要求与标准

①车辆安全措施：在进行汽车雨刮器检查前，确保车辆已稳固驻停，手刹有效制动，变速器位于自动挡 P 挡位置或手动挡空挡状态。

②环境安全保障：选择通风条件良好的场所进行作业，确保周边无易燃易爆物品，防止电气火花引发火灾事故。

③操作安全规程：检查汽车雨刮器时，遵守电气安全操作规程，避免带电操作。在测量电路时，先断电再测量，防止短路、电弧或触电。

④设备安全管理：严格按照设备操作手册进行操作，注意在拆卸和安装雨刮臂时预防因操作不当导致雨刮臂快速回弹，从而造成前挡风玻璃意外损伤。

4.设备器材

①场地：理实一体化教室。

②设备：实训车辆、工具车、万用表、垃圾桶等。

③安全防护：车轮挡块、室内"三件套"、车外保护垫、灭火器等。

④耗材：干净抹布。

（二）操作步骤

1.准备工作

①检查工作环境安全，安装车轮挡块，做好个人安全防护。

②打开车门，做好车内防护，罩好"三件套"。打开机舱盖，铺设翼子板防护垫。拉紧驻车制动手柄，将换挡杆置于 P 挡。

2.检查汽车蓄电池电压

前面已经讲过,不再赘述。

3.检查保险丝

①打开驾驶室中的仪表板接线盒,选用缠有保护胶带的一字螺丝刀撬开仪表板接线盒装饰盖,找到雨刮保险丝,然后用熔断器夹将其取下,如图6-1-10所示。

图6-1-10　仪表板接线盒

图6-1-11　烧坏的保险丝

②目测熔断器是否烧坏。如果无法目测,则选用数字万用表测量熔断器两插脚之间的电阻,如测得的阻值为∞,则说明熔断器已烧坏,需要进行更换,如图6-1-11所示。

③更换熔断器之前,先要查清电路是否过载。如果有则先要进行排除,否则新换的熔断器也将很快被熔断。

4.检查机械传动部分

①选用一字螺丝刀,用胶布将螺丝刀头部包好,然后拆卸刮水器臂端盖,如图6-1-12所示。

检查机械传动部分

图6-1-12　拆卸刮水器臂端盖

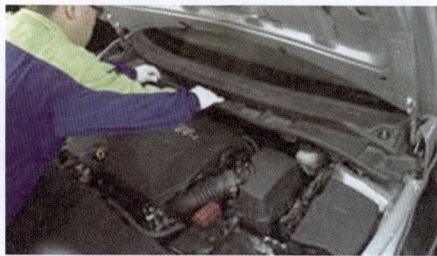

图6-1-13　拆下发动机盖至前围上板密封

②选用14 mm套筒、棘轮扳手,拆卸刮水器臂锁止螺母,然后拆下刮水器臂和刮水片总成。

③脱开7个卡子,并拆下发动机盖至前围上板密封,如图6-1-13所示。

④脱开卡子和14个卡爪,并拆下右前围板上通风栅板,用同样的方式拆下左前围板上通风栅板。

⑤机械传动部分主要检查连杆总成是否与雨刮器松脱。如有,应紧固。检查部件连接处是否锈蚀,应及时清理并涂抹润滑脂。

5.检查雨刮器电动机

将雨刮器电动机拆下来,测试各个挡位运转是否正常、运转速度是否正常,能否停止在规定位置。如果上述测试中有一项没通过,则更换雨刮器电动机。

检查雨刮电动机

（1）拆卸雨刮器电动机

松开雨刮器电动机线束固定卡夹,断开线束连接器,如图 6-1-14 所示。选用 10 mm 套筒、棘轮扳手,拆下 2 个螺栓和挡风玻璃雨刮器电动机和连杆总成。

（2）检查雨刮器电动机

①检查雨刮电动机线束连接器是否完好,如图 6-1-15 所示。使用导线将雨刮器电动机的线束端与

图 6-1-14　断开线束连接器

蓄电池正负极连接,按后续方法对雨刮器电动机进行检查,如图 6-1-16 所示。

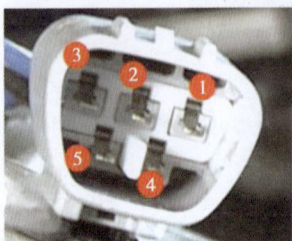

图 6-1-15　雨刮器电动机线束连接器

图 6-1-16　通电测试

②检查"LO"操作。将蓄电池正极引线连接至端子 5,将蓄电池负极引线连接至端子 4,检查并确认电动机低速运行。正常:电动机低速（LO）运行。

③检查"HI"操作。将蓄电池正极引线连接至端子 3,将蓄电池负极引线连接至端子 4,检查并确认电动机高速运行。正常:电动机高速（HI）运行。

④检查自动停止运行。将蓄电池正极引线连接至端子 5,将蓄电池负极引线连接至端子 4,电动机低速旋转时,断开端子 5,使雨刮器电动机停止在除自动停止位置外的任何位置。用 SST 连接端子 1 和端子 5,然后将蓄电池正极引线连接至端子 2,将蓄电池负极引线连接至端子 4,使电动机以低速重新起动。

检查并确认电动机在自动停止位置自动停止。正常:电动机在自动停止位置自动停止。如果结果不符合规定,则更换电动机总成。

（3）安装雨刮器电动机

①安装挡风玻璃雨刮器电动机和连杆总成。对准挡风玻璃雨刮器电动机和连杆总成安装位置,安装 2 个固定螺栓,如图 6-1-17 所示。选用 10 mm 套筒、接杆、扭力扳手,以规定扭矩（5.4 N·m）紧固 2 个固定螺栓。

②安装挡风玻璃刮水器电动机线束连接器。插接雨刮器电动机线束连接器,如图 6-1-18 所示。卡上固定卡夹。

图 6-1-17　安装雨刮器固定螺栓

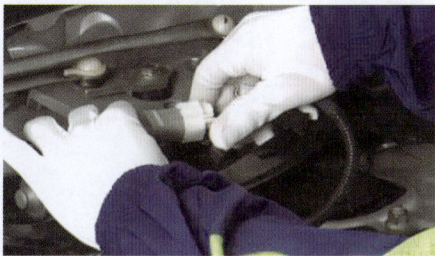

图 6-1-18　安装电动机线束连接器

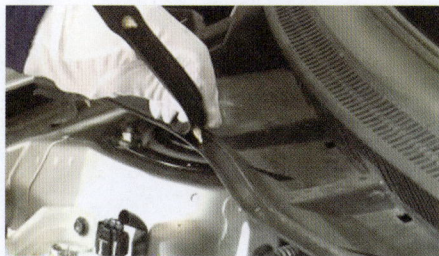

图 6-1-19　安装发动机盖至前围上板密封

③安装左前、右前围板上通风栅板。接合卡子和 8 个卡爪,并安装左前围板上通风栅板。

用同样的方法安装右前围板上通风栅板。

④安装发动机盖至前围上板密封。接合 7 个卡子并安装发动机盖至前围上板密封,如图 6-1-19 所示。

⑤安装刮水器臂和刮水片总成。对准安装位置安装,选用 14 mm 套筒、接杆、扭力扳手,以 26 N·m 的扭矩紧固刮水器臂和刮水片总成固定螺栓。依次安装左前、右前 2 个刮水器臂端盖。

6. 检查雨刮器开关

经过以上步骤的检查,雨刮器仍然不工作,则可能是雨刮器开关有故障,将雨刮器开关从转向柱上拆下来进行检测。如果有故障,则更换雨刮器开关总成。

(1)选用数字万用表检测雨刮器开关

雨刮器端子图如图 6-1-20 所示,若测得的阻值与表 6-1-1 所示标准不相符,则更换雨刮器开关总成。

(2)选用数字万用表检测清洗器开关

若测得的阻值与表 6-1-1 所示标准不相符,则更换雨刮器开关总成。

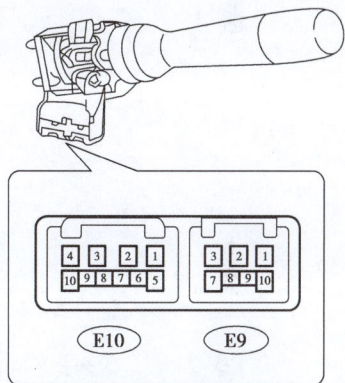

图 6-1-20　雨刮器端子图

表 6-1-1　标准电阻

检测端子	条件	规定状态
E10-1(+S)—E10-3(+1)	INT	小于 1 Ω
	OFF	
E10-2(+B)—E10-3(+1)	MIS	
	LO	
E10-2(+B)—E10-4(+2)	HI	
E9-2(EW)—E9-3(WF)	ON	ON
	小于 1 Ω	小于 1 Ω

7. 检查控制线路

经过以上步骤的检测与维修之后,如果雨刮器还是不工作,则故障点在控制线路上。常见线路故障为连接器接头松动或断开、线头锈蚀以及导线断路等。如果发现上述情况,应进行紧固或更换。

8. 复检

诊断与维修工作结束后,用洁净的布将工具擦干净并放回工具箱,将废弃物分门别类放入相应的垃圾桶,将工作现场打扫干净。

9. 工位复位

①收起机舱翼子板防护垫,盖好机舱罩盖,收起车内防护套。

②整理工位和工具,清扫场地,实施"6S"管理。

（三）作业工单

专　　业		班　　级	
姓　　名		学　　号	
小组成员		组长姓名	

一、任务阐述

　　驾驶员在行车时，遇雨天、雪天、雾天或扬沙天气时，会出现视线不佳的情况，给驾驶安全带来隐患。为了保证在上述不良天气时驾驶员仍具有良好的视线，汽车上都安装有电动雨刮器，由驱动装置带动往复摆动，以除去挡风玻璃上的雨水、雪及沙尘等，确保车辆行驶安全。

　　请结合"1+X"职业技能等级证书考核标准，完成对汽车雨刮器故障的检查和修复。

二、获取信息

图示	信息获取
 用力向下推出雨刮片	①顺着雨刮器的方向，向上自然抬起雨刮臂使其远离车身。 ②向后倾斜雨刮片，使其与雨刮器臂垂直。 ③在雨刮片和雨刮臂连接的位置找到固定的卡扣。 ④向外拉动卡舌，然后将雨刮片向外撑开。 ⑤将卡扣向侧面拉，将其从雨刮片连接处解开。

三、任务实施

检查汽车雨刮器故障

序号	作业项目	是否完成	作业记录
1	检查施工环境安全	是□　　否□	正常□＿＿＿＿不正常□＿＿＿＿
2	车辆防护	是□　　否□	
3	人员防护	是□　　否□	
4	检查蓄电池电压	是□　　否□	正常□＿＿＿＿不正常□＿＿＿＿
5	检查保险丝	是□　　否□	正常□＿＿＿＿不正常□＿＿＿＿
6	检查机械传动部分	是□　　否□	正常□＿＿＿＿不正常□＿＿＿＿
7	检查雨刮电动机	是□　　否□	正常□＿＿＿＿不正常□＿＿＿＿
8	检查雨刮器开关	是□　　否□	正常□＿＿＿＿不正常□＿＿＿＿
9	检查控制线路	是□　　否□	正常□＿＿＿＿不正常□＿＿＿＿
10	规范操作、落实"6S"制度	是□　　否□	

五、任务评价

（一）技能评价表

序号	作业项目	考核内容	分值	得分
1	准备工作	检查施工环境安全	5	
		车辆防护	5	
		人员防护	5	
2	检查蓄电池电压	检查蓄电池电压	5	
3	检查保险丝	检查雨刮器保险丝	5	
4	检查机械传动部分	检查连杆总成	5	
5	检查雨刮器电动机	拆卸雨刮器电动机	5	
		检查雨刮器电动机	10	
		安装雨刮器电动机	5	
6	检查雨刮器开关	检测雨刮器开关	10	
		检测清洗器开关	10	
7	检查控制线路	检查线路断路	5	
		检查线路短路	5	
8	复检	检查雨刮器工作性能	5	
9	作业记录	正确填写工单	5	
10	安全生产	遵守安全操作规程	5	
		安全用电,无人身、设备事故	5	
	总分		100	

注:操作规范即得分,操作错误或未进行操作得0分。

（二）知识测评

1.判断题

(1)晴天刮除挡风玻璃上的灰尘时,应先接通雨刮器,再接通洗涤器。　　　（　　）

(2)拆卸雨刮器开关时,断开蓄电池负极端子后至少要等1 min再进行后续操作。

（　　）

（3）顺时针自动停止器盖可延长雨刮片停止位置。（　　）

（4）雨刮器电动机一般是永磁式直流电动机。（　　）

（5）汽车在大雨天行驶时，雨刮器应在间歇挡工作。（　　）

（6）将雨刮器开关置于自动（AUTO）挡，带雨量传感器感知下雨，可以控制雨刮器自动刮拭。（　　）

（7）在未喷洒玻璃水的情况下，强行使用雨刮器可能会导致雨刮片过早磨损。

（　　）

（8）雨刮器高速挡不工作而低速挡正常，可能是高速挡电路存在问题。（　　）

（9）雨刮器控制系统中的雨量感应器能根据雨水多少自动调节刮刷频率。（　　）

（10）雨刮器胶条硬化或破损不会影响刮拭效果，只需定期添加玻璃水即可。

（　　）

（11）在维修雨刮器时，应断开蓄电池负极，以防止意外触电或电子设备受损。

（　　）

2. 选择题

（1）汽车上的电动刮水器都设有（　　　）。

A. 自动复位装置　　　B. 电脑控制装置　　　C. 自动断水装置　　　D. 自动开启装置

（2）若雨刮器低速挡不工作，不需要检查的项目是（　　　）。

A. 保险丝　　　　　　　　　　　B. 雨刮电动机

C. 雨刮开关　　　　　　　　　　D. 雨刮系统控制线路

（3）汽车电动雨刮器控制系统中，负责在雨刷停止时使其返回到原始位置的是（　　　）。

A. 自动复位装置　　　B. 雨刮器电机　　　C. 雨量感应器　　　D. 雨刮器开关

（4）当电动雨刮器在最高速度下工作异常时，可能的原因包括（　　　）。

A. 刮水电机损坏　　　　　　　　B. 控制线路短路

C. 速度控制模块故障　　　　　　D. 以上都有可能

（5）当电动雨刮器在工作过程中突然停止不动，可能的原因是（　　　）。

A. 雨刮器电机内部碳刷磨损　　　B. 雨刮器电机供电线路断路

C. 雨刮器连杆机构卡死　　　　　D. 以上都有可能

（6）在进行雨刮器维护时，通常建议每年更换（　　）至少一次。

A. 雨刮液　　　　　B. 雨刮片　　　　　C. 刮水臂　　　　　D. 刮水器电机

六、任务总结

（1）汽车雨刮器的作用

汽车雨刮器用于扫除风窗玻璃上妨碍视线的雨雪和尘土，对行车安全具有重要的作用。

（2）汽车雨刮器的组成

雨刮器主要由雨刮开关、雨刮片、刮水片摇臂、刮水器传动机构和电机组成。

①雨刮器电动机主要由电枢、永久磁铁、电刷、触点、涡轮、铜环组成。

②雨刮器传动机构是由接头、刮杆臂、刮杆等零件组成的一个刚性杆件。

③雨刮器开关有拉钮(或旋钮)开关和杠杆开关两种,有些轿车上的雨刮器除具有刮水、喷洗功能外,还具备可调时间间歇式刮水及刮雾功能。

(3)雨刮器的工作原理

通过控制雨刮器开关,可实现雨刮器的停机复位、低速运转、高速运转、间歇运转、间歇控制和喷水器工作,其工作过程如下:

①停机复位:其电路为蓄电池(+)→电源开关→雨刮器电动机→雨刮器开关→自动复位触片→搭铁→蓄电池(-)。

②低速运转:其电路为蓄电池(+)→电源开关→熔断器→雨刮器电动机→雨刮器开关→自动复位触片→搭铁→蓄电池(-),雨刮器电动机通电。

③高速运转:其电路为蓄电池(+)→电源开关→熔断器→雨刮器开关→雨刮器电动机→搭铁→蓄电池(-),雨刮器电动机通电。

④间歇运转:其电路为蓄电池(+)→电源开关→熔断器→间歇继电器→雨刮器电动机→搭铁→蓄电池(-),雨刮器电动机通电,按每 2～12 s 刮水一次的规律自动停止和刮水。

⑤喷水器:其电路为蓄电池(+)→电源开关→熔断器→雨刮器开关→雨刮器电动机、洗涤电动机→搭铁→蓄电池(-),雨刮器电动机通电,按每 2～12 s 刮水一次的规律自动停止和刮水。

(4)雨刮器常见故障现象

雨刮器不工作是电气部分的典型故障。雨刮器不工作有以下 3 种典型故障现象:雨刮器各个挡位都不工作、雨刮器个别挡位不工作、雨刮器不能复位。

当发现雨刮器不工作时,主要的故障原因可能有熔断器断路、雨刮器开关损坏、雨刮器电动机烧毁、机械传动部分连接处锈蚀或松脱、控制线路有断路或短路。

七、知识拓展

"螺丝钉"精神是雷锋精神的重要组成部分,蕴含着对事业的使命感和责任感,是敬业奉献的生动体现。

汽车雨刮器正如螺丝钉一样,虽然在庞大的汽车构造中显得微小,但却承担着无可替代的重要职责。如同螺丝钉稳固着机械结构,汽车雨刮器则坚守着确保驾驶员视野清晰这一关键任务。在不同的气候条件和道路环境中,尤其是在雨雪天气或挡风玻璃沾染尘埃污渍时,雨刮器通过精准高效的运作,犹如坚守岗位的螺丝钉,默默守护着行车安全,体现了敬业与责任的精神内涵。

(一)"螺丝钉"精神的核心内涵

"螺丝钉"精神的核心内涵主要包括 3 个方面。

1. "干一行爱一行、专一行精一行"的敬业精神

在雷锋的一生中,他始终坚持"在伟大的革命事业中做个永不生锈的螺丝钉",立足本职,以高度的责任心和使命感工作,自觉做到干一行爱一行、专一行精一行,成为爱岗敬业的典范。

2. "舍小我、顾大局"的奉献精神

在雷锋看来,个人的力量是有限的,但集体的、国家的力量是巨大的,个人只有把自身与集体事业融合在一起才会更有力量;在处理个人与集体关系时,必须以甘当一颗"螺丝钉"的精神,做到服从安排、服务大局。

3. "苟日新、日日新、又日新"的进取精神

雷锋认识到人的思想也如螺丝钉一样,需要经常检查,才能永不生锈。他始终以最高的标准来要求自己,在工作中磨炼自己的意志品行,在实践中提高自己的精神境界,以螺丝钉的"挤劲"和"钻劲",使自己成为行家里手。

(二)传承与发扬新时代"螺丝钉"精神

新时代需要"螺丝钉"精神。新时代"螺丝钉"精神被赋予了新的历史意义和时代价值,更需要我们传承与发扬。

1. 坚守职业理想,需汲取螺丝钉的"稳固"精神

个体的人生目标是通过职业理想得以明确,并最终通过其实现。要坚定不移地追求职业理想,就必须具备螺丝钉那种沉稳扎实的精神。只有全身心地投入到党和国家的事业中,成为一颗脚踏实地、志向远大、永不褪色的"螺丝钉",才能真正实现个人的价值。

2. 乐于无私奉献,需借鉴螺丝钉的"坚韧"品质

在推动党和人民伟大事业的过程中,每一颗默默奉献的"螺丝钉"都起到了不可或缺的作用,它们共同保障了事业的稳步前行。面对新时代的宏伟征程,我们更应发扬螺丝钉的奉献精神,在各自的岗位上勤勉尽责、任劳任怨、甘于付出,以实际行动诠释不求回报的高尚情操。

3. 立足岗位成就自我,需借鉴螺丝钉的"钻研"精神

无论身处何种行业,三百六十行皆可育英杰。每个岗位并无高低贵贱之别,都是建功立业的良好舞台,因此不应轻视任何职位。新时代是一个催人奋进的时代,我们应当效仿雷锋,成为一颗充满"钻研"精神的"螺丝钉",扎根岗位锐意创新,以此创造出更为卓越的人生价值。

在汽车行业,"螺丝钉"精神可以理解为每一位工作人员、每一个零部件都要做到尽职尽责,精益求精。这种精神不仅体现在工程师和技术人员对每一项设计细节的关注上,也体现在生产线工人对装配过程的严谨态度上,甚至体现在售后服务团队对客户关怀的细致入微上。

任务二　检修汽车电动车窗

一、任务案例

张女士的汽车在使用过程中出现右前车窗玻璃无法下降的故障,张女士检查其他车窗玻璃均能正常升降。为了解决这个问题,她决定将车辆送到附近的汽车4S店进行维修。

作为汽车维修技术人员,请你根据车辆维修手册和维修的基本原则,结合车辆的故障现象,对汽车车窗故障进行全面的检修。

二、学习目标

通过本任务的学习,应能:

1. 阐述汽车电动车窗的组成、作用和工作原理。
2. 阐述汽车电动车窗的常见故障和原因。
3. 在规定时间内,完成对汽车电动车窗性能的检查,准确填写作业工单。
4. 培养细致严谨的工作态度,遵守操作规程,提升团队协作和沟通能力。
5. 认识到劳动的价值和科技创新在汽车工业发展中的重要作用。

学习重点:

1. 汽车电动车窗的组成和工作原理。
2. 汽车电动车窗的常见故障和检修方法。

三、知识准备

（一）汽车电动车窗的作用

汽车电动车窗是利用电动机驱动玻璃升降器(又称换向器)实现车窗玻璃自动升降,如图6-2-1所示。

汽车电动车窗的作用

（二）汽车电动车窗的组成

汽车电动车窗主要由车窗、升降器、电动机及控制开关组成。目前,电动车窗分为齿条式电动车窗、交叉式电动车窗以及钢丝绳式电动车窗。丰田卡罗拉的电动车窗是交叉式结构,包括玻璃安装槽、玻璃、从动臂、托架、电动机、齿轮以及主动臂等部件,如图6-2-2所示。

汽车电动车窗

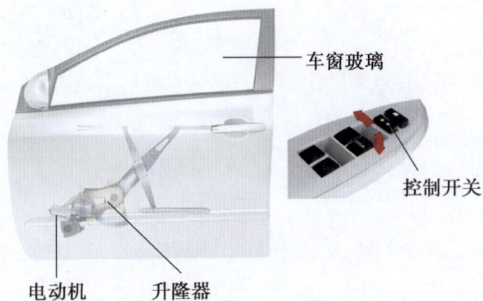

图 6-2-1　汽车电动车窗

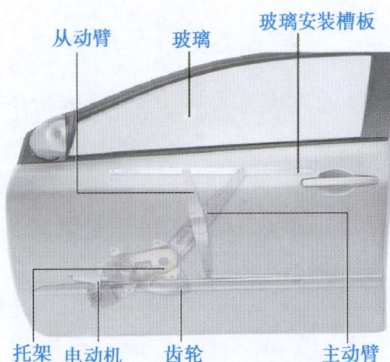

图 6-2-2　汽车电动车窗的组成

1. 电动机

电动车窗上的电动机的作用是为车窗玻璃的升降提供动力。它是双向的,有永磁型和双绕组型两种。每个车门各有一个电动机,通过开关控制电动机中的电流方向从而控制玻璃的升降,如图 6-2-3 所示。

图 6-2-3　电动机

图 6-2-4　控制开关

2. 控制开关

控制开关一般有两套,一套为总开关,装在仪表盘或驾驶员侧的车门上,驾驶员就可以控制每个车窗的升降;另一套为分开关,分别安装在每个车窗上,乘客也可以对各个车窗进行升降控制,如图 6-2-4 所示。由于所有车窗的电动机都要通过总开关搭铁,所以如果总开关断开,分开关就不能起作用。

3. 升降器

升降器是电动车窗的核心部件,带动车窗玻璃的升降。常见的电动车窗升降机构有绳轮式、交臂式等,如图 6-2-5 所示。

升降器

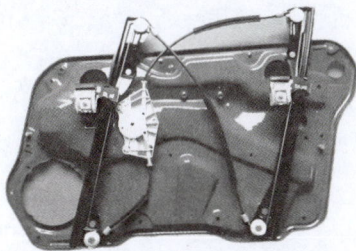

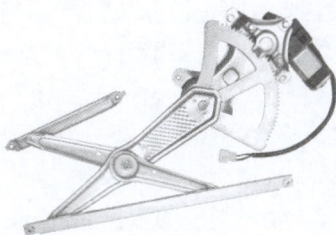

图 6-2-5　汽车电动车窗升降器

（三）电动车窗的原理

当接通点火开关后,车窗继电器触点闭合,电动门电路与电源接通,将组合开关或分开关与"上"位接通,电流流进车窗电动机,电动机旋转带动升降器,使车窗玻璃上升;将组合开关或分开关与"下"位接通,流进车窗电动机的电流改变方向,电动机的旋转方向因此改变,升降器带动车窗玻璃下降。当车窗玻璃上升或下降到终点时,断路开关切断一段时间,然后再恢复到接通状态。

电动车窗的原理

如图6-2-6所示,点火开关打开到ON状态:电流从蓄电池正极出发,经10A保险丝→主体ECU→搭铁→蓄电池负极形成回路,主体ECU通电;同时,电流经左前门(FR DOOR)20A保险丝,到达左前车窗调整控制总成→搭铁→负极形成回路,电流到达左前车窗调整控制开关总成。

当左前车窗调整控制总成,打开车窗控制电路开关后,电流从主体ECU出发经23号端子线束到达左前车窗调节控制总成LINE端,左前车窗调整控制总成已通电流;电流从主体ECU出发→电动车窗继电器→搭铁→负极形成回路,使电动车窗继电器开关闭合;电流→经电动车窗继电器→通过左后门(RL DOOR)保险丝、右后门(RR DOOR)保险丝→分别到达左后车窗开关总成、右后车窗开关总成;同时,电流通过POWER保险丝→分别到达电动车窗调整控制总成、右前车窗开关总成。

通过车窗调整控制开关总成上相应的开关及开关搭铁使电流形成回路,使车窗升降。当在左前车窗调整控制开关上,断开车窗开关总成电路后,除驾驶员左前车窗能控制外,其余三个车门电动车窗均被锁定。

（四）电动车窗故障分析

电动车窗最常见的故障现象包括所有电动车窗都不能升降、某个车窗不能正常升降。

（1）所有电动车窗均不能升降

故障原因:熔断器断路;连接导线断路;有关继电器、开关损坏;电动机损坏;搭铁点锈蚀、松动。

诊断步骤:首先检查熔断器是否断路;若熔断器良好,则应将点火开关接通,检查有关继电器和开关火线接线柱上的电压是否正常,电压为零,应检查电源线路;电压正常,则应检查搭铁线是否良好。搭铁不良时,应清洁、紧固搭铁线;若搭铁良好,应对继电器开关和电动机进行检测。

（2）某个车窗不能正常升降

故障原因:该车窗按键开关损坏;该车窗电机损坏;连接导线断路;安全开关故障。

诊断步骤:如果车窗不能升降,首先检查安全开关是否工作,该车窗的按键开关是否正常,再通电检查该车窗的电机正反转是否运转稳定。若有故障,应检修或更换新件;若正常,则应检修连接导线。如果一个车窗只能向一个方向运动,一般是按键开关故障或部分线路断路或接错所致,可以先检查线路连接是否正常,再检修开关。

车窗不升降是电气中的常见问题,在检测过程中,应遵循故障诊断原则与排除思路,进行所有可能原因的分析。

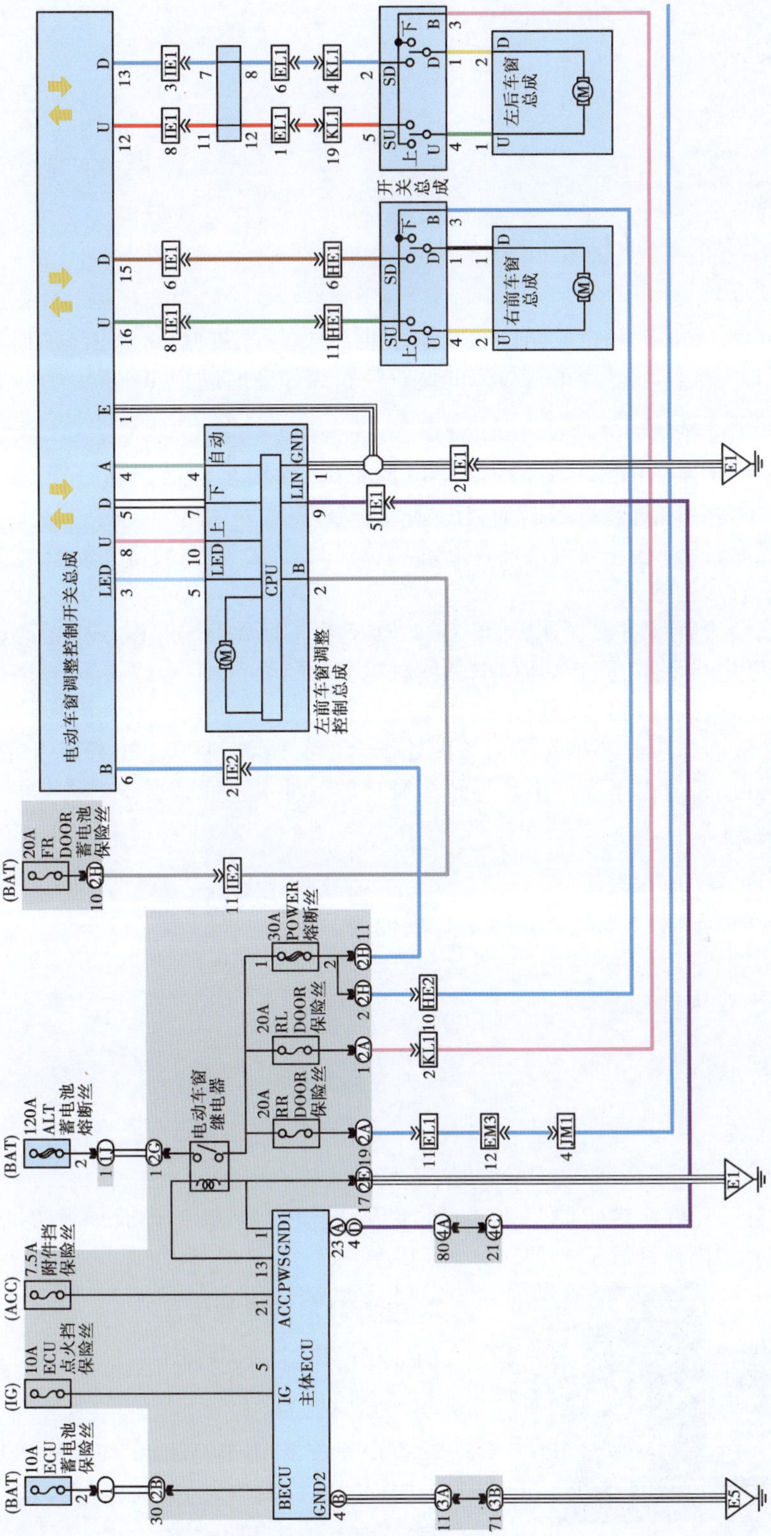

图6-2-6 电动车窗工作电路图

四、任务实施

（一）实施方案

1.质量要求

参照厂家的质量标准和维修手册要求。

2.组织方式

每6位同学1组，按照企业岗位的操作标准，参照厂家维修手册，依据"1+X"证书考核标准，规范地完成汽车电动车窗故障的检查。每组作业时间为40 min。

3.技术要求与标准

①车辆安全措施：在进行汽车电动车窗检查前，确保车辆已稳固驻停，手刹有效制动，变速器位于自动挡P挡位置或手动挡空挡状态。

②环境安全保障：选择通风条件良好的场所进行作业，确保周边无易燃易爆物品，防止电气火花引发火灾事故。

③操作安全规程：检查汽车电动车窗时，遵守电气安全操作规程，避免带电操作。测量电路时，先断电再测量，防止短路、电弧或触电。

④设备安全管理：严格按照设备操作手册进行操作，在拆装汽车侧门板的过程中，非常关键的一个安全事项是要确保车窗玻璃处于合适的位置，通常是半开或者完全关闭状态，防止在拆卸门板时由于支撑不足导致车窗玻璃意外滑落而破裂。

4.设备器材

①场地：理实一体化教室。

②设备：实训车辆、工具车、万用表、垃圾桶等。

③安全防护：车轮挡块、室内"三件套"、车外保护垫、灭火器等。

④耗材：干净抹布。

（二）操作步骤

1.准备工作

①检查工作环境安全，安装车轮挡块，做好个人安全防护。

②打开车门，做好车内防护，罩好"三件套"。打开机舱盖，铺设翼子板防护垫。拉紧驻车制动手柄，将换挡杆置于P挡。

图6-2-7　保险丝盒

2.检查汽车蓄电池电压

前面已经讲过，不再赘述。

3.检查保险丝

检查电动车窗中POWER、PWR、RR DOOR LH和RR DOOR RH等部位的熔断器是否良好；若断路则需更换，如图6-2-7所示。

4.拆卸左前车窗侧门板

①将车窗置于车门大约一半处位置。

②拆下前侧门挡水板。

③检测电动车窗电路线路有无松动,连接处有无腐蚀。如有异常,及时紧固或修复。

5.检修汽车电动车窗开关

（1）拆卸汽车电动车窗开关

①拆卸前扶手座上板。使用头部缠有保护胶带的螺丝刀,脱开2个卡子和6个卡爪,拆下前扶手座上板,如图6-2-8所示。断开连接器。

②拆卸汽车电动车窗升降器开关总成(前排乘客侧)。使用缠有保护胶带的螺丝刀,脱开2个卡爪并拆下电动车窗升降器开关总成,如图6-2-9所示。

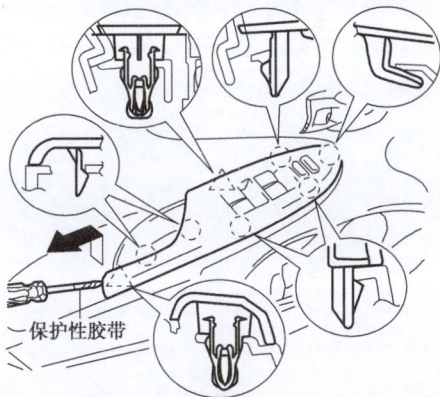

图6-2-8　拆卸前扶手座上板

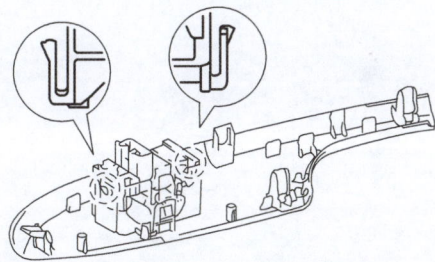

图6-2-9　拆卸开关总成

（2）检查汽车电动车窗开关(前排乘客侧)

选用数字万用表测量H7各端子之间的电阻值并记录数据。如果测得的电阻值不符合标准(表6-2-1),则更换电动车窗开关。

表6-2-1　标准电阻

检测端子	条件	规定状态
1(D)— 2(SD)	UP	小于1 Ω
3(B)— 4(U)		小于1 Ω
1(D)— 2(SD)	OFF	小于1 Ω
4(U)—5(SU)		小于1 Ω
4(U)—5(SU)	DOWN	小于1 Ω
1(D)— 3(B)		小于1 Ω

（3）安装汽车电动车窗开关

按拆卸汽车电动车窗开关的相反操作步骤，安装电动车窗开关。

6. 检修电动车窗电动机

如表 6-2-2 所示，向电动机连接器施加蓄电池电压。如图 6-2-10 所示，观察电动机减速机构输出轴旋转情况。如果异常，则需更换电动机。

表 6-2-2　车窗电动机检测

测量条件	规定状态
蓄电池（+）—端子 2 蓄电池（−）—端子 1	电动机齿轮顺时针旋转
蓄电池（+）—端子 1 蓄电池（−）—端子 2	电动机齿轮逆时针旋转

没有线束连接的零部件：
电动车窗升降器电动机（乘客侧）

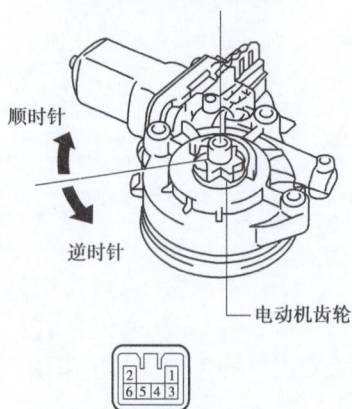

顺时针

逆时针

电动机齿轮

图 6-2-10　电动机总成

线束连接器前视图：
（至电动车窗开关）

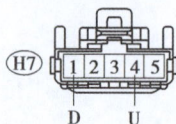

H7　1 2 3 4 5

D　U

线束连接器前视图：
（至电动车窗升降器电动机）

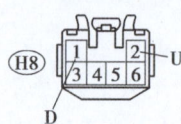

H8　1 2
3 4 5 6　U

D

图 6-2-11　H7/H8 线束连接器

7. 检修汽车电动车窗电路

（1）检查汽车电动车窗开关电源电路（前排乘客侧）

断开线束连接器 H7，如图 6-2-11 所示，选用数字万用表，检查线束连接器中端子 3 与车身搭铁之间的电压值，标准电压值应为 11 ～ 14 V。如果所测得的阻值不符合标准，则更换线束或连接器。

（2）检查汽车电动车窗开关至电动机间的线路（前排乘客侧）

断开连接器 H7 和 H8，选用数字万用表进行电阻测量。如果测得的数据与表 6-2-3 所示标准不符，则更换线束。

表 6-2-3　标准电阻

检测端子	条件	规定状态
H7-4(U)—H8-2(U)	始终	小于 1 Ω
H7-1(D)—H8-1(D)	始终	小于 1 Ω
H7-4(U)—车身搭铁	始终	10 kΩ 或更大
H7-1(D)—车身搭铁	始终	10 kΩ 或更大

8. 安装前侧门车窗

①安装汽车电动车窗开关。

②连接拉索和线束。

③安装前侧门挡水板。

④安装固定螺丝。

9. 复检

诊断与维修工作结束后,用洁净的布将工具擦干净并放回工具箱,将废弃物分门别类放入相应的垃圾桶,将工作现场打扫干净。

起动发动机,检查车辆运行是否正常;打开车窗开关,检查电动车窗是否正常工作。

10. 工位复位

①收起机舱翼子板防护垫,盖好机舱罩盖,收起车内防护套。

②整理工位和工具,清扫场地,实施"6S"管理。

（三）作业工单

专　　业		班　　级	
姓　　名		学　　号	
小组成员		组长姓名	

<table>
<tr><td colspan="4" align="center">一、任务阐述</td></tr>
<tr><td colspan="4">　　汽车电动车窗作为现代汽车的一项核心功能，通过电动机驱动玻璃升降器，实现了车窗玻璃的自动化控制，显著提升了驾驶者与乘客的便利性与乘坐舒适度。 当汽车电动车窗出现故障，如所有车窗无法升降或特定车窗无法正常工作时，就需要进行细致的检查和维修，以确保车窗系统的正常运作和车辆的安全使用。
　　请结合"1+X"职业技能等级证书考核标准，完成对汽车电动车窗故障的检查和修复。</td></tr>
</table>

二、获取信息

图示	信息获取
	①装有电动车窗的车辆，只有当点火开关在"ON"的位置时，才可以操作电动玻璃升降。 ②在驾驶座椅一侧的门把手上，电动车窗开关1、2 可以控制车辆两侧的前、后车窗玻璃。 ③3 为安全按钮。 当启用时，后门车窗控制按钮将停用，同时按钮中的黄色指示灯会亮起。

三、任务实施

检查汽车电动车窗故障

序号	作业项目	是否完成		作业记录
1	检查施工环境安全	是□	否□	正常□_____不正常□_____
2	车辆防护	是□	否□	
3	人员防护	是□	否□	
4	检查蓄电池电压	是□	否□	正常□_____不正常□_____
5	检查保险丝	是□	否□	正常□_____不正常□_____
6	拆卸前侧门车窗	是□	否□	正常□_____不正常□_____
7	检修汽车电动车窗开关	是□	否□	正常□_____不正常□_____
8	检修电动车窗电动机	是□	否□	正常□_____不正常□_____
9	检修汽车电动车窗电路	是□	否□	正常□_____不正常□_____
10	安装前侧门车窗	是□	否□	正常□_____不正常□_____
11	规范操作、落实"6S"制度	是□	否□	

五、任务评价

（一）技能评价表

序号	作业项目	考核内容	分值	得分
1	准备工作	检查施工环境安全	5	
		车辆防护	5	
		人员防护	5	
2	检查蓄电池	检查蓄电池电压	5	
3	检查保险丝	检查电动车窗保险丝	5	
5	拆卸前左车窗侧门板	检查按钮接触片	5	
		检测电动车窗的线路有无松动	10	
6	检查汽车 电动车窗开关	拆卸汽车电动车窗开关	5	
		检查汽车电动车窗开关	10	
		安装汽车电动车窗开关	5	
7	检修汽车 电动车窗电路	检查电动车窗开关电源电路	5	
		检查电动车窗开关至电动机间的线路	10	
8	安装前侧门车窗	安装前侧门车窗	5	
9	复检	检查电动车窗工作性能	5	
10	作业记录	正确填写工单	5	
11	安全生产	遵守安全操作规程	5	
		安全用电,无人身、设备事故	5	
总分			100	

注:操作规范即得分,操作错误或未进行操作得0分。

（二）知识测评

1.判断题

（1）电动车窗的操作开关分为安全开关和升降开关,安全开关能控制所有车门上的车窗。　　　　　　　　　　　　　　　　　　　　　　　　　　（　　）

（2）电动车窗的升降主要是利用电机的正转和反转实现的。　　　　（　　）

（3）驾驶员侧车窗有手动和自动控制功能。　　　　　　　　　　（　　）

（4）操作电动车窗时，如果出现某个机械部位卡死，则会引起熔断器烧断或热敏开关断开，从而避免电机烧坏。　　　　　　　　　　　　　　　　　　（　　）

（5）电动车窗的主开关接地失效会导致所有车窗均不能动作。　　（　　）

（6）如果某一车门的电动车窗无法控制，但其他车窗正常，则故障点一定位于该车门的车窗控制单元或线路。　　　　　　　　　　　　　　　　　　　（　　）

（7）电动车窗玻璃在升降过程中被异物卡住时，电动机将会因过载而自动停止转动以保护系统。　　　　　　　　　　　　　　　　　　　　　　　　　（　　）

（8）车窗玻璃有倾斜现象，可能是车窗导轨变形或安装不当造成的。　（　　）

（9）电动车窗升降过程中出现间歇性工作，可能是开关触点氧化或接触不良。

（　　）

（10）电动车窗的一键升降功能失效，但手动操作依然可行，这说明车窗控制器可能出现故障。　　　　　　　　　　　　　　　　　　　　　　　　　（　　）

2. 选择题

（1）关于电动车窗玻璃升降电机，下列说法错误的是（　　）。

A. 每个车门必须设有一个分控制开关，但主控制开关可不设

B. 在电路中必须设有断电器，当玻璃达到上下极限时，自动切断电路

C. 玻璃升降电机是可逆的，改变通电方向，就可以改变转动方向

D. 车上可装一个延时开关，在点火开关断开约 10 min 后，玻璃升降电机仍有供电

（2）不管使用主开关还是分开关，乘员侧电动车窗不能升降，甲认为故障出在失效的主开关，乙认为故障出在磨损的电动机。你认为（　　）。

A. 甲正确　　　　　　B. 乙正确　　　　　　C. 甲、乙都正确　　　　　D. 甲、乙都不正确

（3）以丰田卡罗拉汽车为例，将电动机连接器端子 1 连接蓄电池正极，端子 2 连接蓄电池负极，电机水齿轮会（　　）。

A. 顺时针旋转　　　　　　　　　　　　B. 逆时针旋转

C. 不转　　　　　　　　　　　　　　　D. 可能顺时针旋转，可能逆时针旋转

六、任务总结

（1）汽车电动车窗的作用

汽车电动车窗是利用电动机驱动玻璃升降器（又称换向器）实现车窗玻璃自动升降。

（2）汽车电动车窗的组成

汽车电动车窗主要由车窗、玻璃升降器、电动机以及开关装置组成。

①电动车窗上的电动机的作用是为车窗玻璃的升降提供动力。

②控制开关一般有两套，一套为总开关，另一套为分开关。

③升降器是电动车窗的核心部件，它带动车窗玻璃升降。

（3）电动车窗的原理

当接通点火开关后，门窗继电器触点闭合，电动门电路与电源接通，将组合开关或分开关与"上"位接通，电流流进车窗电动机，电动机旋转带动升降器，使门窗玻璃上升；将组合开关或分开关与"下"位接通，流进车窗电动机的电流改变方向，电动机的旋转方向因而改变，升降器带动门窗玻璃下降。当门窗玻璃上升或下降到终点时，断路开关切断一段时间，然后再恢复到接通状态。

（4）电动车窗故障分析

①电动车窗最常见的故障现象包括所有电动车窗都不能升降、某个车窗不能正常升降。

②车窗不升降是电气设备中的常见问题，在检测过程中，应遵循故障诊断原则与排除思路，进行所有可能原因的分析。

七、知识拓展

当涉及汽车的科技创新时，我们常常关注发动机性能、安全系统和驾驶体验等方面。然而，一个重要但经常被忽视的元素却是汽车玻璃技术。作为车辆的外观和功能的重要组成部分，汽车玻璃不仅提供了良好的视野和保护，还承担着其他关键任务。在过去几十年里，汽车玻璃技术取得了巨大的突破和进步。从最基本的风挡玻璃到侧窗玻璃和后视镜，各种类型的玻璃都经过精心设计和优化，以满足不同需求。随着科技的不断发展，如今的汽车玻璃不仅具备优异的耐冲击性和透明度，还引入了许多令人惊叹的创新特性。

（一）劳动铸就品质，创新引领未来

汽车玻璃的发展历程中，从最初的单一防护功能，到现在集安全性、舒适性、智能性于一体的高科技产品。每一片汽车玻璃的背后，都凝聚着无数科研人员和生产工人的辛勤付出和智慧结晶。他们遵循工匠精神，不断挑战极限，将平凡的原材料——沙子，经过繁复精细的生产工艺，铸造成了高品质的汽车玻璃，实现了从"砂砾"到"瑰宝"的华丽转身，如图 6-2-12 所示。

图 6-2-12　沙子熔炼

图 6-2-13　智能光感变色穹顶

（二）科技的力量与美的体现

汽车玻璃技术的进步，是科技进步与工业美学的完美融合。如今，汽车玻璃已不再仅仅是提供清晰视野的简单组件，而是集成了多种高科技元素（图 6-2-13）。防紫外线、隔热保温、隔音降噪等功能的提升，使得驾驶者能在更舒适的环境中驾车出行。尤其是智能调光、投影显示等前沿技术的运用，更是将汽车玻璃打造成信息交互的新界面，展现了科技力量带来的无限可能。

（三）绿色制造与可持续发展

在可持续发展和环保理念日益深入人心的今天，汽车玻璃的研发和生产也正朝着绿色低碳的方向迈进。低辐射、可回收利用的汽车玻璃材料和技术，既减少了对环境的影响，又降低了资源消耗，契合了我国生态文明建设的战略目标。这种以技术创新驱动产业绿色发展的方式，进一步印证了劳动创造的不仅仅是经济价值，更包含了对生态环境和社会责任的深刻理解和担当。

（四）教育启示与时代使命

汽车玻璃的发展变迁带给我们的启示深远。无论是个体还是国家，只有持续地学习新知识、掌握新技术、勇攀科技高峰，才能在时代的洪流中立于不败之地。同时，每个岗位上的劳动者都是社会进步不可或缺的推动力。我们要尊崇他们的劳动成果，更要倡导全社会尊重劳动、崇尚劳动的良好风尚。面对未来的挑战和机遇，我们应当积极树立正确的劳动价值观，以坚韧不拔的精神和精益求精的态度，投身于实现中华民族伟大复兴中国梦的伟大实践中去，共同书写中国汽车工业乃至整个中国制造业更加辉煌的篇章。

参考文献

［1］上海景格科技股份有限公司.汽车车身电气设备检修［M］.上海：华东师范大学出版社，2018.

［2］田永江，孟范辉.汽车车身电气设备检修［M］.2版.北京：北京理工大学出版社，2019.

［3］申红彦.汽车电气设备构造与维修（活页式）［M］.成都：西南交通大学出版社，2023.

［4］吴涛.汽车电气系统检修［M］.2版.北京：电子工业出版社，2014.